普通高等教育"十四五"规划教材
新世纪新理念高等院校数学教学改革与教材建设精品教材

组合数学

主编：范 琼

华中师范大学出版社

内 容 简 介

组合数学是研究离散结构的存在、计数、分析和优化等问题的一门学科,是离散数学的一个重要组成部分。本书以组合计数问题为重点,介绍了组合数学的基本原理和思想方法,全书主要内容共7章,包括:组合数学简介、排列和组合、容斥原理、生成函数、递推关系、特殊计数序列、鸽笼原理和Ramsey定理。

本书可作为高等院校数学、信息与计算科学、计算机等专业研究生和高年级本科生的教材或教学参考书,也可供相关教学、科研和技术人员使用。

新出图证(鄂)字 10 号

图书在版编目(CIP)数据

组合数学/范琼主编. —武汉:华中师范大学出版社,2022.8(2025.1重印)
ISBN 978-7-5622-6413-2

Ⅰ.①组… Ⅱ.①范… Ⅲ.①组合数学 Ⅳ.①O157

中国版本图书馆 CIP 数据核字(2022)第 091331 号

组合数学
ⓒ范 琼 主编

编 辑 室:高教分社		电 话:027-67867364	
责任编辑:袁正科		责任校对:干 炜	封面设计:胡 灿
出版发行:华中师范大学出版社		社 址:湖北省武汉市珞喻路 152 号	
邮 编:430079		销售电话:027-67861549	
网 址:http://press.ccnu.edu.cn		电子信箱:press@mail.ccnu.edu.cn	
印 刷:广东虎彩云印刷有限公司		督 印:刘 敏	
开 本:787mm×1092mm 1/16		印 张:9.5	字 数:200 千字
版 次:2022 年 8 月第 1 版		印 次:2025 年 1 月第 2 次印刷	
定 价:35.00 元			

敬告读者:欢迎举报盗版,请打举报电话 027-67867353

丛书总序

未来社会是信息化的社会,以多媒体技术和网络技术为核心的信息技术正在飞速发展,信息技术正以惊人的速度渗透到教育领域中,正推动着教育教学的深刻变革。在积极应对信息化社会的过程中,我们的教育思想、教育理念、教学内容、教学方法与手段以及学习方式等方面已不知不觉地发生了深刻的变革。

现代数学不仅是一种精密的思想方法、一种技术手段,更是一个有着丰富内容和不断向前发展的知识体系。《国家中长期教育改革和发展规划纲要(2010—2020年)》指明了未来十年高等教育的发展目标:"全面提高高等教育质量"、"提高人才培养质量"、"提升科学研究水平"、"增强社会服务能力"、"优化结构办出特色"。这些目标的实现,有赖于各高校进一步推进数学教学改革的步伐,借鉴先进的经验,构建自己的特色。而数学作为一个基础性的专业,承担着培养高素质人才的重要作用。因此,新形势下高等院校数学教学改革的方向、具体实施方案以及与此相关的教材建设等问题,不仅是值得关注的,更是一个具有现实意义和实践价值的课题。

为推进教学改革的进一步深化,加强各高校教学经验的广泛交流,构建高校数学院系的合作平台,华中师范大学数学与统计学学院和华中师范大学出版社充分发挥各自的优势,由华中师范大学数学与统计学学院发起,诚邀华中和周边地区部分颇具影响力的高等院校,面向全国共同开发这套"新世纪新理念高等院校数学教学改革与教材建设精品教材",并委托华中师范大学出版社组织、协调和出版。我们希望,这套教材能够进一步推动全国教育事业和教学改革的蓬勃兴盛,切实体现出教学改革的需要和新理念的贯彻落实。

总体看来,这套教材充分体现了高等学校数学教学改革提出的新理念、新方法、新形式。如目前各高等学校数学教学中普遍推广的研究型教学,要求教师少讲、精讲,重点讲思路、讲方法,鼓励学生的探究式自主学习,教师的角色也从原来完全主导课堂的讲授者转变为学生自主学习的推动者、辅导者,学生转变为教学活动的真正主体等。而传统的教材完全依赖教师课堂讲授、将主要任务交给任课教师完成、学生依靠大量被动练习应对考试等特点已不能满足这种新教学改革的推进。如果再叠加脱离时空限制的网络在线教学等教学方式带来的巨大挑战,传统教材甚至已成为教学改革的严重制约因素。

基于此,我们这套教材在编写的过程中注重突出以下几个方面的特点:

一是以问题为导向、引导研究性学习。教材致力于学生解决实际的数学问题、运用所学的数学知识解决实际生活问题为导向,设置大量的研讨性、探索性、应用性问题,鼓励学生在教师的辅导、指导下课内课外自主学习、探究、应用,以提高对所学数学知识的理解、反思与实际应用能力。

二是内容精选、逻辑清晰。整套教材在各位专家充分研讨的基础上,对课堂教学内容进一步精练浓缩,以应对课堂教学时间、教师讲授时间压缩等方面的变革;与此同时,教材还在各教学内容的结构安排方面下了很大的功夫,使教材的内容逻辑更清晰,便于教师讲授和学生自主学习。

三是通俗易懂、便于自学。为了满足当前大学生自主学习的要求,我们在教材编写的过程中,要求各教材的语言生动化、案例更切合生活实际且趣味化,如通过借助数表、图形等将抽象的概念用具体、直观的形式表达,用实例和示例加深对概念、方法的理解,尽可能让枯燥、烦琐的数学概念、数理演绎过程通俗化,降低学生自主学习的难度。

当然,教学改革的快速推进不断对教材提出新的要求,同时也受限于我们的水平,这套教材可能离我们理想的目标还有一段距离,敬请各位教师,特别是当前教学改革后已转变为教学活动主体的广大学子们提出宝贵的意见!

朱长江
于武昌桂子山
2013 年 7 月

前　　言

组合数学起源于数学娱乐和游戏,比如四色问题、哈密尔顿周游世界问题、哥尼斯堡七桥问题、幻方和魔方问题等,这些问题都属于离散问题,学者们对这些离散问题进行了长期的探索和研究,逐步形成了一个新的数学分支——组合数学,所以组合数学是研究离散对象的科学。计算机的处理对象是离散数据,计算机编程的基础是组合算法,这些算法的运行时间效率和存储需求分析需要大量的组合数学思想。自 20 世纪 60 年代计算机面世以来,在计算机技术的大力推动下,组合数学得以迅速发展。

组合数学的研究对象包括离散的数量关系和离散的数学结构模型。其主要涉及的问题有:满足一定要求的离散构形是否一定存在,其存在的充分或必要条件是什么?当某种离散构形存在时,其数量是多少?当数量较大时,如何找到它们的变化规律?如何构造并分析这些构形,并进一步找出满足给定目标的最优构形?

关于组合构造问题,专门有组合设计理论方面的教材和课程给予介绍;关于组合最优化问题,运筹学课程中会有详细介绍;关于图的组合问题,图论及其应用课程中会有介绍;感兴趣的读者可阅读参考文献[1]—[3]。在本书中,我们主要介绍了组合数学中的存在性问题和基础计数问题,主要体现了以下三个特点:

第一,以培养思维为目标,注重学生数学专业能力的提升。通过介绍组合数学中的经典模型、典型例题引入学习内容,教会学生建立离散模型,并从中探索解决问题的方法,总结提炼建模规律,逐步培养他们的独立思考和钻研问题的能力。

第二,以强调应用为原则,注重激发学生学习兴趣。学习组合数学重在应用,所以本书以淡化证明、强调应用为原则,在例题和习题的安排上,选择了大量生活中涉及组合数学问题的应用实例,这不仅能激发学生的学习兴趣,也能帮助他们对组合数学的广泛应用有更为深刻的认识。

第三,以服务就业为导向,注重与中学数学知识的衔接。考虑到中学数学中排列组合和数学竞赛的教学需求,书中安排了若干数学竞赛试题的分析和解答内容,这有利于有志从事教育行业的学生今后从事中小学数学教学和竞赛培训等工作。

本书主要内容共 7 章，包括组合数学简介、排列和组合、容斥原理、生成函数、递推关系、特殊计数序列(其中 6.7 节相异代表系为选学内容)、鸽笼原理和 Ramsey 定理。此外，书中除配有小节练习题和总练习题外，在最后还列出了一些关于组合数学的课程论文推荐选题，学生要完成这些选题需要查阅相关资料和阅读相关文献，我们希望这个过程能进一步拓展学生的知识面，提升他们的写作能力。

本书可作为高等院校数学、信息与计算科学、计算机等专业研究生和高年级本科生的教材或教学参考书，也可供从事相关教学、科研和技术人员使用。书中部分内容(含部分例题和习题)选自参考文献[4]—[8]，在此，向这些文献的作者表示谢意！

由于水平有限，书中难免会有一些不足之处，敬请读者批评指正。

编者

2022 年 5 月

目 录

第1章 组合数学简介 ······································· 1
  1.1 生活中的组合数学 ··································· 1
  1.2 几个经典实例 ······································· 3
  练 习 ··· 10

第2章 排列和组合 ··· 11
  2.1 计数的基本原理 ····································· 11
    2.1.1 基本计数原理 ································· 11
    2.1.2 相等原则 ····································· 13
    练 习 2.1 ·· 14
  2.2 排列 ··· 15
    2.2.1 排列(或线排列) ······························· 15
    2.2.2 环排列 ······································· 16
    2.2.3 多重集的排列 ································· 17
    练 习 2.2 ·· 19
  2.3 组合 ··· 19
    2.3.1 n元集的r-组合 ····························· 19
    2.3.2 n元集的r-可重复组合 ······················ 20
    2.3.3 综合例题 ····································· 22
    练 习 2.3 ·· 24
  2.4 多项式定理 ··· 25
    练 习 2.4 ·· 26
  2.5 组合恒等式 ··· 27
    2.5.1 组合数的基本性质 ····························· 27
    2.5.2 组合恒等式 ··································· 30

練習 2.5 ………………………………………………………… 32

第3章 容斥原理 ……………………………………………… 34
3.1 容斥原理 …………………………………………………… 34
3.1.1 有限集合的交或并的计数 …………………………… 35
3.1.2 容斥原理 ……………………………………………… 36
练习 3.1 …………………………………………………… 40
3.2 容斥原理的应用 …………………………………………… 40
3.2.1 有限制排列的计数问题 ……………………………… 40
3.2.2 有限制可重组合的计数问题 ………………………… 43
3.2.3 与数论有关的计数问题 ……………………………… 45
3.2.4 夫妻围坐圆桌计数问题 ……………………………… 47
练习 3.2 …………………………………………………… 49

第4章 生成函数 ……………………………………………… 50
4.1 形式幂级数与序列的生成函数 …………………………… 50
4.1.1 引入 …………………………………………………… 50
4.1.2 形式幂级数及其性质 ………………………………… 51
4.1.3 形式幂级数的闭式和解码 …………………………… 52
练习 4.1 …………………………………………………… 55
4.2 常生成函数及其应用 ……………………………………… 55
4.2.1 序列与常生成函数 …………………………………… 56
4.2.2 常生成函数的应用 …………………………………… 57
练习 4.2 …………………………………………………… 61
4.3 指数型生成函数及其应用 ………………………………… 61
4.3.1 序列与指数型生成函数 ……………………………… 62
4.3.2 指数型生成函数的应用 ……………………………… 63
练习 4.3 …………………………………………………… 66

第5章 递推关系 ……………………………………………… 68
5.1 计数序列与递推关系 ……………………………………… 68
5.1.1 计数序列和递推关系 ………………………………… 68
5.1.2 递推关系的定义 ……………………………………… 69
5.1.3 递推关系的建立 ……………………………………… 69
练习 5.1 …………………………………………………… 73

5.2 递推关系的求解 ······ 73
5.2.1 常系数线性齐次递推关系的求解 ······ 73
5.2.2 常系数线性非齐次递推关系的求解 ······ 76
5.2.3 递推关系的生成函数解法 ······ 79
5.2.4 常系数线性递推关系组的求解 ······ 80
5.2.5 无限阶递推关系的求解 ······ 82
5.2.6 递推关系的应用 ······ 82
练 习 5.2 ······ 83

第 6 章 特殊计数序列 ······ 84
6.1 Fibonacci 数 ······ 84
6.1.1 Fibonacci 数的性质 ······ 84
6.1.2 Fibonacci 数列的通项 ······ 86
6.1.3 Fibonacci 数列的应用 ······ 87
练 习 6.1 ······ 89
6.2 Catalan 数 ······ 89
练 习 6.2 ······ 95
6.3 两类 Stirling 数 ······ 95
6.3.1 第一类 Stirling 数 ······ 96
6.3.2 第二类 Stirling 数 ······ 97
6.3.3 两类 Stirling 数的指数型生成函数 ······ 100
练 习 6.3 ······ 101
6.4 正整数的分拆 ······ 102
6.4.1 正整数的分拆 ······ 102
6.4.2 正整数的分拆与 Ferrers 图 ······ 103
练 习 6.4 ······ 106
6.5 禁位排列与车多项式 ······ 106
6.5.1 禁位排列与棋盘上车的布局 ······ 107
6.5.2 车多项式 ······ 108
练 习 6.5 ······ 111
6.6 分装问题 ······ 112
6.6.1 分装问题的类型 ······ 112
6.6.2 分装问题的应用 ······ 113

练 习 6.6 ··· 114

*6.7 相异代表系 ·· 115
    6.7.1 相异代表系 ······································ 115
    6.7.2 相异代表系存在的条件 ···························· 116
    练 习 6.7 ··· 120

第 7 章 鸽笼原理和 Ramsey 定理 ························ 121
7.1 鸽笼原理 ·· 121
    7.1.1 鸽笼原理的简单形式 ······························ 121
    7.1.2 鸽笼原理的一般形式 ······························ 123
    7.1.3 鸽笼原理的广义形式 ······························ 124
    练 习 7.1 ··· 126

7.2 Ramsey 定理 ·· 127
    7.2.1 集会问题与完全图的着色 ·························· 127
    7.2.2 Ramsey 定理的简单形式和(经典)Ramsey 数 ········ 129
    7.2.3 Ramsey 定理的集合形式 ·························· 132
    7.2.4 Ramsey 定理的应用 ······························ 134
    练 习 7.2 ··· 135

总练习题 ·· 137
课程论文推荐选题 ·· 140
参考文献 ·· 142

第 1 章 组合数学简介

组合数学是数学的一个重要分支,它的研究对象是离散结构,研究内容包括离散结构的存在、计数、构造和优化,即以下几个基本问题:

(1) 满足给定条件的离散构形是否存在?如果存在,其存在的充分或必要条件是什么?

(2) 当某种离散构形存在时,构形的数量是多少?

(3) 当离散构形的数量较大时,构造并分析所有构形的方法是什么?

(4) 在所有构形中,满足设定目标的最优构形怎么确定?

组合数学的研究内容及其数学思想和技巧不仅在基础数学研究和计算机科学中具有极其重要的地位,而且在其他的自然科学领域,如编码和密码学、物理、化学、生物科学等中均有重要应用,同时,组合数学在企业管理、交通规划、战争指挥、金融分析等领域也有广泛应用,这些应用在一定程度上不仅得益于组合数学的发展,同时也促进了组合数学的持续发展。

为了让读者对组合数学及其应用有一个全局认识,以下将从生活实例和经典实例两个方面简要介绍组合数学研究的主要问题。

1.1 生活中的组合数学

在我们的生活中,组合数学问题随处可见。比如以下几个有趣的组合数学问题。

1. 过河问题(River Crossing Problem)

在中小学的数学游戏中,有这样一个趣味问题:一个船夫要把一只狼、一只羊和一棵白菜运过河。当船夫不在场时,狼要吃羊,羊要吃白菜,而他的船每趟只能运送其中的一个。他怎样才能把三者都安全运到河对岸呢?这就是一个很典型的组合数学问题。

2. 铺砖问题(Tiling Problem)

房屋建筑工程中,要用若干形状的方砖铺设某种形状的地面,问:正好铺满地面的可能性是否存在?有多少种方法?对于不同形状的地面和不同形状的方砖,存在性和方法上有何不同?铺砖问题是组合数学中的一类经典问题,1.2 节中介绍的棋盘覆盖问题可以看作其数学模型。

3. 背包问题(Knapsack Problem)

背包问题也叫装箱问题,问题描述为:给定一组物品,每种物品都有自己的重量(或形状)和价格,在给定背包(或箱子)限定的总重量(或总体积)内,我们如何选择,才能使得所装物品的总价格最高?从理论上讲,背包问题是一个很难的组合数学问题,即使用计算机求解也不容易。背包问题自 1978 年被 Merkel 和 Hellman 提出后,以其结构简单、扩展性强的特性引起了广大学者的关注,多种优化算法相继被提出,背包问题得以快速发展,应用范围越来越广泛,如在资源分配、装载问题、投资决策等方面。

4. 调度问题(Scheduling Problem)

饭店的管理中严格规定有关的工序,如清洁工的工作内容包括做清洁、清理垃圾、更换各种用品等,第一步做什么,第二步做什么,清洁工如何安排工序,才能使进出房间的次数最少,使工作效率达到最高?这样一个简单的工作需要讲究工序,那么一个复杂的工程就更不用说了。例如,在生产原子弹的曼哈顿计划中,涉及很多道不同工序、很多人员的安排、很多元件的生产。应该怎样安排、调度各种工作人员,以及各种工序间的衔接,从而使整个工时尽可能短?这类问题称为组合规划中的管理调度或排序问题,或称时间表问题。

5. 任务分配问题(Task Assignment Problem)

有一些员工要完成一些任务,各个员工都有自己擅长的几项任务,而且完成不同任务所花费的工时也不同。现在要求给每个员工分配一项任务,每项任务只被分配给一个员工。在给定条件下是否能够将任务分配下去?如果能够分配下去,一共有多少种方案?在所有方案中花费总工时最少的方案是哪一个?任务分配问题是一个被广泛研究的问题,在运筹学理论和工程应用中都有很高的价值。匈牙利算法是任务分配问题的一种有效的求解方法。

6. 中国邮递员问题(Chinese Postman Problem)

邮递员在某一地区投递信件,每天从邮局出发,走遍该地区所有街道再返回邮局,问邮递员应如何安排送信的路线可以使每条路至少走一次,而所走的总路程最短?这个问题由中国组合数学家管梅谷在 1960 年首先提出,并给出了解法——"奇偶点图上作业法"。这个问题在国际上被通称为"中国邮递员问题"。

7. 最短路径问题(Shortest Path Problem)

考虑一个由道路和路口组成的系统,一个人想从路口 A 走到路口 B。一般来说,从 A 到 B 会有许多条道路,要确定其中哪一条道路的距离最小,即最短路径。最短路径问题是组合优化领域的经典问题之一,它广泛应用于计算机科学、交通工程、通信工程、系统工程、运筹学、信息论、控制理论等众多领域。我们可以用枚举法尝试所有道路,进行距离比较再取最短路径,但随着道路系统的规模增大,这种计算方式将会使工作量很大,以致在合理的时间内得不到问题的所有解,因此寻找效率较高的求解方法成为研究目标。针对不同的道路系统,已有一些效率较高的经典算法,如深度优先和广度优先算法、Floyd 算法、Dijkstra 算法等。

8. 四色定理(Four Color Theorem)

如果你仔细留心一张世界地图,你会发现,为了能够区分出不同的国家,地图制作时人们是用多种不同的颜色对每个国家或地区进行染色,有共同边界的相邻国家染不同的颜色。一般地图上会使用到 5 或 6 种颜色。数学上探讨用尽可能少的颜色对地图染色,那么最少需要几种颜色,能保证任何两个相邻的国家的颜色不同呢?1852 年一位名叫 Francis Guthrie 的英国研究生发现了这个有趣的问题,他观察并提出了"四色猜想",对这个猜想的证明吸引并困扰了数学家 100 多年,这个猜想与费马猜想、哥德巴赫猜想并称为世界三大数学猜想。1976 年,美国数学家 Appel 和 Haken 宣称,他们运用电子计算机进行演算,用了 1200 个小时,作了 100 亿个判断,证明任意平面地图都能够用 4 种颜色染色,从而证明了四色定理,轰动了世界。

但证明并未止步,计算机证明无法给出令人信服的思考过程,数学家们仍结合拓扑、代数、概率等其他数学分支内容继续这方面的研究,以期得到不借助计算机的"纯粹"的数学证明。在"四色问题"的研究过程中,不少新的数学理论随之产生。同时,为证明这条定理所产生的概念与方法研究刺激了拓扑学与图论的发展。如将平面地图的染色问题转化为任意图的点(边)染色问题,丰富了图论的内容,成为图论研究的经典问题之一,在有效设计航空班机日程表、设计计算机的编码程序上都起到了推动作用。

1.2 几个经典实例

组合数学的研究对象多变、有趣,研究方法灵活、发散,为了让读者初步认识组合数学,下面我们简单介绍几个经典实例,这些实例不仅曾经是组合数学中的重要成就,而且充分体现了组合数学的研究对象、研究方法等方面的特点。

1. 棋盘的完美覆盖问题(Problem of Perfect Cover of Chessboard)

一张普通的国际象棋棋盘被若干水平线和竖直线分成 8 行 8 列(8×8)的 64 个正方形。设有若干形状大小一样的多米诺骨牌,每张牌恰好覆盖棋盘上相邻的两个方格。那么,怎样把 32 张多米诺骨牌摆放到棋盘上,使得任何两张多米诺骨牌均不重叠,每张多米诺骨牌覆盖两个方格,并且棋盘上所有的方格都被覆盖住?(我们称这种排列为棋盘的完美覆盖)

显然,我们很容易给出若干种不同的完美覆盖,所以它的存在性毋庸置疑。新的问题是:总共有多少种不同的完美覆盖?如何构造出所有的覆盖方法?这个答案由英国统计学家费歇尔在 1961 年给出,共有 $12988816 = 2^4 \times 901^2$ 种(见文献[9])。

如果将该问题推广到一般情形,即任意 m 行 n 列的棋盘是否存在完美覆盖呢?结论是不一定。比如,对于 3 行 3 列的棋盘就不存在这样的完美覆盖。容易看到,当且仅当 m 和 n 至少有一个是偶数时,这样的 $m \times n$ 棋盘才存在完美覆盖。但此时对于它的所有可能性种类的计算就比较困难了。费歇尔用三角函数计算出该问题的一般公式,即

$$\prod_{i=1}^{[\frac{m}{2}]} \prod_{j=1}^{[\frac{n}{2}]} \left[4\cos^2\left(\frac{i \cdot \pi}{m+1}\right) + 4\cos^2\left(\frac{j \cdot \pi}{n+1}\right) \right]$$

。实际上该问题等价于分子物理学中的一个著名

问题,即所谓的二聚物问题:对表面双原子分子(二聚物)的吸收问题,其中棋盘上的方格对应分子,而多米诺骨牌则对应二聚物。

普通棋盘的多米诺骨牌的完美覆盖问题虽然已经有了答案,但对于这类问题的研究却没有结束,它启发我们想到许多新的研究问题。我们可以从棋盘和骨牌两个对象的分别改变来考虑新的问题或模型。

模型 1　残盘覆盖问题

问题:用一把剪刀剪掉 8×8 棋盘的一对对角上的两个方格,剩下 62 个方格,能否用 31 张多米诺骨牌完美覆盖?

答案:不存在。其证明是一个简单而巧妙的组合推理:在一副普通的 8×8 棋盘上交替地将方格涂成黑色和白色,则其中 32 个方格是白色的,余下 32 个方格是黑色的。如果剪掉棋盘一对对角上的两个方格,则剪除的必是同样颜色的两个方格,不妨设为两个白色方格。此时棋盘变成了 32 个黑方格和 30 个白方格。但每张多米诺骨牌无论是横放还是竖放均需要盖住黑色和白色方格各一个,31 张多米诺骨牌恰能盖住 31 个白方格和 31 个黑方格。因此这副被剪过的棋盘不可能存在完美覆盖。

模型 1 的进一步推广及思考:将 $m\times n$ 棋盘上方格切除一些指定位置,是否仍存在完美覆盖?存在的必要条件或充分条件是什么?

模型 2　特殊骨牌覆盖问题

设 b 是一个正整数,用 $1\times b$ 的方格条牌(b-牌)来代替多米诺骨牌,$m\times n$ 棋盘是否仍存在 b-牌的完美覆盖?存在的必要条件或充分条件是什么?

答案:一张 $m\times n$ 棋盘存在 b-牌的完美覆盖的充要条件是 b 能被 m 或 n 整除。证明略,有兴趣的读者可参看文献[10]。

模型 2 的进一步推广及思考:将方格条牌用其他形状的牌来代替,是否存在完美覆盖?如换成 L 型、L_2 型、六阶梯型、十字型(如图 1.1)、正三角形、正六边型等形状。

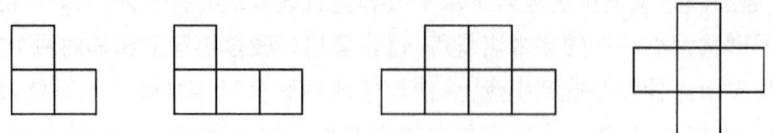

图 1.1　L 型、L_2 型、六阶梯型、十字型骨牌

除此以外,还有其他棋盘覆盖问题。

模型 3　无隙覆盖问题

所谓"无隙覆盖",即在完美覆盖的基础上要求棋盘内的每一条水平线和竖直线都至少被一块骨牌压住(见文献[11])。比如图 1.2 给出的 5×6 棋盘的这个完美覆盖即是无隙覆盖,其中没有哪一条水平线或竖直线没有被骨牌压住。

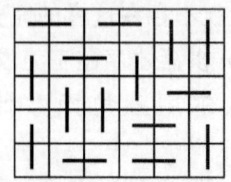

图 1.2　5×6 棋盘的一种完美覆盖(无隙覆盖)

这种覆盖是有实用价值的，因为它避免了横贯或纵贯全棋盘的"裂纹"，增强了整体性。比如在建筑工程中，对于垒墙、铺砌和镶嵌等工作做到这一点对保证稳定性很重要。显然，无隙覆盖的构造是复杂的。事实上并非所有可以完美覆盖的棋盘都能无隙覆盖。最典型的一个反例是对于一张6×6棋盘，读者可以试着用18块多米诺骨牌去覆盖它。你会发现：无论怎样覆盖，都会存在（至少）一条断层线，将棋盘横向或纵向切割成非空的两部分而不被骨牌压住。这是为什么呢？我们可以用反证法来说明这件事。

假设6×6棋盘存在某种无隙覆盖。因每行每列均为偶数格，故在完美覆盖下压住每条线的骨牌数必为偶数，而对无隙覆盖，每条线将至少被两块骨牌压住，但一块骨牌只能压住一条线。6×6棋盘内共有10条线，于是压住全部线的骨牌数至少需要$10\times 2=20$（块）。这是不可能的，因为覆盖全盘总共只需18块骨牌！

模型4　正方形的三角形骨牌覆盖问题

用边长为整数的直角三角形骨牌覆盖边长为整数的大正方形。这里的直角三角形的尺寸可以不同。这一问题的目标是寻求骨牌数目尽量少且大正方形边长尽量小的覆盖式样。

1966年数学家们首先找到了一个由12块直角三角形骨牌覆盖边长为39780的正方形的图样。而到1981年止，边长在1000以下，骨牌数在10块以下的覆盖式样一共找到了20种。其中，骨牌数最小的纪录是5块，当时覆盖的正方形边长为6120，后来又改进为1248；另一项至今为止最好的纪录是覆盖的正方形边长降到了48，骨牌数是7块。图1.3是两项最佳纪录的图示。

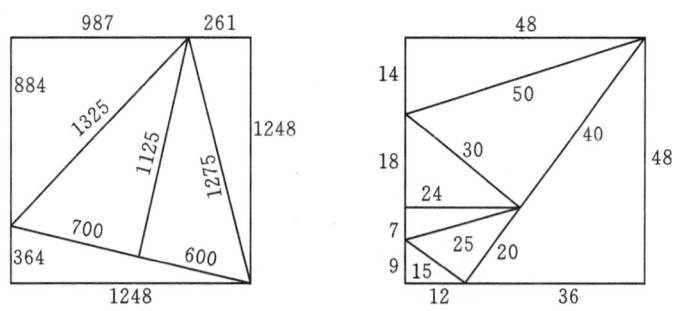

图1.3　正方形用整数边长直角三角形覆盖的两项纪录

2. 幻方(Magic Square)

幻方是最古老和最流行的数学游戏之一。一个n阶幻方是由整数$1,2,3,\cdots,n^2$按以下方式组成的$n\times n$方阵：该方阵每行上的整数的和、每列上的整数的和、两条对角线中每条对角线上的整数的和都等于同一个数s，整数s称为该幻方的幻和。显然，幻和s和n的关系是$s=\dfrac{n(n^2+1)}{2}$。

图1.4是3阶和4阶幻方的两个例子，它们的幻和分别是15和34。

对于任意正整数n，如何构造一个n阶幻方，并且总共能构造出多少个，这是幻方涉及的主要问题。下面我们从幻方的发展历史中寻找问题的答案。

8	1	6
3	5	7
4	9	2

16	2	3	13
5	11	10	8
9	7	6	12
4	14	15	1

图 1.4 3 阶幻方和 4 阶幻方

幻方又称魔方或方阵,它起源于中国,最早记载于公元前 500 年春秋时期的《大戴礼》中。南宋著名数学家杨辉称之为纵横图,他是世界上第一个排出丰富的纵横图并讨论其构成规律的数学家。直到 15 世纪,我国的纵横图传到欧洲,欧洲人认为幻方可以镇压妖魔,所以将其佩戴在身上作为护身符。作家金庸的武侠小说《射雕英雄传》中就提到 3 阶幻方的一种构造方法,即九宫图:"戴九履一,左三右七,二四为肩,六八为足,五居中央。"美国政治家、物理学家本杰明·富兰克林(Benjamin Franklin,1706—1790)就是一个幻方迷,他构造了很多有趣的例子,其中的 8 阶幻方(见图 1.5),性质特殊,变化复杂,至今仍为学者称道。美国作家丹·布朗的作品《失落的神符》里面提到了这个幻方,将它作为解开神符密码的关键。这个 8 阶幻方有一些独特的性质:

(1) 每半行、半列上各数和为 130(幻和是 260);

(2) 幻方角上的四个数之和、最中心四个数之和均等于 130;

(3) 从 16 到 10,再从 23 到 17 所成折线"∧"上八个数字之和也为 260;且平行这种折线的诸折线"∧"上的八个数字之和也为 260。

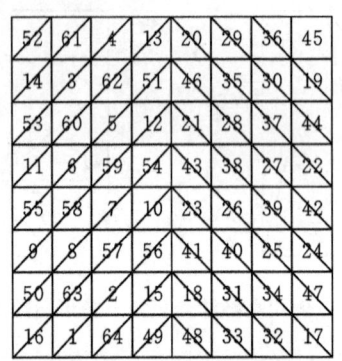

图 1.5 本杰明·富兰克林构造的 8 阶幻方

如果读者对幻方感兴趣,想进一步了解幻方,可以参看《幻方探秘》一书(见文献[12]),这本书是中科院武汉物理与数学研究所的一群青年学生共同编著的。书中介绍,对于任意 n 阶幻方,存在许多种特殊方法。罗伯法、行列交汇法、巴舍法、首尾数口决法、奇偶分离平移补空法等方法能够构造奇数阶幻方,阴阳平衡法、对称交换法、平移补空法、中心对称法、任初农阵列变换法等能构造特定的偶数阶幻方。

这里我们简单介绍其中一种 n 为奇数时的幻方构造方法 —— 罗伯法:

首先将1放在最上一行的中间。其后的整数沿着自左下至右上的这条对角线方向按照自然顺序放置,但同时须作如下调整:

(1) 在到达顶行时,下一个整数要放在底行,所放位置就是把底行当作顶行上边一行时该数应该放置的位置;

(2) 当到达最右边的一列时,下一个整数要放在最左边的一列上,所放位置就是把最左边的一列当作最右边那一列时该数应该放置的位置;

(3) 当将要放置数字的位置上已经填好了整数,或上一整数已经放在了幻方的右上角时,则当前要摆放的整数将放在上一个整数位置的下方。

这个方法是法国人罗伯(De La Loubere)在17世纪发现的一种方法,图1.4中的3阶幻方可看作按此方法构造,读者可尝试构造一个5阶或7阶幻方来检验此方法。

进一步,可以将平面上的幻方推广到3维情形,也称为数字魔方(Magic Cube):由整数$1,2,3,\cdots,n^3$构造成一个$n\times n\times n$的立方体阵列,其在下列条件上的n个元素的和s都是相同的:平行于立方体一条边的直线;每个水平或垂直截面上的两条对角线;四条空间对角线。读者可以考虑一下,此时幻和s是多少?

3. 拉丁方(Latin Square)

问题 设有分别来自6个军团共有6种不同军衔的36名军官,他们能否排6×6的编队使得每行每列都有各种军衔的军官1名,并且每行和每列上的不同军衔的6名军官还分别来自不同的军团?

把6个军团用1到6的整数来表示,如果能将这6个数排一个6×6的阵列,使每行每列恰含这6个数,这个阵列就是一个拉丁方。

模型 一个军官可由一个有序对(i,j)表示,其中i表示该军官的军衔,而j表示他所有的军团,于是问题变成36个有序对$(i,j)(i=1,2,\cdots,6;j=1,2,\cdots,6)$能否排成$6\times 6$阵列,使得在每行和每列,这6个整数$1,2,\cdots,6$都能以某种顺序出现在有序对第一个元素的位置上,并以某种顺序出现在有序对第二个元素的位置上?

等价模型 是否存在两个6×6矩阵,其元素取自$1,2,\cdots,6$,使得6个数字以某种顺序出现在矩阵的每一行每一列,当两个矩阵并置时,所有36个有序对全部出现?

为简化问题,设有来自3个军团共3种军衔的9名军官,此时,问题的一个解如图1.6所示。

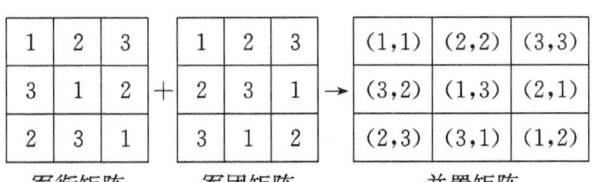

图1.6 两个正交3阶拉丁方

其中前两个矩阵就是3阶拉丁方的例子,在矩阵的每行和每列上,整数1,2,3每一个都出现一次。并且这两个3阶拉丁方是正交的,因为它们的并置使得所有9个可能的有序对出现。

等价问题　是否存在两个正交的 6 阶拉丁方?

推广　其他阶拉丁方的存在性问题?

应用　这个问题于 18 世纪由瑞士数学家欧拉(Leonhard Euler,1707—1783)作为一个数学游戏提出,它对统计学的发展有着重要的影响,特别是在实验设计方面,如在无线通信仿真中的应用、在脊柱生物力学对比试验中的应用等等。

现在已经证明,除了 $n = 2, 6$ 以外,其余的正交拉丁方阵都存在,而且有多种构造方法。读者可以试着用扑克牌构造一对 4 阶正交拉丁方阵。

下面介绍拉丁方在实验设计方面的一个应用。

考虑测试五种药物对人体药效的实验设计。假设药物编号分别为 1,2,3,4,5,挑选五个人编号分别为甲、乙、丙、丁、戊,现给每一个人不同的药物。

可是,特定人可能对特定药物产生过敏反应,或对该药效是免疫的,因此,我们有可能得到偏差很大的结果。有效的方法应该是在连续的一段期间,例如 5 天,每天给每个人同一种药物,表 1.1 给出这一实验的一种可能安排。这一安排有什么错误之处吗?其一,一种药物在这一周摄取的日期可能对结果产生影响(比如因周日晚上聚餐导致周一早晨还没有醒酒的人可能对周一的药物没有正常的反应)。其二,前一天吃的药可能对后一天吃的药的性能产生影响,因此,让每个人按相同顺序吃这些药物可能导致结果的偏差。解决这些问题的一个简单方法就是要求不能有两个人在同一天吃相同的药物,即这一实验的设计表格中,每一行的项完全不同,每一列的项也完全不同,例如表 1.2 所示方案。对药物实验的设计者来说,关键问题是:存在满足条件的设计吗?这就是组合数学中拉丁方存在问题。

表 1.1　药物实验设计方案 1

		日期				
		一	二	三	四	五
对象	甲	1	2	3	4	5
	乙	1	2	3	4	5
	丙	1	2	3	4	5
	丁	1	2	3	4	5
	戊	1	2	3	4	5

表 1.2　药物实验设计方案 2

		日期				
		一	二	三	四	五
对象	甲	1	2	3	4	5
	乙	5	1	2	3	4
	丙	4	5	1	2	3
	丁	3	4	5	1	2
	戊	2	3	4	5	1

需要注意的是,表 1.2 所示的设计模式仍然可能引发顺序效应问题。为了避免任意可能的顺序效应,应该有足够多的对象使得这五种药物的每一种可能顺序都得到测试,那么存在多少种合适的设计方案呢?在所有的方案中,如何找到最省时、最省力的方案,即最优方案的确定,这些都是组合数学研究的基本问题。我们将在第 6.7 节中结合拉丁矩阵讨论拉丁方的构造。

4. 旅行商问题（Traveling Salesman Problem）

一名旅行商希望从一座城市出发遍访 n 个不同的城市各一次，最后回到第一座城市结束他的旅程。他不关心到访城市的顺序，关心的是最小化旅程的总成本。假设从城市 i 到城市 j 的旅程成本为 C_{ij}，一条路线的总成本是该路线中所有旅程成本 C_{ij} 之和，问题是要寻找一个确定最便宜路程的算法。这是一个典型的组合优化问题，又称货郎担问题。

对于旅行商问题，如果我们用枚举算法，即枚举所有可能的路线并计算每一条路线的成本，那么计算这一算法的复杂度如何？

什么是算法的复杂度呢？假设一个计算机程序实现解决一个组合数学问题的算法，在运行这样的程序之前，我们希望知道这个程序是否能在"合理的"时间总量内运行，且所使用的存储量或内存量不超过"合理的"（或允许的）存储量或内存量。程序所需要的时间或存储依赖于输入，所以为了衡量程序的运行成本，要计算成本函数或复杂度函数，即根据所需要的时间或所需要的存储量衡量成本的函数 f，是作为输入问题尺度 n 的函数。例如，计算两个 n 阶方阵的乘积需要多少次操作（四则运算）？易知，共需要 n^3 次乘法运算和 $n^2(n-1)$ 次加法运算，故操作数量即复杂度函数为 $f(n) = n^3 + n^2(n-1) = O(n^3)$。

由于计算机运算速度的局限性，不是所有的组合数学问题都可以在计算机上解决，特别是用枚举法的时候。通常，在一台特定的机器上运行一个特定的计算机程序的成本将随着程序员的技巧和机器的特性而发生变化。因此，现代计算机科学更加强调算法的比较而不是程序的比较，强调算法的复杂度 $f(n)$ 的估算，估算与所实现算法的特定程序与机器无关。计算算法复杂度的目标是组合数学技术发展的一个主要推动力。

在旅行商问题中，城市的数量 n 是输入的大小。假设对每一条路线，识别该路线及计算其成本都是可比较的，且要花费一个单位时间。现在，开始且结束于城市 A 的任意路线对应余下的 $n-1$ 个城市的一个排列，因此，用枚举法可以看到存在 $(n-1)!$ 条这样的路线，即 $f(n) = (n-1)!$ 个 单位时间。下面我们来看一下这个数字有多大？

数 $n!$ 可以用 $s_n = \sqrt{2\pi n}(n/e)^n$ 的计算来近似。使用 s_n 近似 $n!$ 称为斯特林近似。它把 $5!$ 近似为 $s_5 = 118.02$，而把 $10!$ 近似为 $s_{10} = 3598600$（可与表 1.3 中的真实值相比较），这一近似非常好。通过当 n 趋近 ∞ 时 $n!$ 与 s_n 的比率趋近于 1 这一事实可以证明这一近似的精确度（同时应注意到，当 n 趋近于 ∞ 时，二者之差 $n! - s_n$ 趋近于 ∞）。关于该结论的证明，读者可以参见数学分析教材或参考文献[13]。

表 1.3 n 从 0 到 10 时 $n!$ 的值

n	0	1	2	3	4	5	6	7	8	9	10
$n!$	1	1	2	6	24	120	720	5040	40320	362880	3628800

当 $n = 26$ 时，$n - 1 = 25$，$25!$ 就是一个相当大的数了，大到了难以想象的程度。为了认识到这一点，我们可以看到 $25! \approx 1.55 \times 10^{25}$，一台每秒可以检查 10 亿个排列的计算机也几乎需要 5 亿年来检查 1.55×10^{25} 个排列（因为 1 年大约有 3.15×10^7 秒，每秒可以检

查 10 亿个排列的计算机可以在 1 年内检查 $3.15 \times 10^7 \times 10^9 = 3.15 \times 10^{16}$ 个排列。因此，检查 1.55×10^{25} 个排列所需要的年数是 $\frac{1.55 \times 10^{25}}{3.15 \times 10^{16}} \approx 4.9 \times 10^8$)。可以看到 $f(n)$ 非常大以至于通过计算机执行这一枚举算法几乎是不可能的。

我们定义一个算法是"好的"，如果这一算法的复杂度函数 $f(n)$ 被 n 的多项式界定。这样的算法称为多项式算法(Polynomial Algorithm)，更精确地，可称为多项式时间算法。旅行商问题是激发研究人员付出努力寻找"好"算法的一个例子。实际上，这一问题属于著名的 NP 完全问题(NP-complete)或 NP 难题(NP-hard problem)，对于这一类问题，严格来讲不存在好的算法。尽管如此，目前已经有了大量的启发式算法和精确方法来求解成千上万的实例。

实际生活中很多问题都可归于旅行商问题，下面给出这个问题的一个简单应用。

【自动货栈的取货机器人问题】假设一个药物货栈堆满按行和列排列的货架。有一份订货单需要 10 箱感冒药、6 箱消炎药、8 箱咳嗽药等。每一种药物都按照行、列和高度定位。为了最小化所需要的时间，问机器人应按什么样的顺序取货？我们需要程序化这个机器人以便解决这一个"旅行商问题"。

练 习

1. 求用多米诺骨牌覆盖 3 行 4 列棋盘所形成的不同完美覆盖的个数。
2. 构造一个用多米诺骨牌对 8×8 棋盘形成的没有断层线的完美覆盖。
3. 用罗伯法构造一个 7 阶幻方。
4. 证明 3 阶幻方中心位置必然是数字 5，并推导：恰好存在 8 个 3 阶幻方。
5. 寻找所有可能的 3 阶拉丁方。
6. 构造一对 4 阶正交拉丁方。
7. 给出两个构造 n 阶拉丁方的方法。
8. 如果一台计算机一秒钟可以处理 1 万亿次运算，如果有 $n = 26$ 个城市，那么通过枚举法它要花多少年来解决旅行商问题？

第 2 章

排列和组合

讨论具有确定性质的个体的数目(即计数问题)是组合数字的一个重要部分。通过计数,我们可以求解许多不同类型的问题,例如,确定算法的复杂性,确定是否存在足够多的字符串满足实际需要,确定离散事件发生的概率等。如果将一类离散研究对象的全体看作一个集合,我们可以用集合中个体可重复或者不可重复的有序或无序安排来描述许多计数问题,这些安排称为排列和组合,很多计数问题中都会用到它们。

2.1 计数的基本原理

作为研究计数问题的基础,本节我们将介绍几个基本计数原理,以及如何有效地使用它们来求解许多不同的计数问题。

2.1.1 基本计数原理

首先,我们通过例子介绍两个基本的计数原理:加法原理和乘法原理。

引例 2.1 一名学生想选修一门课程(数学或生物),如果现有 4 门数学课程和 3 门生物课程为选课范围,那么该学生共有几种选择?

引例 2.2 一名学生想选修数学和生物课程各一门,如果现有 4 门数学课程和 3 门生物课程为选课范围,那么该学生共有几种选择?

显然,引例 2.1 的答案是 4+3 种,引例 2.2 的答案是 4×3 种。虽然两例中选课范围均相同,但由于要计数的目标不同,前者只需从数学、生物两类课程中选一门课程,而后者要各选一门课程,可以分步骤完成,先选择数学(或生物)课程中的一门,再选择生物(或数学)课程中的一门。由此总结两种不同计数规律:

引例 2.1 规律:如果要从两类物体中选择一个物体,其中第一类中有 p 种方法选择一个物体,第二类中有 q 种方法,那么从这两类中选择一个物体的方法共有 $p+q$ 种;

引例 2.2 规律:如果要从两类物体中各选择一个物体,则完成这件事要经过两个步骤,第一步从第一类中选择一个物体的方法有 p 种,完成第一步之后,第二步从第二类中选择一个物体的方法有 q 种,则完成这件事的方法共有 $p \times q$ 种。

将这两个规律进行推广,可以得到两个基本计数原理:

加法原理 若做一件事情的全部方法可分成互不相容的 k 类,其中属于第 $i(i=1, 2, \cdots, k)$ 类的方法有 n_i 种,则做这件事情的方法共有 $n_1 + n_2 + \cdots + n_k = \sum_{i=1}^{k} n_i$ 种。

乘法原理 若做一件事要经过 k 个步骤，且在已完成前面 $i-1(i=1,2,\cdots,k)$ 个步骤的情况下，完成第 i 个步骤的方法有 n_i 种，则完成这件事的方法共有 $n_1 \cdot n_2 \cdot \cdots \cdot n_k = \prod\limits_{i=1}^{k} n_i$ 种。

例 2.1 【选代表】从 5 位男士、4 位女士和 6 名小孩中选择一个代表的方法共有 $5+4+6=15$ 种方式，选择 1 名男士、1 名女士和 1 名小孩组成代表团的方式共有 $5 \times 4 \times 6 = 120$ 种。

例 2.2 【整数的个数】以 N 表示万位数字不是 5 且各位数字互异的 5 位数的个数，求 N。

解 可分步骤依次确定万位、千位、百位、十位、个位数字去构造满足题意的 5 位数。由于万位数不能是 0 和 5，且各位数字必须彼此相异，故以确定万位数为第一步骤，依次再确定其他位数。因为确定万位、千位、百位、十位、个位数字的方法分别有 8 种、9 种、8 种、7 种、6 种，故由乘法原理知

$$N = 8 \times 9 \times 8 \times 7 \times 6 = 24192。$$

例 2.3 【自然数的约数】设自然数 $n(n \geqslant 2)$ 的质因数分解式为 $n = p_1^{\alpha_1} p_2^{\alpha_2} \cdots p_k^{\alpha_k}$，求 n 的正约数的个数。

解 n 的任一个正约数可唯一地表示成 $p_1^{\beta_1} p_2^{\beta_2} \cdots p_k^{\beta_k}$，其中 $\beta_i(i=1,2,\cdots,k)$ 是整数，且 $0 \leqslant \beta_i \leqslant \alpha_i$，于是可通过分步骤确定 $\beta_1, \beta_2, \cdots, \beta_k$ 来得到 n 的正约数。因为 $\beta_i(i=1, 2,\cdots,k)$ 可以是 $0,1,2,\cdots,\alpha_i$ 这 α_i+1 个数中的任一个，即确定 β_i 的方法有 α_i+1 种，故由乘法原理，n 的不同正约数的个数为

$$(\alpha_1+1)(\alpha_2+1)\cdots(\alpha_k+1) = \prod_{i=1}^{k}(\alpha_i+1)。$$

例 2.4 【开关函数】设 B_n 是所有长度为 n 的 0-1 字符串的集合，n 变量开关函数（即布尔函数）是给 B_n 中每个字符串指定一个数值（0 或 1）的函数。例如，当 $n=2$ 时，$B_2 = \{00, 01, 10, 11\}$，在 B_2 上可以定义若干个不同的 2 变量开关函数，其中两个 $S(x)$ 和 $T(x)$ 如表 2.1 所示。数字计算机的电路设计问题通常涉及要确定特定的开关函数，问一共可定义多少个不同的 n 变量开关函数？

表 2.1　两个开关函数

字符串 x	$S(x)$	$T(x)$
00	1	0
01	0	0
10	0	1
11	1	1

解 显然，集合 B_n 中有 2^n 个元素，每个元素可赋值 0 或者 1，则根据乘法原理，存在 $2 \times 2 \times \cdots \times 2$ 个不同的 n 变量开关函数，乘积中共有 2^n 个项，即总共有 2^{2^n} 个不同的 n 变

量开关函数。

加法原理和乘法原理是计数中的两个非常重要的原理,根据它们的特点,也可分别称为**分类计数原理**和**分步计数原理**。同时,这两个基本原理还可以用集合论语言描述:

加法原理 设 A 是有限集,$A_i \subseteq A (i=1,2,\cdots,m)$,如果 $A = \bigcup_{i=1}^{m} A_i$,且 $A_i \cap A_j = \varnothing (1 \leqslant i < j \leqslant k)$,则 $|A| = \sum_{i=1}^{m} |A_i|$。

乘法原理 设 A 是集合 $A_i(i=1,2,\cdots,m)$ 的笛卡尔积,即 $A = A_1 \times A_2 \times \cdots \times A_m$。如果 $A_i \cap A_j = \varnothing (1 \leqslant i < j \leqslant m)$,则 $|A| = \prod_{i=1}^{m} |A_i|$。

除了以上两个基本原理,在计数问题中还经常用到下面两个原理。

引例 2.3 两位数中有多少个两个数字非零且互异的数?

解法 1 (利用乘法原理)分步骤计数,首先考虑十位上的数字,有 9 个非零数字可供选择,再取个位数字,不同于十位数的非零数字有 8 种,故有 $9 \times 8 = 72$ 个。

解法 2 考虑用所有两位数减去其中含零或两数字相同的数,即 $90 - (9+9) = 72$。

解法 2 实际上利用了排除法,它将所有两位数分为两类,一类是两个数字非零且互异的两位数,另一类是两个数字含零或相同的两位数。因为所求计数问题是考虑前一类数的个数,而后一类数的个数较容易得到,所以用总数减去后一类所包含的个数,我们可称之为减法原理。

减法原理 设 A 是一个集合,而 U 是包含 A 的更大的集合,如果 $\overline{A} = \{x \mid x \in U, x \notin A\}$,则 A 中的元素个数 $|A| = |U| - |\overline{A}|$。

例 2.5 【含 1 的整数】求含有数字 1 且比 1000 小的正整数的个数。

分析 此题若用加法原理,则要讨论的情形比较多,故考虑用减法原理,先求不含数字 1 的整数的个数。

解 由 $\{0,2,3,\cdots,9\}$ 中 9 个数字组成的 3 位数共有 $9 \times 9 \times 9 = 729$ 个,其中 000 不是正整数,故比 1000 小的正整数中不含数字 1 的数有 $729 - 1 = 728$ 个。因此比 1000 小且含有数字 1 的正整数共有 $999 - 728 = 271$ 个。

引例 2.4 在 28 个鸽巢中平均放有 140 只鸽子,则每个鸽巢有多少只鸽子?

显然答案是 $140/28 = 5$ 只鸽子。我们将这种计数方式称为除法原理。

除法原理 设 S 是一个有限集,将 S 划分成 k 个不相交的子集合,且每个子集合中的元素个数相等,则每个子集合中的元素个数为 $\frac{|S|}{k}$。

例 2.6 【扑克牌花色】52 张扑克牌平均分成 4 种花色,每种花色有 13 张牌。

2.1.2 相等原则

当研究的计数问题较复杂时,有时候可以用一一对应的方法来简化问题。比如要对事件 A 进行计数,如果比较困难,可以找与事件 A 存在一一对应关系的另一事件 B,如果事

件 B 的计数较为容易,则改为对事件 B 进行计数,从而使问题得到解决。我们称之为相等原则(或一一对应原则)。

相等原则 设 A,B 为有限集,若存在从 A 到 B 的一一映射,则 $|A|=|B|$。

例 2.7 【淘汰赛】n 名选手打淘汰赛,多少场比赛后能产生出冠军?

解 从 n 名选手中最后产生一名冠军,要淘汰掉 $n-1$ 人,而一场比赛淘汰一名选手,两者之间存在一一对应的关系,所以可知比赛的场数应为 $n-1$ 场。

例 2.8 【甜甜圈】考虑两个集合:

$A=\{$ 从 5 种口味的若干甜甜圈(c 为巧克力味,l 为柠檬味,s 为含糖的,g 为丝滑的,p 为原味)中选择一打甜甜圈的所有可能方法$\}$;

$B=\{$ 所有恰含 4 个 1 的 16 位 0-1 序列$\}$。

考虑集合 A 中的某个元素,把 5 种口味的甜甜圈按照顺序排列,将数字"1"作为隔板放到 4 个间隙中,如图 2.1:

$$\underbrace{00}_{c}\ 1\ \underbrace{}_{l}\ 1\ \underbrace{000000}_{s}\ 1\ \underbrace{00}_{g}\ 1\ \underbrace{00}_{p}$$

图 2.1 放置隔板

从而对应一个带有 4 个 1 的 16 位 0-1 序列——集合 B 的一个元素,显然从集合 A 到集合 B 存在一一映射:一打甜甜圈可以依 c,l,s,g,p 顺序排列,看作一个 12 个 0 的数字序列,再插入 4 个数字 1 作分隔,从而对应 B 中的一个元素;反之,B 中每个 0-1 序列恰好依序对应一打甜甜圈的选择。因此,由相等原则可知 $|A|=|B|$。

注 从上面的计数原理和相等原则的论述中可以看出,计数问题与集合的运算之间存在着紧密的联系,所以对于组合数学这个概念,有另外一种定义:"组合数学是研究一个对象集合到一个具体指定结构的有限抽象集满足一定条件的映射,即研究所谓的格局。"

练 习 2.1

1. 由 m 个字符组成长度为 n 的字符串,求相同的字符不能相邻的方案数。

2. 有包含 a、b、c 在内的 n 个字符的全排列.

(1) 求 a 和 b 不在一起的排列数.

(2) 求 a、b、c 不在一起的排列数。

3. 求正整数 7200 共有多少个不同的正因数?

4. 某城市有 1000 万人口,车牌号一共 6 位,由数字和字母组成,除第一位用代表所在城市的大写字母表示外,后面 5 位如果由 3 位大写英文字母后跟 2 位数字组成,则有多少个不同的车牌号?这些车牌号能够满足该城市的需求吗?如果后面 5 位可以任意取字母或数字,有多少个不同的车牌号?

5. 令 $A(n,m)$ 表示将 n 个有标志的球,放在 m 个有区别的盒子无一空盒的方案数。试证明:$A(n+1,m)=mA(n,m-1)+mA(n,m)(n\geqslant m\geqslant 2)$。

6. 设凸 n 边形的任意三条对角线都不共点,考虑所有对角线在多边形内交点的个数 (提示:用相等原则简化问题,两对角线的交点与四个顶点所形成的四边形一一对应)。

7. 从 $S = \{1, 2, \cdots, 20\}$ 中选出 3 个数,使得任意两个数不相邻,有多少种方案?(提示:用变量代换将符合条件的 3 个数一一对应到另一集合的 3 个可相邻数)。

2.2 排 列

许多计数问题都可以通过找到确定大小的集合中不同元素排列的不同方法得到解决,其中这些元素的次序是有限制的。本节将介绍一些方法来解决此类问题。

2.2.1 排列(或线排列)

引例 2.5 由数字 1,2,3,4,5,6 组成的如下若干数:(1) 356421;(2) 36415;(3) 36163。我们依次称它们为:(1) 6 个数字的全排列; (2) 6 个数字的 5-排列;(3) 6 个数字的 5-可重排列。我们将讨论这些排列的计数问题。

设 n 和 r 为正整数,下面给出有关概念的定义:

定义 2.1 设 A 是 n 元集,如果序列 $a_1 a_2 \cdots a_r$ 中的 r 个元 $a_1, a_2, \cdots, a_r$ 都属于 A 且彼此相异,则称序列 $a_1 a_2 \cdots a_r$ 是 n 元集 A 的一个 **r-排列**,并称 $a_k (1 \leqslant k \leqslant r)$ 是该 r-排列的第 k 个元,或称 a_k 在该 r-排列中排在第 k 位。在组合数学中,r-排列通常指的是 **r-不可重排列**。

定义 2.2 n 元集 $A = \{a_1, a_2, \cdots, a_n\}$ 的 n-排列称为 n 元集 A 的一个全排列,亦称为由 $a_1, a_2, \cdots, a_n$ 作成的一个**全排列**。

定义 2.3 设 A 是 n 元集,如果序列 $a_1 a_2 \cdots a_r$ 中的 r 个元 $a_1, a_2, \cdots, a_r$(不要求彼此互异) 都属于 A,则称序列 $a_1 a_2 \cdots a_r$ 是 n 元集 A 的一个 **r-可重排列**。

对于以上排列的计数有以下结果:

定理 2.1 设 n 和 r 为正整数,n 元集的 r-排列的个数称为排列数,记为 $P(n, r)$(注:中学课本中常用 A_n^r 表示),则

$$P(n, r) = \begin{cases} \dfrac{n!}{(n-r)!}, & \text{当 } 0 \leqslant r \leqslant n \text{ 时}; \\ 0, & \text{当 } r > n \text{ 时}。\end{cases}$$

证明 当 $r > n$ 时,显然有 $P(n, r) = 0$。当 $r \leqslant n$ 时,要构造 n 元集的一个 r-排列,我们可以分步骤进行。首先在 n 个元素中任取一个作为第一个元,有 n 种取法;取定第一个元后,第二个元可以从剩下的 $n-1$ 个元素中任取一个,有 $n-1$ 种取法。同理,在前 $r-1$ 个元取定后,第 r 个元有 $n-r+1$ 种取法,由乘法原理知

$$P(n, r) = n(n-1) \cdots (n-r+1) = \frac{n!}{(n-r)!}。$$

通常规定 $0! = 1$。

推论 2.1 n 元集的全排列的个数 $P(n,n) = n!$。

定理 2.2 n 元集的 r-可重排列的个数为 n^r。

例 2.9 【棋盘染色】用 k 种颜色染 $1 \times n$ 棋盘,每格一色,共有多少种染色方法?如果要求颜色不能重复($k \geqslant n$),有多少种染色方法?

解 第一个问题相当于 k 种颜色的 n-可重排列,故共有 k^n 种方法;第二个问题相当于 n-不可重排列,共有 $P(k,n) = k(k-1)\cdots(k-n+1)$ 种方法。

例 2.10 【不相邻排列】求由 n 个相异元 $a_1, a_2, \cdots, a_n$ 作成的 a_1 与 a_2 不相邻的全排列的个数。

解 因为 $a_1, a_2, \cdots, a_n$ 作成的全排列共有 $n!$ 个,其中 a_1 与 a_2 相邻的全排列有 $2 \cdot (n-1)!$ 个,故由减法原理,a_1 与 a_2 不相邻的全排列的个数为
$$n! - 2 \cdot (n-1)! = (n-2)(n-1)!。$$

例 2.11 【字母排列】将字母表中的 26 个字母排序使得元音字母 a, e, i, o, u 中任意两个都不得相继出现,这种排序的方法共有多少种?

解 考虑分两步构造排列。第一步,将辅音字母进行排列,共有 $21!$ 种方法;第二步,将 5 个元音字母插到这些辅音字母之间,共有 22 个位置可以放置,相当于 22 个元素的 5-排列,即 $P(22,5) = \dfrac{22!}{(22-5)!} = \dfrac{22!}{17!}$。

根据乘法原理,所求方法数为 $21! \times \dfrac{22!}{17!}$。

2.2.2 环排列

定义 2.4 设 A 是 n 元集,从 A 中取 r 个互异的元素依序排成一个圆环,称为 n 元素 A 的 r-环排列(圆排列)。

引例 2.6 将 6 个孩子围成一圈,共有多少种不同的方式?

显然产生不同圆圈的关键是孩子们彼此间的相对位置,而不是整个圆圈的移动位置,即如果两个圆圈可以通过旋转,从其中一个变到另一个,则把它们看成相同的圆圈。又因为每个圆圈有 6 个旋转位置,从某一固定位置开始沿同一方向分别对应 6 个不同的线排列,从而要想求得环排列的数目,只要用 6 去除线排列的数目即可。因此,根据除法原理,6 个孩子的环排列数等于 $\dfrac{6!}{6} = 5!$。

将此方法推广到一般。在一个 r-环排列的任意两个相邻元素之间都有一个位置,共有 r 个位置。分别从这 r 个位置处将该圆排列断开,沿同一方向拉直成排列(线排列),可以得到 r 个不同的 r-线排列。或者换个说法将 r 个 r-线排列
$$a_1 a_2 \cdots a_{r-1} a_r, a_2 a_3 \cdots a_r a_1, \cdots, a_r a_1 \cdots a_{r-2} a_{r-1}$$
的首尾相连围成圆排列,得到的是同一个 r-环排列,从而得到下面的定理:

定理 2.3 n 元集合的 r-环排列个数为 $\frac{1}{r}P(n,r) = \frac{n!}{r \cdot (n-r)!}$。

另一种考虑环排列的计数问题的方法如下。假设我们要计算 6 个孩子 A,B,C,D,E,F 的环排列的个数(围绕一个桌子安排座位 A,B,C,D,E,F 的方法的数目),既然可以使人们围着桌子自由轮转,那么任何一个环排列都可以转到使 A 处在一个固定的位置,不妨称之为"桌长"。固定"桌长 A"的位置之后,A,B,C,D,E,F 的环排列就可以等同于 B,C,D,E,F 的线排列,共有 $5!$ 个,因此,A,B,C,D,E,F 的环排列的个数就是 $5!$ 个。

例 2.12 【不相邻围坐】10 个人要围坐一圆桌,其中有两人不愿彼此挨着就坐,问有多少种不同的坐法?

解法 1 令这 10 人为 $P_1,P_2,P_3,\cdots,P_{10}$,其中 P_1,P_2 彼此不愿挨着坐。考虑 9 个人 $X,P_3,\cdots,P_{10}$ 围坐问题,共有 $8!$ 种坐法。如果在每种坐法中都用 P_1P_2 或 P_2P_1 代替 X,则得到 10 人围坐且 P_1,P_2 彼此挨着就坐的坐法。因此由减法原理知 P_1,P_2 不坐在一起的座位安排方法总数为 $9! - 2 \times 8! = 7 \times 8!$。

解法 2 设 P_1 在桌长的位置,则 P_2 不能坐在桌长两边。桌长左边的人选有 8 个,右边的人选有 7 个,而其余的座位有 $7!$ 种方案方法。因此 P_1,P_2 不坐在一起的座位安排方法总数为 $8 \times 7 \times 7! = 7 \times 8!$。

例 2.13 【间隔围坐】10 个男生和 5 个女生在草地上围坐一圈,任意两个女生不相邻的坐法有多少种?

解 第一步,先把 10 个男生排成环形,有 $\frac{1}{10}P(10,10)$ 种方法。第二步,把 5 个女生加入在 10 个男生之间,每两个男生之间只能加一个女生,而且 5 个女生之间还存在着排序问题,共有 $P(10,5)$ 种排法。故由乘法原理知共有 $9! \times P(10,5)$ 种坐法。

例 2.14 【串项链】将 7 种颜色的宝石各一颗,串成一条项链,有多少种不同的串法?

解 7 颗宝石共有 $\frac{7!}{7}$ 种环排列,又由于项链可以翻转过来而宝石的相对位置未改变,即同一条项链对应两种不同的环排列,因此项链的总数是 $\frac{6!}{2}$。

2.2.3 多重集的排列

前面所讲的 n 元集合的 r-可重排列,是指从 n 个不相同的元素里,任意取出 r 个相同或不相同的元素进行排列,在排列的过程中对于每个元的重复次数没有限制。然而在实际问题中,有时对于每个元的可重复次数会有一定要求,为此,我们引入多重集的概念。

多重集同一般集合一样,是一组对象的整体,只不过不像一般集合那样必须要求集合中元素互不相同,例如

$$M = \{a,a,a,b,c,c,d,d,d,d\}$$

是一个含 10 个可重元素的多重集合,其中有 3 个 a,1 个 b,2 个 c,4 个 d。通常,我们将 M 表示为 $M = \{3 \cdot a, 1 \cdot b, 2 \cdot c, 4 \cdot d\}$,其中 3,1,2,4 分别称为元素 a,b,c,d 的重数。如果对

某个元素的重数没有要求,则记为 ∞。

定义 2.5 由 n_1 个 a_1, n_2 个 $a_2, \cdots, n_k$ 个 a_k 组成的集合 M 记为
$$M = \{n_1 \cdot a_1, n_2 \cdot a_2, \cdots, n_k \cdot a_k\},$$
M 称为**多重集**,也称 M 是一个 n-多重集,其中 $n = n_1 + n_2 + \cdots + n_k$。

定义 2.6 设 $M = \{n_1 \cdot a_1, n_2 \cdot a_2, \cdots, n_k \cdot a_k\}$,$\pi$ 是 $A = \{a_1, a_2, \cdots, a_k\}$ 的一个 n-可重复排列,且 π 中有 n_1 个 a_1, n_2 个 $a_2, \cdots, n_k$ 个 a_k,则称 π 是**多重集 M 的全排列**,此时也称 π 是由 n_1 个 a_1, n_2 个 $a_2, \cdots, n_k$ 个 a_k 作成的全排列。

定理 2.4 多重集 $M = \{n_1 \cdot a_1, n_2 \cdot a_2, \cdots, n_k \cdot a_k\}$ 的全排列的个数为
$$\frac{(n_1 + n_2 + \cdots + n_k)!}{n_1! n_2! \cdots n_k!}。$$

证明 设 M 的全排列的个数为 x,以 M' 表示把 M 中的 $n_i(i=1,2,\cdots,k)$ 个 a_i 换成 n_i 个相异元 $a_{i1}, a_{i2}, \cdots, a_{in_i}$ 所成之集,则 M' 是 $n_1 + n_2 + \cdots + n_k$ 元集,其全排列的个数为 $(n_1 + n_2 + \cdots + n_k)!$。同时,我们可以依如下两个步骤去构造 M' 的全排列:先作 M 的全排列,然后把排列中的 $n_i(i=1,2,\cdots,k)$ 个 a_i 分别换成 $a_{i1}, a_{i2}, \cdots, a_{in_i}$。完成前一个步骤的方法有 x 种,完成后一个步骤的方法有 $n_1! n_2! \cdots n_k!$ 种,从而由乘法原理可知
$$(n_1 + n_2 + \cdots + n_k)! = x \cdot n_1! n_2! \cdots n_k!,$$
所以,
$$x = \frac{(n_1 + n_2 + \cdots + n_k)!}{n_1! n_2! \cdots n_k!}。$$

例 2.15 【单词排列】将英文单词 MISSISSIPPI 中的字母进行全排列,最多可得到多少种不同排列?

解 所求即多重集 $\{1 \cdot M, 4 \cdot I, 4 \cdot S, 2 \cdot P\}$ 的全排列数,等于 $\frac{11!}{1!4!4!2!}$。

定义 2.7 设 $M = \{n_1 \cdot a_1, n_2 \cdot a_2, \cdots, n_k \cdot a_k\}$ 和 $A = \{s_1 \cdot a_1, s_2 \cdot a_2, \cdots, s_k \cdot a_k\}$ 都是多重集,且 $0 \leqslant s_i \leqslant n_i (i=1,2,\cdots,k)$,则称 A 是 M 的一个**子集**,如果 $s_1 + s_2 + \cdots + s_k = r$,则称 A 是 M 的一个 r-**子集**。

定义 2.8 设 $M = \{n_1 \cdot a_1, n_2 \cdot a_2, \cdots, n_k \cdot a_k\}$ 是多重集,π 是 M 的某个 r-子集的全排列,则称 π 是多重集 M 的一个 r-**排列**。

例 2.16 【多重集的子排列】求多重集 $M = \{5 \cdot a, 3 \cdot b\}$ 的 6-排列的个数。

解 设所求为 N。因为 M 的 6-子集有如下 3 个:$A_1 = \{5 \cdot a, 1 \cdot b\}, A_2 = \{4 \cdot a, 2 \cdot b\}, A_3 = \{3 \cdot a, 3 \cdot b\}$,而 A_1 的全排列数为 $\frac{6!}{5!1!} = 6$,A_2 的全排列数为 $\frac{6!}{4!2!} = 15$,A_3 的全排列数为 $\frac{6!}{3!3!} = 20$,所以由加法原理得 $N = 6 + 15 + 20 = 41$。

定理 2.5 多重集合 $M = \{\infty \cdot a_1, \infty \cdot a_2, \cdots, \infty \cdot a_k\}$ 的 r-排列数为 k^r。

证明 由于 M 中的每个元素重数无限,所以 r-排列中任一项都有 k 种选择,且不依赖于前面已选择的项,故在构造 M 的一个 r-排列时,第一项有 k 种选择,第二项有 k 种选

择,……,第 r 项有 k 种选择。即 M 的 r-排列数为 k^r。

实际上上述排列数即为 k 元集的 r-可重排列数。由上面的证明易知,若 M 中每个元素的重数都至少为 r,则定理的结论仍然成立。

例 2.17 【正整数的计数】用数字 1,2,3,4,5,6 可组成多少个大于 35000 的 5 位数?

解 设由 1,2,3,4,5,6 组成的大于 35000 的 5 位数共有 N 个,则这 N 个 5 位数可分成如下两类:

(1) 万位数字为 3 的 5 位数。

属于此类的 5 位数的千位数必为 5 或 6,所以属于此类的 5 位数有 $2 \times 6^3 = 432$ 个。

(2) 万位数字大于 3 的 5 位数。

属于此类的 5 位数的万位数字必须为 4,5 或 6,而其他数字无要求且可重复,故属于此类的 5 位数有 $3 \times 6^4 = 3888$ 个。

由加法原理,得 $N = 432 + 3888 = 4320$。

练 习 2.2

1. 某城市的汽车牌照的前 3 位是英文字符,后 4 位是数字,问由于牌照号的限制该城市汽车最多数目是多少?

2. 存在 n 个字符 $a_1, a_2, \cdots, a_n$ 的全排列:(1) 求其中第一位为 a_1 的排列数;(2) 求其中第一位不为 a_1 的排列数;(3) 求第一位不是 a_1,而第二位是 a_2 的排列数。

3. 一个会议有 A、B、C、D、E 五位代表发言,要求代表 A 的发言必须安排在代表 B 发言之前,有几种不同方案?

4. 有 5 位男士和 5 位女士相间围坐一个圆桌,有多少种不同方案?

5. 用 2 颗红色的珠子和 5 颗蓝色的珠子,可以组成几种不同的项链?

6. 10 位宾客围一圆桌就座,其中 2 人不相邻,求排列数有多少?

7. 由 3 个 A,2 个 C,2 个 U 和 3 个 G 组成的 10 链接 RNA 链的数量是多少?

8. 将 $2n$ 个不同的东西分成两两一对,有几种方案?

9. 将 $3n$ 个不同的物品分给 3 个人,每人分得 n 个物品,问有多少种分派方案?

2.3 组 合

有些计数问题涉及从集合中选取不同元素进行组合,其中这些元素的选取次序是无限制的,也就是无序的。本节将介绍一些方法来解决此类问题。

2.3.1 n 元集的 r-组合

引例 2.7 从数字 1,2,3,4,5,6 中任取 5 个数,要求如下:(1) 5 个数字不能重复;(2) 5 个数字可以重复。

我们依次称它们为:(1) 6 个数字的 5-组合;(2) 6 个数字的 5-可重组合,我们将讨论这类组合的计数问题。首先给出必要的概念。

定义 2.9　设 A 是 n 元集，A 的恰含 r 个不同元素的子集称为 A 的一个 r- 组合。

定理 2.6　n 元集的 r- 组合的个数称为**组合数**，记为 $\begin{bmatrix} n \\ r \end{bmatrix}$ 或 $C(n,r)$（也可记为 C_n^r），则

$$\begin{bmatrix} n \\ r \end{bmatrix} = \begin{cases} \dfrac{n!}{r!(n-r)!}, & \text{当 } 0 \leqslant r \leqslant n \text{ 时;} \\ 0, & \text{当 } r > n \text{ 时.} \end{cases}$$

证明　当 $r > n$ 时，显然有 $\begin{bmatrix} n \\ r \end{bmatrix} = 0$；当 $r = 0$ 时，因为 n 元集的含有零个元素的子集只有一个，就是空集，所以 $\begin{bmatrix} n \\ 0 \end{bmatrix} = 1$。

当 $1 \leqslant r \leqslant n$ 时，设 A 是任一个 n 元集，则 A 的 r- 排列的个数为 $P(n,r) = \dfrac{n!}{(n-r)!}$，可以分两个步骤去构造这些排列：先取 A 的 r- 组合，有 $\begin{bmatrix} n \\ r \end{bmatrix}$ 种方法；再作每个组合中 r 个元素的全排列，有 $r!$ 种方法。由乘法原理，有 $\dfrac{n!}{(n-r)!} = \begin{bmatrix} n \\ r \end{bmatrix} \cdot r!$，故得到 $\begin{bmatrix} n \\ r \end{bmatrix} = \dfrac{n!}{r!(n-r)!}$。

例 2.18　【字符串问题】用 26 个英文字母可以构造出多少个包含 4 个元音字母、长度为 8 的字符串？

解　该问题是要求 $M = \{\infty \cdot a, \infty \cdot b, \cdots, \infty \cdot z\}$ 的包含 4 个元音字母的 8- 排列数。在长度为 8 的字符串中，4 个元音字母出现的位置的选取方式有 $\begin{bmatrix} 8 \\ 4 \end{bmatrix}$ 种，而每个元音位置可取 5 个元音字母中的任一个，4 个辅音位置可取 21 个辅音字母中的任一个。因此，满足题意的字符串有 $\begin{bmatrix} 8 \\ 4 \end{bmatrix} \cdot 5^4 \cdot 21^4$ 个。

2.3.2　n 元集的 r- 可重复组合

定义 2.10　设 A 是 n 元集，从集合 A 中可重复地选取 r 个元作成多重集，称为集合 A 的一个 r- 可重复组合，或简称为 r- 可重组合。

设 $A = \{a_1, a_2, \cdots, a_n\}$，则 A 的任一个 r- 可重复组合可表示成 $\{a_{i_1}, a_{i_2}, \cdots, a_{i_r}\}$，其中 $a_{i_k} \in A$，$i_k(k = 1, 2, \cdots, r)$ 是正整数，且 $1 \leqslant i_1 \leqslant i_2 \leqslant \cdots \leqslant i_r \leqslant n$。

定理 2.7　n 元集的 r- 可重复组合的个数为 $\begin{bmatrix} n+r-1 \\ r \end{bmatrix}$。

证明　取 n 元集 $A = \{1, 2, \cdots, n\}$，以 K 表示 A 的全部 r- 可重复组合所成之集。

设 $\{a_1, a_2, \cdots, a_r\} \in K$,其中 $1 \leqslant a_1 \leqslant a_2 \leqslant \cdots \leqslant a_r \leqslant n$,则有
$$1 \leqslant a_1 < a_2+1 < a_3+2 < \cdots < a_r+r-1 \leqslant n+r-1。$$

令 $b_i = a_i+i-1 (i=1,2,\cdots,r)$,$A_1 = \{1,2,\cdots,n+r-1\}$,则 $\{b_1, b_2, \cdots, b_r\}$ 是集合 A_1 的 r-组合。以 K_1 表示 $n+r-1$ 元集 A_1 的全部 r-组合所成集合,则 $|K_1| = \binom{n+r-1}{r}$。

显然,映射 $\varphi: \{a_1, a_2, a_3, \cdots, a_r\} \to \{b_1, b_2, b_3, \cdots, b_r\}$ 是 K 到 K_1 上的一一映射,故由相等原则,有
$$|K| = |K_1| = \binom{n+r-1}{r}。$$

所以 n 元集的 r-可重复组合的个数为 $\binom{n+r-1}{r}$。

例 2.19 【甜甜圈】一家面包店生产 8 种甜甜圈。如果一个礼盒装 12 个甜甜圈,那么最多能够买到多少种不同的甜甜圈礼盒?

解 首先确定这是一个组合问题,而不是排列问题,因为礼盒的种类与里面甜甜圈的摆放顺序无关。根据定理 2.7 可知,不同礼盒的数量等于 8 元集的 12-可重组合数,即为 $\binom{8+12-1}{12} = \binom{19}{12}$。

定理 2.8 不定方程 $x_1 + x_2 + \cdots + x_n = r$ 的非负整数解的个数为 $\binom{n+r-1}{r}$。

证法 1 与 n 元集的 r-可重复组合的计数一一对应。

设 n 元集 $A = \{a_1, a_2, \cdots, a_n\}$,则 A 的任一个 r-可重复组合可表示成 $\{x_1 \cdot a_1, x_2 \cdot a_2, \cdots, x_n \cdot a_n\}$,其中 $x_i (i=1,2,\cdots,n)$ 是非负整数,且 $x_1 + x_2 + \cdots + x_n = r$。所以 n 元集 A 的 r-可重复组合的个数等于不定方程 $x_1 + x_2 + \cdots + x_n = r$ 的非负整数解的个数。由定理 2.7 知不定方程 $x_1 + x_2 + \cdots + x_n = r$ 的非负整数解的个数为 $\binom{n+r-1}{r}$。

证法 2 构造组合模型,用隔板法证明。

不定方程 $x_1 + x_2 + \cdots + x_n = r$ 的非负整数解的计数与用 $n-1$ 个隔板把 r 个小球隔开(允许两隔板相邻)的计数问题一一对应,后者相当于在球与隔板共 $r+n-1$ 个位置中选取 $n-1$ 个位置放隔板(或 r 个位置放小球)的组合数,即为 $\binom{r+n-1}{n-1}$ 或 $\binom{r+n-1}{r}$。

定理 2.9 不定方程 $x_1 + x_2 + \cdots + x_n = r (r \geqslant n)$ 的正整数解的个数为 $\binom{r-1}{r-n}$。

证法 1 令 $y_i = x_i - 1 (i=1,2,\cdots,n)$,则当 $x_i \geqslant 1$ 时,有 $y_i \geqslant 0$,且当 $x_1 + x_2 + \cdots + x_n = r$ 时,有 $y_1 + y_2 + \cdots + y_n = r - n$,反之亦然。所以不定方程 $x_1 + x_2 + \cdots + x_n = r$ 的正整

数的个数等于不定方程 $y_1 + y_2 + \cdots + y_n = r - n$ 的非负整数解的个数，为 $\binom{n+(r-n)-1}{r-n}$，即 $\binom{r-1}{r-n}$ 或 $\binom{r-1}{n-1}$。

证法 2 构造组合模型，用隔板法证明。

不定方程 $x_1 + x_2 + \cdots + x_n = r(r \geqslant n)$ 的正整数解的计数与用 $n-1$ 个隔板把 r 个小球隔开且隔板不相邻的计数问题一一对应，后者相当在 r 个小球之间的 $r-1$ 个空隙位置，选 $n-1$ 个位置放隔板的组合数，即为 $\binom{r-1}{n-1} = \binom{r-1}{r-n}$。

例 2.20 【有下界的整数解的个数】求方程 $x_1 + x_2 + x_3 + x_4 = 18$ 满足条件 $x_1 \geqslant 3$，$x_2 \geqslant 1, x_3 \geqslant 4, x_4 \geqslant 2$ 的整数解的个数。

解 令 $y_1 = x_1 - 3, y_2 = x_2 - 1, y_3 = x_3 - 4, y_4 = x_4 - 2$，则问题变成求方程 $y_1 + y_2 + y_3 + y_4 = 8$ 的非负整数解的个数，易知共 $\binom{8+4-1}{8} = \binom{11}{8}$ 个。

例 2.21 【有间隔限制组合问题】从一个 n 元排列中选取 k 个元作组合，使得该组合中任何两个元在原排列中至少相隔 r 个元。以 $f_r(n,k)$ 表示成不同组合的个数，求证：

$$f_r(n,k) = \binom{n-kr+r}{k}。$$

证明 不妨设所给 n 元排列为 $123\cdots n$，$\{a_1, a_2, \cdots, a_k\}$ 是满足题意的任一个组合，其中 $1 \leqslant a_1 < a_2 < \cdots < a_k \leqslant n$，且 $a_s - a_{s-1} > r(s = 2, 3, \cdots, k)$，即 $a_{s-1} < a_s - r(s = 2, 3, \cdots, k)$，所以有

$$1 \leqslant a_1 < a_2 - r < \cdots < a_k - (k-1)r \leqslant n - (k-1)r = n - kr + r。$$

显然每个满足题意的组合 $\{a_1, a_2, \cdots, a_k\}$ 与 $n-kr+r$ 元集 $A = \{1, 2, \cdots, n-kr+r\}$ 的一个 k-组合 $\{a_1, a_2 - r, \cdots, a_k - (k-1)r\}$ 是一一对应关系，从而可知 $f_r(n,k)$ 等于 $n - kr + r$ 元集 A 的 k-组合的个数，所以

$$f_r(n,k) = \binom{n-kr+r}{k}。$$

2.3.3 综合例题

例 2.22 【子集的个数】求 n 元集 $A = \{a_1, a_2, \cdots, a_n\}$ 的子集的个数。

解法 1 （利用加法原理）根据子集所含元素个数的不同，将所有子集分为 $n+1$ 类，其中第 k 类指 A 的所有含 k 个元素的子集，显然有 $\binom{n}{k}$ 个，$k = 0, 1, 2, \cdots, n$。

由加法原理，共有 $\binom{n}{0} + \binom{n}{1} + \binom{n}{2} + \cdots + \binom{n}{n} = (1+1)^n = 2^n$。

解法 2 （利用乘法原理）可依次经过 n 个步骤去构造 n 元集 A 的子集，其中第 k ($k =$

$1,2,\cdots,n$)步确定是否选取 a_k 作为该子集的元素,即完成每个步骤的方法均有两种。由乘法原理,构造 n 元集 A 的子集的方法共有 2^n 种,即 n 元集 A 的子集共有 2^n 个。

例 2.23 【学校注册问题】学校教务处要把 11 名新生安排到一个入门课程的三个组里,要求第一组安排 3 名学生,第二组和第三组分别安排 4 名学生,有多少方法实现这一安排?

解法 1 (乘法原理) 分步骤按组选学生,方法数为
$$C_{11}^3 \cdot C_8^4 \cdot C_4^4 = \frac{11!}{3! \cdot 8!} \cdot \frac{8!}{4! \cdot 4!} \cdot \frac{4!}{4! \cdot 0!} = \frac{11!}{3! \cdot 4! \cdot 4!}。$$

解法 2 (除法原理) 11 名学生全排列共有 11! 种方法,将前 3 名安排在第一组,其后 4 名安排在第二组,最后 4 名安排在第三组。如果将每个组的学生分别进行全排列,则得到不同的全排列,即每一种分组方法对应有 3!·4!·4!种全排列,由除法原理可知,共有 $\frac{11!}{3! \cdot 4! \cdot 4!}$ 种分组方法。

例 2.24 【平面格点最短路径问题】将平面格点最短路径问题放在平面直角坐标系中,如图 2.2,从 $(0,0)$ 点沿水平和垂直道路可以走到 (m,n) 点,只有在整点处才能转换行走方向,问有多少种最短路径的走法?

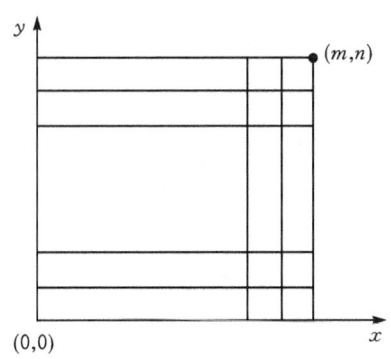

图 2.2 最短路径问题

解法 1 从 $(0,0)$ 点到 (m,n) 点的路径,沿水平方向从左向右走一个单位距离记作 x,沿垂直方向从下向上走一个单位距离记作 y,那么,最短路径中必然含有 m 个 x 和 n 个 y,从而,任一条最短路径一一对应着多重集 $M = \{m \cdot x, n \cdot y\}$ 的一个全排列,共有 $\frac{(m+n)!}{m!n!}$ 个。

解法 2 题目中任一条含有 m 个 x 和 n 个 y 的最短路径,可以看作在 $m+n$ 个空位中选取 m 个位置放入 x,剩余的 n 个位置放入 y,二者是一一对应关系,共有 $\begin{bmatrix} m+n \\ m \end{bmatrix}$ 种不同的放法。

显然两种解法的结论是一致的,因为 $\begin{bmatrix} m+n \\ m \end{bmatrix} = \frac{(m+n)!}{m!n!}$。

例 2.25 【球赛比分问题】若有红、白两队比赛排球,红队以 25∶21 获胜,那么比赛整个进行的过程中的比分有多少种可能?

解 显然在比分达到 25∶21 之前,只有一种可能的比分,即 24∶21,所以我们研究以 25∶21 获胜的可能得分情况,只要研究从 0∶0 到 24∶21 有多少种可能即可。如果根据比赛进程建立直角坐标系,把红队得分设为横坐标,白队得分设为纵坐标,则问题转化为从点 (0,0) 到点 (24,21) 的最短路径计数问题,根据上题的结论,共有 $\binom{24+21}{24} = \binom{45}{24} = $ 2024 种可能。

例 2.26 【子集元素个数】设 B 是 A 的子集,$|A|=n$,$|B|=m$,求包含集合 B 的 A 的 r 元子集的数目,$m \leqslant r \leqslant n$。

解 设 $C \subseteq A, B \subseteq C, |C|=r$,因此,为了求子集 C 的数目,只需将子集 $A-C$ 选定,即可得子集 C。如果在 $A-B$ 中选取 $A-C$,即能保证 $B \subseteq C$。而 $|A-B|=n-m$,$|A-C|=n-r$,因此子集 $A-C$ 有 $\binom{n-m}{n-r}$ 种选法,故满足条件的子集 C 有 $\binom{n-m}{n-r}$ 种选法。

例 2.27 【2002 年全国高中数学联赛试题】已知两个实数集合 $A=\{a_1,a_2,\cdots,a_{100}\}$ 和 $B=\{b_1,b_2,\cdots,b_{50}\}$,若从 A 到 B 的映射 f 使得 B 中每个元素均有原像,且 $f(a_1) \leqslant f(a_2) \leqslant \cdots \leqslant f(a_{100})$,则这样的映射共有多少个?

解 首先将 B 中元素从小到大依次排好,不妨设 $b_1 < b_2 < \cdots < b_{50}$。因为集合 B 中每个元素均有原像,且 $f(a_1) \leqslant f(a_2) \leqslant \cdots \leqslant f(a_{100})$,所以可设 b_1 的原像集合为 A_1,其元素个数为 x_1,即 $A_1=\{a_1,a_2,\cdots,a_{x_1}\}$;同样,设 b_2 的原像集合为 A_2,其元素个数为 x_2;…;设 b_{50} 的原像集合为 A_{50},其元素个数为 x_{50};且满足

$$x_i \geqslant 1 (i=1,2,\cdots,50) \text{ 且 } A = \bigcup_{i=1}^{50} A_i。$$

则问题转化为求不定方程 $x_1+x_2+\cdots+x_{50}=100$ 的正整数解的个数,为 $\binom{100-1}{100-50} = \binom{99}{50}$。

练 习 2.3

1. 13 颗有不同标志的红球,16 颗有不同标志的蓝球,从中选出 4 红 4 蓝组成一组,有多少种方案?

2. 若一位母亲手里有 m 个苹果和 n 根香蕉在 $m+n$ 天内分给她的小孩每天一个,有几种分派方案?

3. 将 7 个白球、2 个黑球放进 9 个有标志的盒子,允许空盒,有几种方案?

4. 一邮局卖 10 种邮票,若要买 12 张邮票有几种不同方案?买 8 张不同的邮票有几种不同的方案?

5. $x_1+x_2+x_3+x_4=20, x_1 \geqslant 3, x_2 \geqslant 1, x_3 \geqslant 0, x_4 \geqslant 5$,求满足方程的整数解的个数。

6. 1—9999 之间的整数中求各位数字之和等于 6 的数共有多少个?

7. 求 A 类元素 $A_1, A_2, A_3, A_4, A_5, A_6$ 及 B 类元素 B_1, B_2, B_3, B_4 共 10 个元素的全排列数,要求任意两个 B 类元素之间至少有一个 A 类元素。

2.4 多项式定理

组合数 $\begin{bmatrix} n \\ r \end{bmatrix}$ 也称为二项式系数,因为这些数出现在二项式的幂 $(x+y)^n$ 的展开式中作为系数。当其中未知元的个数超过 2 时,称之为多项式的幂 $(x_1+x_2+\cdots+x_k)^n$,本节将介绍其展开式,即多项式定理,它可以看作二项式定理的推广。

定理 2.10 (多项式定理) 设 n 是正整数,$x_1, x_2, \cdots, x_k$ 是任意 k 个实变元,则

$$(x_1+x_2+\cdots+x_k)^n = \sum_{\substack{n_1+n_2+\cdots+n_k=n \\ n_i(i=1,2,\cdots,k) \\ \text{是非负整数}}} \frac{n!}{n_1!n_2!\cdots n_k!} x_1^{n_1} x_2^{n_2} \cdots x_k^{n_k}。$$

证明 $(x_1+x_2+\cdots+x_k)^n$ 是 n 个因式 $x_1+x_2+\cdots+x_k$ 的乘积,其展开式中共有 k^n 项,每项为 n 个变元的乘积。我们可按如下方法将这些项进行分类:设 $x_{i_1} x_{i_2} \cdots x_{i_n}$ 是展开式中任一项,如果在 $x_{i_1} x_{i_2} \cdots x_{i_n}$ 中有 n_1 个 x_1, n_2 个 $x_2, \cdots, n_k$ 个 $x_k (n_1+n_2+\cdots+n_k = n)$,则把 $x_{i_1} x_{i_2} \cdots x_{i_n}$ 归于 $(n_1, n_2, \cdots, n_k)$ 类。显然,属于 $(n_1, n_2, \cdots, n_k)$ 类的项的个数等于 n_1 个 x_1, n_2 个 $x_2, \cdots, n_k$ 个 x_k 作成的全排列数,为 $\frac{n!}{n_1!n_2!\cdots n_k!}$。因此在 $(x_1+x_2+\cdots+x_k)^n$ 的展开式合并同类项之后,$x_1^{n_1} x_2^{n_2} \cdots x_k^{n_k}$ 的系数为 $\frac{n!}{n_1!n_2!\cdots n_k!}$,即定理结论成立。

通常我们将系数 $\frac{n!}{n_1!n_2!\cdots n_k!}$ 简记为 $\binom{n}{n_1, n_2, \cdots, n_k}$ 或 $C(n; n_1, n_2, \cdots, n_k)$,称为多项式系数。

特别地,$k=2$ 时,$\frac{n!}{n_1!n_2!} = \binom{n}{n_1, n_2} = \binom{n}{n_1}$,其中 $n = n_1+n_2$,即为二项式定理。

推论 2.2 (二项式定理) 设 n 是正整数,x 和 y 是任意实数,则

$$(x+y)^n = \sum_{k=0}^{n} \binom{n}{k} x^k y^{n-k}。$$

分别令 $y=1$ 及 $x=1$ 或 $x=-1$,可得到以下推论。

推论 2.3 设 n 是正整数,x 为任意实变元,则 $(1+x)^n = \sum_{k=0}^{n} \binom{n}{k} x^k$。

推论 2.4 (1) $\sum_{k=0}^{n} \binom{n}{k} = 2^n$； (2) $\sum_{k=0}^{n} (-1)^k \binom{n}{k} = 0$。

例 2.28 【多项式的系数】

(1) $(x_1+x_2+\cdots+x_5)^7$ 展开式中 $x_1^2 x_3 x_4^3 x_5$ 的系数为多少？

(2) $(1+2x+3x^2+4x^3)^5$ 展开式中 x^5 的系数是多少？

解 (1) 由多项式定理知

$$(x_1+x_2+\cdots+x_5)^7 = \sum_{\substack{n_1+n_2+\cdots+n_5=7 \\ n_i(i=1,2,\cdots,5) \\ \text{是非负整数}}} \frac{n!}{n_1!n_2!\cdots n_5!} x_1^{n_1} x_2^{n_2} \cdots x_5^{n_5},$$

故 $x_1^2 x_3 x_4^3 x_5$ 的系数为 $\dfrac{7!}{2! \cdot 1! \cdot 3! \cdot 1!} = 420$。

(2) 该多项式可表示为

$$(1+2x+3x^2+4x^3)^5 = [(1+x)^2 + 2x^2(1+2x)]^5$$
$$= (1+x)^{10} + 10x^2(1+x)^8(1+2x)$$
$$+ 40x^4(1+x)^6(1+2x)^2 + 80x^6(1+x)^4(1+2x)^3 + \cdots,$$

所以 $(1+2x+3x^2+4x^3)^5$ 的展开式中 x^5 的系数为

$$\binom{10}{5} + 10\left[\binom{8}{3} + \binom{8}{2} \cdot 2\right] + 40\left[\binom{6}{1} + 2 \cdot 2\right] = 252 + 1120 + 400 = 1772。$$

例 2.29 【空间格点最短路问题】 考虑在 n 维空间中任取两个整点 $A(a_1,a_2,\cdots,a_n)$ 和 $B(b_1,b_2,\cdots,b_n)$,且对 $\forall i(1 \leqslant i \leqslant n)$,均有 $a_i \leqslant b_i$。现从点 A 出发前进到点 B,要求每一步都要与某个坐标轴平行前进,只有在整点处才能转换行走方向,即所走路线可用一个整点序列来描述,问共有多少种不同的最短路线？

解 记 $k_i = b_i - a_i (i=1,2,\cdots,n)$,则由点 $A(a_1,a_2,\cdots,a_n)$ 到点 $B(b_1,b_2,\cdots,b_n)$ 的最短路线长等于 $s = \sum_{i=1}^{n} k_i = \sum_{i=1}^{n} (b_i - a_i)$,且任一条最短路线均须沿第 i 个坐标轴 x_i 方向恰好前进 k_i 步,从而与二维平面中最短路径的计数问题类似,所求计数问题相当于求 k_1 个 x_1, k_2 个 $x_2, \cdots, k_n$ 个 x_n 的全排列的个数,故所求为

$$\frac{s!}{k_1! k_2! \cdots k_n!} = \begin{pmatrix} \sum_{i=1}^{n} k_i \\ k_1, k_2, \cdots, k_n \end{pmatrix} = \begin{pmatrix} \sum_{i=1}^{n} (b_i - a_i) \\ b_1 - a_1, \cdots, b_n - a_n \end{pmatrix}。$$

练 习 2.4

1. 求 $(x_0 + 3x_1 + 2x_2 + x_3)^6$ 展开式中 $x_0^2 x_1^3 x_2$ 的系数。

2. 求 $(1+2x+3x^2+4x^3)^5$ 的展开式中 x^4 的系数。

3. 证明：$\sum\limits_{n_1+n_2+\cdots+n_k=n} \begin{bmatrix} n \\ n_1,n_2,\cdots,n_k \end{bmatrix} = k^n$。

4. 设 CBA 一个赛季每个球队要打 50 场常规赛，问一个球队以胜 25 场，输 16 场和平局 9 场的结果结束比赛的所有可能方式有多少种？

5. 考虑在 n 维空间中从点 $A(2,3,\cdots,n+1)$ 沿坐标系整点网格线走到 $B(4,5,6,\cdots,n+3)$，问共有多少种不同的最短路线？

2.5 组合恒等式

关于排列组合的恒等式至今已发现上千个，而且在不断发展，这些恒等式在算法分析等方面有着深刻的实际意义。这一节中我们将介绍几个常见的恒等式，以及常用的证明方法，并且希望通过对它们的组合意义的分析，得到更加深刻的理解。

2.5.1 组合数的基本性质

当 n,r 均为非负整数且 $n \geqslant r$ 时，组合数 $\begin{bmatrix} n \\ r \end{bmatrix}$ 有一些最基本的性质：

性质 2.1 对称性

$$\begin{bmatrix} n \\ r \end{bmatrix} = \begin{bmatrix} n \\ n-r \end{bmatrix}. \tag{2.1}$$

性质 2.2 递推关系（Pascal 公式）

$$\begin{bmatrix} n \\ r \end{bmatrix} = \begin{bmatrix} n-1 \\ r \end{bmatrix} + \begin{bmatrix} n-1 \\ r-1 \end{bmatrix} \quad (n \geqslant r \geqslant 1). \tag{2.2}$$

性质 2.3 单峰性

当 n 为偶数时，有

$$\begin{bmatrix} n \\ 0 \end{bmatrix} < \begin{bmatrix} n \\ 1 \end{bmatrix} < \cdots < \begin{bmatrix} n \\ \frac{n}{2} \end{bmatrix} > \cdots > \begin{bmatrix} n \\ n-1 \end{bmatrix} > \begin{bmatrix} n \\ n \end{bmatrix};$$

当 n 为奇数时，有

$$\begin{bmatrix} n \\ 0 \end{bmatrix} < \begin{bmatrix} n \\ 1 \end{bmatrix} < \cdots < \begin{bmatrix} n \\ \frac{n-1}{2} \end{bmatrix} = \begin{bmatrix} n \\ \frac{n+1}{2} \end{bmatrix} > \cdots > \begin{bmatrix} n \\ n-1 \end{bmatrix} > \begin{bmatrix} n \\ n \end{bmatrix}.$$

性质 2.4 $\begin{bmatrix} n \\ m \end{bmatrix} \begin{bmatrix} m \\ k \end{bmatrix} = \begin{bmatrix} n \\ k \end{bmatrix} \begin{bmatrix} n-k \\ m-k \end{bmatrix}$。

以上各性质均可利用 $\begin{bmatrix} n \\ r \end{bmatrix}$ 的计算公式(显式表达式)来证明,在此仅证明性质 2.2,其他性质的证明略。

性质 2.2 的证明：

方法 1 利用 $\begin{bmatrix} n \\ r \end{bmatrix}$ 的显式表达式证明：

$$\begin{bmatrix} n-1 \\ r \end{bmatrix} + \begin{bmatrix} n-1 \\ r-1 \end{bmatrix} = \frac{(n-1)!}{(n-1-r)!r!} + \frac{(n-1)!}{[(n-1)-(r-1)]!(r-1)!}$$

$$= \frac{(n-1)!}{(n-r)!r!}[(n-r)+r] = \begin{bmatrix} n \\ r \end{bmatrix}。$$

方法 2 利用 $\begin{bmatrix} n \\ r \end{bmatrix}$ 的组合意义证明：

将 n 元集合 $A = \{a_1, a_2, \cdots, a_n\}$ 的所有 r 元子集分为两类：第一类 r 元子集包含 a_1,第二类 r 元子集不包含 a_1。每一个第一类 r 元子集去掉 a_1 后,就是 $A - \{a_1\}$ 的 $r-1$ 元子集；反过来,每一个 $A - \{a_1\}$ 的 $r-1$ 元子集,添上 a_1 后就是 A 的 r 元子集,故二者之间有一一对应关系,因而,第一类 r 元子集共有 $\begin{bmatrix} n-1 \\ r-1 \end{bmatrix}$ 个。而第二类 r 元子集就是 $A - \{a_1\}$ 的 r 元子集,共有 $\begin{bmatrix} n-1 \\ r \end{bmatrix}$ 个,所以

$$\begin{bmatrix} n \\ r \end{bmatrix} = \begin{bmatrix} n-1 \\ r \end{bmatrix} + \begin{bmatrix} n-1 \\ r-1 \end{bmatrix} \quad (n \geqslant r \geqslant 1)。$$

由性质 2.2 可得帕斯卡三角形(见图 2.3),该三角形以法国著名哲学家和数学家布莱士·帕斯卡(Blaise Pascal,1623—1662)命名。帕斯卡是概率论的创始人之一,他发现了很多有趣的组合数学技巧,并于 1654 年发现了此规律。图中每个数字上,单箭头表示数的继续,双箭头表示箭头位置的数为两个箭尾位置的数之和。

从帕斯卡三角形中可以得到如下组合意义的解释：

设 n, r 为非负整数,且 $0 \leqslant r \leqslant n$。定义 $R(n,r)$ 为从帕斯卡三角形的左上方[即 $n=0$, $r=0$,记为 $(0,0)$ 位置]到第 n 行第 r 列[记为 (n,r) 位置]的不同路径数。假定每一步只能直接走向正下方的位置或者右下方的位置,即按照图 2.3 中箭头所指的方向走,则有 $R(n,r) = \begin{bmatrix} n \\ r \end{bmatrix}$。

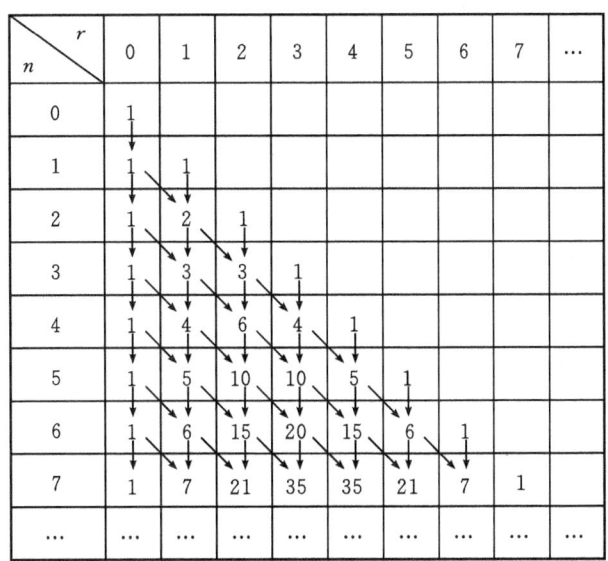

图 2.3　帕斯卡三角形

证明如下。

首先,只有每次走向正下方的位置,才能从 $(0,0)$ 走到 $(n,0)$,所以 $R(n,0)=1=\binom{n}{0}$;而只有每次都走右下方的位置,才能从 $(0,0)$ 走到 (n,n),所以 $R(n,n)=1=\binom{n}{n}$;对于 $1\leqslant r<n$ 来说,从 $(0,0)$ 走到 (n,r) 的路径可以分为两类:

(1) 从 $(0,0)$ 到 $(n-1,r-1)$,然后再向右下方走到 (n,r);

(2) 从 $(0,0)$ 到 $(n-1,r)$,然后再向正下方走到 (n,r)。

由加法原理可以得到递推关系 $R(n,r)=R(n-1,r-1)+R(n-1,r)$,通过对 r 用归纳法可以证明,对任意非负整数 $n,r(0\leqslant r\leqslant n)$,都有 $R(n,r)=\binom{n}{r}$ 成立。

需要说明的是,我国南宋著名数学家杨辉早在 1261 年就发现了以上规律,在他所著的《详解九章算法》一书中列出的"开方作法本源图",即著名的杨辉三角(见图 2.4)就是指的这个规律,这一发现比帕斯卡早 393 年。

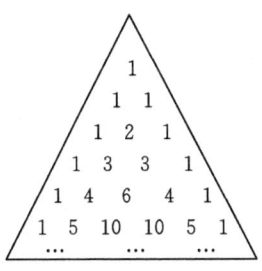

图 2.4　杨辉三角

2.5.2 组合恒等式

等式 1 $\qquad \binom{n}{0}+\binom{n}{2}+\binom{n}{4}+\cdots=\binom{n}{1}+\binom{n}{3}+\binom{n}{5}+\cdots=2^{n-1}$。 (2.3)

证明 在二项式定理中令 $x=-1, y=1$，得

$$\sum_{k=0}^{n}(-1)^{k}\binom{n}{k}=0,\qquad(2.4)$$

将上式整理一下即得等式 1。

等式 1 的组合意义：n 元集的所有子集中，元素个数为偶数的集合个数与元素个数为奇数的集合个数相等，均为 2^{n-1}。

等式 2 $\sum_{k=1}^{n}(-1)^{k}k\binom{n}{k}=0 \ (n\geqslant 2)$。

证明
$$\sum_{k=1}^{n}(-1)^{k}k\binom{n}{k}=\sum_{k=1}^{n}(-1)^{k}k\cdot\frac{n}{k}\binom{n-1}{k-1}=n\sum_{k=1}^{n}(-1)^{k}\binom{n-1}{k-1}$$
$$=-n\sum_{j=0}^{n-1}(-1)^{j}\binom{n-1}{j}=(-n)\times 0=0。$$

等式 3 $\sum_{k=0}^{n}\dfrac{1}{k+1}\binom{n}{k}=\dfrac{1}{n+1}(2^{n+1}-1)$。

证明
$$\sum_{k=0}^{n}\frac{1}{k+1}\binom{n}{k}=\frac{1}{n+1}\sum_{k=0}^{n}\frac{n+1}{k+1}\binom{n}{k}=\frac{1}{n+1}\sum_{k=0}^{n}\binom{n+1}{k+1}$$
$$=\frac{1}{n+1}\sum_{j=1}^{n+1}\binom{n+1}{j}=\frac{1}{n+1}\left[\sum_{j=0}^{n+1}\binom{n+1}{j}-1\right]$$
$$=\frac{1}{n+1}(2^{n+1}-1)。$$

等式 4 $\sum_{k=m}^{n}(-1)^{n-k}\binom{n}{k}\binom{k}{m}=\begin{cases}1, & \text{若 } n=m;\\ 0, & \text{若 } n>m。\end{cases}$

证明 当 $n=m$ 时，结论显然成立。

当 $n>m$ 时，由性质 2.4 和式(2.4)，有

$$\sum_{k=m}^{n}(-1)^{n-k}\binom{n}{k}\binom{k}{m}=\sum_{k=m}^{n}(-1)^{n-k}\binom{n}{m}\binom{n-m}{k-m}=\binom{n}{m}\sum_{k=m}^{n}(-1)^{n-m-(k-m)}\binom{n-m}{k-m}$$
$$=\binom{n}{m}\sum_{j=0}^{n-m}(-1)^{n-m-j}\binom{n-m}{j}=\binom{n}{m}\times 0=0。$$

等式 5 $\sum_{s=m}^{n}\binom{s}{m}=\binom{m}{m}+\binom{m+1}{m}+\cdots+\binom{n}{m}=\binom{n+1}{m+1} \quad (n\geqslant m)$。

证明 用数学归纳法很容易证明此结论。

当 $n=m$ 时，结论显然成立。

假设当 $n=k(k\geqslant m)$ 时结论成立,则当 $n=k+1$ 时,有

$$\sum_{s=m}^{n}\binom{s}{m}=\sum_{s=m}^{k+1}\binom{s}{m}=\sum_{s=m}^{k}\binom{s}{m}+\binom{k+1}{m}=\binom{k+1}{m+1}+\binom{k+1}{m}=\binom{k+2}{m+1}=\binom{n+1}{m+1}.$$

所以当 $n=k+1$ 时结论仍然成立,由数学归纳法知,结论成立。

等式 6 $\sum_{k=1}^{n}k\binom{n}{k}=1\cdot\binom{n}{1}+2\cdot\binom{n}{2}+\cdots+n\cdot\binom{n}{n}=n\cdot 2^{n-1}$。

证明 等式 $(1+x)^n=\sum_{k=0}^{n}\binom{n}{k}\cdot x^k$ 两边分别对 x 微分,得到

$$n\cdot(1+x)^{n-1}=\sum_{k=1}^{n}k\binom{n}{k}\cdot x^{k-1}. \tag{2.5}$$

令 $x=1$,得 $n\cdot 2^{n-1}=\sum_{k=1}^{n}k\binom{n}{k}$,即

$$1\cdot\binom{n}{1}+2\cdot\binom{n}{2}+\cdots+n\cdot\binom{n}{n}=n\cdot 2^{n-1}.$$

对于等式 6 的结果,我们可以进一步推广。例如继续对等式(2.5)两边同乘 x,再对 x 求微分,有

$$n[(1+x)^{n-1}+(n-1)x(1+x)^{n-2}]=\sum_{k=1}^{n}k^2\binom{n}{k}\cdot x^{k-1}.$$

令 $x=1$,得到

$$n[2^{n-1}+(n-1)2^{n-2}]=\sum_{k=1}^{n}k^2\binom{n}{k},$$

从而有

$$n(n+1)2^{n-2}=\sum_{k=1}^{n}k^2\binom{n}{k}.$$

如此逐次用 x 去乘等式,并对 x 求微分,再令 $x=1$ 可以得到关于 $\sum_{k=1}^{n}k^p\binom{n}{k}$ 对于任意正整数 p 的一个恒等式。事实上,许多有趣的恒等式可以利用类似的方式,即对二项展开式逐次微分或逐次积分得到。

等式 7 $\binom{n+m}{r}=\binom{n}{0}\binom{m}{r}+\binom{n}{1}\binom{m}{r-1}+\cdots+\binom{n}{r}\binom{m}{0}$, $r\leqslant\min\{n,m\}$。

证明 因 $(1+x)^n\cdot(1+x)^m=(1+x)^{n+m}$,即

$$\sum_{k=0}^{n}\binom{n}{k}x^k\cdot\sum_{j=0}^{m}\binom{m}{j}x^j=\sum_{r=0}^{n+m}\binom{n+m}{r}x^r.$$

比较上式两边 x^r 的系数得

$$\sum_{k=0}^{r}\binom{n}{k}\binom{m}{r-k}=\binom{n+m}{r}.$$

等式 8 （范德蒙恒等式）$\binom{2n}{n}=\binom{n}{0}^{2}+\binom{n}{1}^{2}+\cdots+\binom{n}{n}^{2}.$

证明 在等式 7 中令 $m=r=n$，得 $\sum_{k=0}^{n}\binom{n}{k}\binom{n}{n-k}=\binom{n+n}{n}$，即 $\sum_{k=0}^{n}\binom{n}{k}^{2}=\binom{2n}{n}$。

等式 9 $\sum_{k=0}^{n-1}\binom{n}{k}\binom{n}{k+1}=\binom{2n}{n-1}\quad(n\geqslant 2)$。

证明 设 A 是 $2n$ 元集，A_1 是 A 的一个 n 元子集。A 的 $n-1$ 元子集共有 $\binom{2n}{n-1}$ 个，根据每个子集所含 A_1 中元素个数的不同分类，其中含有 A_1 中 $k(k=0,1,2,\cdots,n-1)$ 个元素的子集有 $\binom{n}{k}\binom{n}{n-1-k}=\binom{n}{k}\binom{n}{k+1}$ 个，由加法原理得

$$\sum_{k=0}^{n-1}\binom{n}{k}\binom{n}{k+1}=\binom{2n}{n-1}.$$

从以上等式的证明过程可以看到，证明组合恒等式的方法包括利用组合数性质、数学归纳法、微积分法、组合分析法等。其中等式 9 的证法与性质 2.2 的证明方法相同，称为**组合分析法**，这种方法是组合数学中最为常用的证明方法之一。用组合分析法证明组合恒等式的步骤是：先指出式子一边是某个组合问题的解，然后再应用加法原理、乘法原理等基本计数原理去证明式子的另一边也是该组合问题的解。实际上，此方法可看作一种双计数方法。

例 2.30 【正整数的证明】用组合分析方法证明 $\dfrac{(3n)!}{2^{n}\times 3^{n}}$ 是整数。

证明 考虑 $3n$ 个不同的球放入 n 个不同的盒子里，每盒 3 个的方案数，这个方案数应该是整数。

对 $3n$ 个球进行排列的方案数为 $(3n)!$，而把 3 个球放入同一个盒子里不计顺序，重复因子是 $3!=2\cdot 3$。n 个盒子内部的排列共重复计算了 $2^{n}\cdot 3^{n}$ 次，因此，把 $3n$ 个不同的球放入 n 个不同的盒子里，每盒 3 个的方案数是 $\dfrac{(3n)!}{2^{n}\cdot 3^{n}}$。所以，$\dfrac{(3n)!}{2^{n}\cdot 3^{n}}$ 是整数。

练 习 2.5

1. 证明性质 2.4。

2. 用组合数性质或组合分析法证明下列等式：

(1) $\binom{n}{r}=\dfrac{n}{r}\binom{n-1}{r-1}\quad(1\leqslant r\leqslant n)$；

(2) $\binom{n}{r} = \frac{n-r+1}{r}\binom{n}{r-1}$ $(1 \leqslant r \leqslant n)$；

(3) $\binom{n}{r} = \frac{n}{n-r}\binom{n-1}{r}$ $(1 \leqslant r \leqslant n)$。

3. 证明恒等式并给出组合意义：
$$\binom{m}{0}\binom{m}{n} + \binom{m}{1}\binom{m-1}{n-1} + \cdots + \binom{m}{n}\binom{m-n}{0} = 2^n\binom{m}{n}。$$

*4. 给出
$$\binom{n}{m}\binom{r}{0} + \binom{n-1}{m-1}\binom{r+1}{1} + \binom{n-2}{m-2}\binom{r+2}{2} + \cdots + \binom{n-m}{0}\binom{r+m}{m} = \binom{n+r+1}{m}$$
的组合意义。

5. $2n$ 个物品中有 n 个是相同的，其余均不相同，现从中取 n 个物品，有几种方案？

6. 用组合分析法证明 $\frac{(n^2)!}{(n!)^{n+1}}$ 是整数。

第 3 章 容斥原理

在讨论有限个集合的并集所包含的元素的个数时,既要保证无一遗漏,又要保证无一重复,为了实现这一点,加法原理和减法原理需要同时用到,我们称之为容斥原理。使用容斥原理可以求解许多较复杂的计数问题,本章我们将介绍这个原理及其应用。

3.1 容斥原理

引例 3.1 求 $[1,20]$ 中 2 或 3 的倍数的个数。

分析 $[1,20]$ 中 2 的倍数有 2,4,6,8,10,12,14,16,18,20 共 10 个,3 的倍数有 3,6,9,12,15,18 共 6 个,但答案并不是 $10+6=16$ 个,因为 6,12,18 是 2 的倍数同时也是 3 的倍数,被重复计数,应减去。故答案是:$16-3=13$。

引例 3.2 求由 n 个相异元 $a_1,a_2,\cdots,a_n$ 作成的 a_1 不排在第 1 位,a_2 不排在第 2 位的全排列的个数。

分析 如果将满足条件的所有排列分成 a_1 排在第 2 位和 a_1 不排在第 2 位两类,则用加法原理可以求解。这里我们考虑用减法原理,即用 n 个相异元 $a_1,a_2,\cdots,a_n$ 作成的全排列个数 $n!$ 减去不满足条件的全排列个数。不满足条件的全排列包括:a_1 排在第 1 位的 $(n-1)!$ 个全排列和 a_2 排在第 2 位的 $(n-1)!$ 个全排列,但其中有一类全排列即同时满足 a_1 排在第 1 位和 a_2 排在第 2 位的 $(n-2)!$ 个排列被重复计数了,应去掉,所以满足条件的全排列的个数为
$$n!-(n-1)!-(n-1)!+(n-2)!.$$

上面两例中计数方法的基本思想是:先不考虑重复的情况,把满足条件的所有对象的数目先计算出来,然后再把计数时重复计算的数目排斥出去,使得计算的结果既无遗漏又无重复,这种计数的方法称为**容斥原理**。

这种思想用集合语言表达较为简洁。

在引例 3.1 中,用集合 A 表示 $[1,20]$ 中 2 的倍数的集合,集合 B 表示 $[1,20]$ 中 3 的倍数的集合,则所求满足条件的数集可表示为 $A\cup B$,而 $A\cap B$ 表示 $[1,20]$ 中同时能被 2 和 3 整除的数集,所以求解过程可表示为 $|A\cup B|=|A|+|B|-|A\cap B|=10+6-3=13$。

在引例 3.2 中,如果集合 A 表示 a_1 排在第 1 位的全排列集合,集合 B 表示 a_2 排在第 2 位的全排列集合,则所求 a_1 不排在第 1 位且 a_2 不排在第 2 位的全排列集合可表示为

$\overline{A} \cap \overline{B}$，如果用 S 表示全体 n 个相异元作成的全排列的集合，则有 $\overline{A} \cap \overline{B} = S - A \cup B$，故求解过程可表示为

$$|\overline{A} \cap \overline{B}| = |S - A \cup B| = |S| - |A| - |B| + |A \cap B| = n! - (n-1)! - (n-1)! + (n-2)!。$$

3.1.1 有限集合的交或并的计数

为了更好地运用集合运算来表达组合计数过程，我们先介绍几个常用的集合运算法则并给予简要证明。

定理 3.1 设 S 是有限集，$A, B \subseteq S$，则

(1) $|S - A| = |S| - |A|$；

(2) $|A - B| = |A| - |A \cap B|$；

(3) $|A \cup B| = |A| + |B| - |A \cap B|$；

(4) $|S - A \cup B| = |S| - |A| - |B| + |A \cap B|$。

证明 (1) 因为 $A \cup (S - A) = S, A \cap (S - A) = \varnothing$，由加法原理，有 $|S| = |A| + |S - A|$，所以 $|S - A| = |S| - |A|$。

(2) 因为 $A - B = A - A \cap B, A \cap B \subseteq A$，所以 $|A - B| = |A - A \cap B| = |A| - |A \cap B|$。

(3) 因为 $A \cup B = A \cup (B - A), A \cap (B - A) = \varnothing$，所以

$$|A \cup B| = |A \cup (B - A)| = |A| + |B - A| = |A| + |B| - |A \cap B|。$$

(4) 因为 $A \cup B \subseteq S$，所以 $|S - A \cup B| = |S| - |A| - |B| + |A \cap B|$。

定理 3.2 设 S 是有限集，$A, B, C \subseteq S$，则

(1) $|A \cup B \cup C| = |A| + |B| + |C| - |A \cap B| - |A \cap C| - |B \cap C| + |A \cap B \cap C|$；

(2) $|S - A \cup B \cup C| = |S| - |A| - |B| - |C| + |A \cap B| + |A \cap C| + |B \cap C| - |A \cap B \cap C|$。

证明 (1) $|A \cup B \cup C| = |(A \cup B) \cup C| = |A \cup B| + |C| - |(A \cup B) \cap C|$
$= |A| + |B| - |A \cap B| + |C| - |(A \cap C) \cup (B \cap C)|$
$= |A| + |B| + |C| - |A \cap B| - |A \cap C| - |B \cap C| + |A \cap B \cap C|$。

(2) 因为 $A, B, C \subseteq S$，所以

$|S - A \cup B \cup C| = |S| - |A \cup B \cup C|$
$= |S| - |A| - |B| - |C| + |A \cap B| + |A \cap C| + |B \cap C| - |A \cap B \cap C|$。

定理 3.3 设 n, k 都是正整数，$S = \{1, 2, \cdots, n\}$，则 S 中能被 k 整除的正整数的个数为 $\left[\dfrac{n}{k}\right]$。（注：符号 $[x]$ 表示不超过 x 的最大整数）

证明 S 中能被 k 整除的正整数可表示成 tk,其中 t 是正整数且 $tk \leqslant n$,即 $t \leqslant \dfrac{n}{k}$,所以 S 中能被 k 整除的正整数的个数为 $\left[\dfrac{n}{k}\right]$。

例 3.1 【整除计数】计算 1 到 300 的整数中满足以下各条件的整数的个数:

(1) 能被 7 整除的个数;

(2) 不能被 7 整除的个数;

(3) 能被 7 整除且能被 2 整除的个数;

(4) 能被 7 整除但不能被 2 也不能被 5 整除的个数;

(5) 能被 2 或 5 或 7 整除的个数;

(6) 不能被 2、5、7 中任一个数整除的个数。

解 令 $S = \{1, 2, \cdots, 300\}$,以 A, B, C 分别表示 S 中能被 2,5,7 整除的整数之集。

(1) $|C| = \left[\dfrac{300}{7}\right] = 42$;

(2) $|S - C| = |S| - |C| = 300 - 42 = 258$;

(3) $|A \cap C| = \left[\dfrac{300}{2 \cdot 7}\right] = 21$;

(4) $|C - A \cup B| = |C| - |C \cap (A \cup B)| = |C| - |(C \cap A) \cup (C \cap B)|$
$= |C| - |A \cap C| - |B \cap C| + |A \cap B \cap C|$
$= \left[\dfrac{300}{7}\right] - \left[\dfrac{300}{2 \cdot 7}\right] - \left[\dfrac{300}{5 \cdot 7}\right] + \left[\dfrac{300}{2 \cdot 5 \cdot 7}\right]$
$= 42 - 21 - 8 + 4 = 17$;

(5) $|A \cup B \cup C| = |A| + |B| + |C| - |A \cap B| - |A \cap C| - |B \cap C| + |A \cap B \cap C|$
$= \left[\dfrac{300}{2}\right] + \left[\dfrac{300}{5}\right] + \left[\dfrac{300}{7}\right] - \left[\dfrac{300}{2 \cdot 5}\right] - \left[\dfrac{300}{2 \cdot 7}\right] - \left[\dfrac{300}{5 \cdot 7}\right] + \left[\dfrac{300}{2 \cdot 5 \cdot 7}\right]$
$= 150 + 60 + 42 - 30 - 21 - 8 + 4 = 197$;

(6) $|S - A \cup B \cup C| = |S| - |A \cup B \cup C| = 300 - 197 = 103$。

3.1.2 容斥原理

根据定理 3.2,用数学归纳法可以证明得到一般形式的容斥原理。

定理 3.4 设 S 是有限集,$A_i \subseteq S (i = 1, 2, \cdots, n)$,则

$$\left|\bigcup_{i=1}^{n} A_i\right| = \sum_{1 \leqslant i_1 \leqslant n} |A_{i_1}| - \sum_{1 \leqslant i_1 < i_2 \leqslant n} |A_{i_1} \cap A_{i_2}| + \cdots + (-1)^{k-1} \sum_{1 \leqslant i_1 < i_2 < \cdots < i_k \leqslant n} |A_{i_1} \cap A_{i_2} \cap \cdots \cap A_{i_k}| + \cdots + (-1)^{n-1} |A_1 \cap A_2 \cap \cdots \cap A_n|$$

$$= \sum_{k=1}^{n} (-1)^{k-1} \sum_{1 \leqslant i_1 < i_2 < \cdots < i_k \leqslant n} |A_{i_1} \cap A_{i_2} \cap \cdots \cap A_{i_k}|。 \tag{3.1}$$

容斥原理还有另一种表述形式,它在计数问题中很有用,特别是用于求解一个集合中不具有某些性质中的任何一个性质的元素的个数。

推论3.1 设 S 是一个有限集合，$P_1,P_2,\cdots,P_n$ 是同集合 S 有关的 n 个性质，设 $A_i(i=1,2,\cdots,n)$ 是 S 中具有性质 P_i 的元素构成的集合，$\overline{A_i}$ 是 S 中不具有性质 P_i 的元素构成的集合，则 S 中不具有性质 $P_1,P_2,\cdots,P_n$ 的元素个数为

$$|\overline{A_1}\cap\overline{A_2}\cap\cdots\cap\overline{A_n}|=|S-\bigcup_{i=1}^{n}A_i|$$
$$=|S|+\sum_{k=1}^{n}(-1)^k\sum_{1\leqslant i_1<i_2<\cdots<i_k\leqslant n}|A_{i_1}\cap A_{i_2}\cap\cdots\cap A_{i_k}|$$
$$=|S|-\sum_{i=1}^{n}|A_i|+\sum_{1\leqslant i_1<i_2\leqslant n}|A_{i_1}\cap A_{i_2}|-\sum_{1\leqslant i_1<i_2<i_3\leqslant n}|A_{i_1}\cap A_{i_2}\cap A_{i_3}|+\cdots+(-1)^n|A_1\cap A_2\cap\cdots\cap A_n|。 \quad (3.2)$$

分析 显然用定理 3.4 容易得到此推论，此处我们用组合分析法来证明。

证明 式(3.2)的左端表示的是 S 中不具有性质 $P_1,P_2,\cdots,P_n$ 的元素个数。下面我们来证明：对于 S 中的每个元素 x，若 x 不具有性质 $P_1,P_2,\cdots,P_n$，则对式(3.2)的右端贡献为1；否则，若 x 具有某个性质 $P_i(1\leqslant i\leqslant n)$，则对等式(3.2)的右端贡献为0，从而证明了式(3.2)。

(1) 若 x 不具有性质 $P_1,P_2,\cdots,P_n$，即 $x\notin A_1,x\notin A_2,\cdots,x\notin A_n$，则 x 在集合 S 中，但不在式(3.2)右端的任一其他集合中，所以 x 对式(3.2)的右端贡献为 $1-0+0-0+\cdots+(-1)^m\times 0=1$。

(2) 若 x 恰具有性质 $P_1,P_2,\cdots,P_n$ 的 $k(k\geqslant 1)$ 个性质 $P_{i_1},P_{i_2},\cdots,P_{i_k}$，即 x 恰属于 k 个集合 $A_{i_1},A_{i_2},\cdots,A_{i_k}$，于是 x 对 $|S|$ 的贡献为 $1=\binom{k}{0}$；x 对 $\sum|A_i|$ 的贡献为 $k=\binom{k}{1}$；从 $P_{i_1},P_{i_2},\cdots,P_{i_k}$ 中选出两个性质，共有 $\binom{k}{2}$ 种，所以 x 恰在 $\binom{k}{2}$ 个形如 $A_{i_l}\cap A_{i_m}(l\neq m)$ 的集合中，x 对 $\sum|A_i\cap A_j|$ 的贡献为 $\binom{k}{2}$；同理，x 对 $\sum|A_{i_1}\cap A_{i_2}\cap\cdots\cap A_{i_k}|$ 的贡献为 $\binom{k}{k}$；而当 $n>k$ 时，$\binom{k}{n}=0$。所以，x 对式(3.2)右端的贡献为

$$\binom{k}{0}-\binom{k}{1}+\binom{k}{2}-\binom{k}{3}+\cdots+(-1)^n\binom{k}{n}$$
$$=\binom{k}{0}-\binom{k}{1}+\binom{k}{2}-\binom{k}{3}+\cdots+(-1)^k\binom{k}{k}$$
$$=0。$$

故式(3.2)右端是集合 S 中不具有性质 $P_1,P_2,\cdots,P_n$ 的元素的个数。证毕。

如果用 $N(P_1'P_2'\cdots P_n')$ 表示不具有 $P_1,P_2,\cdots,P_n$ 这些性质的元素个数，$N(P_{i_1}P_{i_2}\cdots P_{i_k})$ 表示具有 $P_{i_1},P_{i_2},\cdots,P_{i_k}$ 这些性质的元素个数，N 表示集合 S 所含元素个数，则该推论可表示为

$$N(P'_1 P'_2 \cdots P'_n) = N - \sum_{i=1}^{n} N(P_i) + \sum_{1 \leqslant i_1 < i_2 \leqslant n} N(P_i P_j) - \sum_{1 \leqslant i_1 < i_2 < i_3 \leqslant n} N(P_{i_1} P_{i_2} P_{i_3}) + \cdots$$
$$+ (-1)^n N(P_1 P_2 \cdots P_n)。$$

例 3.2 【有限制全排列】多重集 $M = \{4 \cdot x, 3 \cdot y, 2 \cdot z\}$ 的全排列中不出现 $xxxx$，yyy，zz 模式的排列有多少？

解 令 S 是多重集 M 的全排列全体，则有 $|S| = \dfrac{9!}{4!3!2!}$。

定义性质集合 $\{P_1, P_2, P_3\}$，其中性质 P_1 表示全排列中出现 $xxxx$ 模式，P_2 表示全排列中出现 yyy 模式，P_3 表示全排列中出现 zz 模式。

用 A_i 分别表示 S 中具有性质 P_i 的全排列全体 $(1 \leqslant i \leqslant 3)$。$A_1$ 中的全排列出现模式 $xxxx$，我们将 $xxxx$ 整体看作一个字符，则 A_1 中的全排列就是多重集合 $\{1 \cdot xxxx, 3 \cdot y, 2 \cdot z\}$ 的全排列，所以

$$|A_1| = \dfrac{6!}{1!3!2!}。$$

同理，有

$$|A_2| = \dfrac{7!}{4!1!2!}, \quad |A_3| = \dfrac{8!}{4!3!1!}, \quad |A_1 \cap A_2| = \dfrac{4!}{1!1!2!},$$
$$|A_1 \cap A_3| = \dfrac{5!}{1!3!1!}, \quad |A_2 \cap A_3| = \dfrac{6!}{4!1!1!}, \quad |A_1 \cap A_2 \cap A_3| = \dfrac{3!}{1!1!1!}。$$

由容斥原理知，满足条件的排列个数为

$$|\overline{A_1} \cap \overline{A_2} \cap \overline{A_3}| = |S| - (|A_1| + |A_2| + |A_3|) + (|A_1 \cap A_2| + |A_1 \cap A_3| + |A_2 \cap A_3|) - |A_1 \cap A_2 \cap A_3|$$
$$= \dfrac{9!}{4!3!2!} - \left(\dfrac{6!}{3!2!} + \dfrac{7!}{4!2!} + \dfrac{8!}{4!3!}\right) + \left(\dfrac{4!}{2!} + \dfrac{5!}{3!} + \dfrac{6!}{4!}\right) - 3!$$
$$= 871。$$

推论 3.2 在容斥原理中，若集合 $A_{i_1} \cap A_{i_2} \cap \cdots \cap A_{i_k}$ 的大小不依赖于选取的是哪 k 个集合，而仅依赖于 k，即存在常数 $a_0, a_1, a_2, \cdots, a_n$ 使得

$$a_0 = |S|,$$
$$a_1 = |A_1| = |A_2| = \cdots = |A_m|,$$
$$a_2 = |A_1 \cap A_2| = \cdots = |A_{m-1} \cap A_m|,$$
$$a_3 = |A_1 \cap A_2 \cap A_3| = \cdots = |A_{m-2} \cap A_{m-1} \cap A_m|,$$
$$\cdots\cdots\cdots\cdots$$
$$a_n = |A_1 \cap A_2 \cap \cdots \cap A_n|。$$

则此时容斥原理可以简化表示成

$$|\overline{A_1} \cap \overline{A_2} \cap \cdots \cap \overline{A_n}|$$
$$= a_0 - \binom{n}{1} a_1 + \binom{n}{2} a_2 - \binom{n}{3} a_3 + \cdots + (-1)^k \binom{n}{k} a_k + \cdots + (-1)^n a_n。$$

这是因为在容斥原理式(3.1)中出现的第 k 个求和式包含 $\binom{n}{k}$ 个被加数,且每个都等于 $a_k(k=1,2,\cdots,n)$。

例 3.3 【有限制字符串】求由 a,b,c,d 四个字母构成的 n 位字符串中,a,b,c,d 至少出现一次的字符串的数目。

解 设 A_1,A_2,A_3,A_4 分别表示不出现 a,b,c,d 的 n 位字符串的集合。由于 n 位字符串的每一位都可取 a,b,c,d 四个符号中的任意一个,所以共有 $a_0=4^n$ 个。其中,不出现 a 的字符串的每一位都可取 b,c,d 中的任一个,共有 3^n 个。类似的,由四个字母相对位置的对称性知

$$a_1=|A_i|=3^n(i=1,2,3,4),$$
$$a_2=|A_i\cap A_j|=2^n(1\leqslant i<j\leqslant 4),$$
$$a_3=|A_i\cap A_j\cap A_k|=1(1\leqslant i<j<k\leqslant 4),$$
$$a_4=|A_1\cap A_2\cap A_3\cap A_4|=0。$$

而 a,b,c,d 至少出现一次的符号集合即为 $\overline{A_1}\cap\overline{A_2}\cap\overline{A_3}\cap\overline{A_4}$,于是所求为

$$|\overline{A_1}\cap\overline{A_2}\cap\overline{A_3}\cap\overline{A_4}|=a_0-\binom{4}{1}a_1+\binom{4}{2}a_2-\binom{4}{3}a_3+\binom{4}{4}a_4$$
$$=4^n-4\cdot 3^n+6\cdot 2^n-4。$$

例 3.4 【禁位排列】给定 5 个字母 a_1,a_2,a_3,a_4,a_5,求由它们组成的全排列个数,这里要求 a_1 不能排在第 1、5 位置,a_2 不能排在第 2、3 位置,a_3 不能排在第 3、4 位置,a_4 不能排在第 2 位,a_5 不能排在第 5 位。

解 令 S 是全排列全体,则有 $|S|=5!$。

用 A_1 表示 S 中 a_1 排在第 1 或第 5 位置的所有排列的集合,A_2 表示 a_2 排在第 2 或第 3 位置的排列之集,A_3 表示 a_3 排在第 3 或 4 位置的排列之集,A_4 表示 a_4 排在第 2 位的排列之集,A_5 表示 S 中 a_5 排在第 5 位的排列之集。

在 A_1 中,a_1 排在第 1 或第 5 位置,则其余 4 个元素可进行全排列,所以 $|A_1|=2\cdot 4!$,同理有 $|A_2|=|A_3|=2\cdot 4!$,$|A_4|=|A_5|=4!$。

在 $A_1\cap A_2$ 中,a_1 排在第 1 或第 5 位置,同时 a_2 排在第 2 或第 3 位置,则其余 3 个元素进行全排列,共有 $|A_1\cap A_2|=2\cdot 2\cdot 3!$。

同理有

$|A_1\cap A_3|=2\cdot 2\cdot 3!$,$|A_1\cap A_4|=2\cdot 3!$,$|A_1\cap A_5|=3!$,$|A_2\cap A_3|=3\cdot 3!$,
$|A_2\cap A_4|=3!$,$|A_2\cap A_5|=2\cdot 3!$,$|A_3\cap A_4|=|A_3\cap A_5|=2\cdot 3!$,$|A_4\cap A_5|=3!$。

同理可得

$|A_1\cap A_2\cap A_3|=6\cdot 2!$,$|A_1\cap A_3\cap A_4|=4\cdot 2!$,$|A_2\cap A_3\cap A_5|=3\cdot 2!$,
$|A_1\cap A_2\cap A_4|=|A_1\cap A_2\cap A_5|=|A_1\cap A_3\cap A_5|=|A_3\cap A_4\cap A_5|=2\cdot 2!$,
$|A_1\cap A_4\cap A_5|=|A_2\cap A_3\cap A_4|=|A_2\cap A_4\cap A_5|=2!。$

还有

$|A_1 \cap A_2 \cap A_3 \cap A_4| = |A_1 \cap A_3 \cap A_4 \cap A_5| = 2$, $|A_1 \cap A_2 \cap A_3 \cap A_5| = 3$, $|A_1 \cap A_2 \cap A_4 \cap A_5| = |A_2 \cap A_3 \cap A_4 \cap A_5| = 1$, $|A_1 \cap A_2 \cap A_3 \cap A_4 \cap A_5| = 1$.

由容斥原理知,满足条件的排列个数为

$|\overline{A_1} \cap \overline{A_2} \cap \overline{A_3} \cap \overline{A_4} \cap \overline{A_5}| = 5! - 8 \cdot 4! + 22 \cdot 3! - 24 \cdot 2! + 8 - 1 = 19$。

练 习 3.1

1. 问在整数 $1 \sim 500$ 中不能被 7 整除,但能被 3 或 5 整除的整数的个数是多少?

2. 求正整数 n 的数目,要求 n 能整除 10^{40} 和 20^{30} 两数中至少一个数。

3. 求由 $2n$ 个相异元 $a_1, a_2, \cdots, a_n, b_1, b_2, \cdots, b_n$ 作成的 a_i 与 $b_i (i = 1, 2, \cdots, n)$ 均不相邻的不同的全排列的个数 g_n。

4. 有 3 个英国人、3 个法国人、3 个德国人排成一行坐下,要求不存在 3 个同国籍的坐在一起,求有多少种方案?

5. 现有 8 人从负一层进入电梯,从第一层到第四层中每层都有人离开,到第四层走空,问有几种可能方式?

3.2 容斥原理的应用

容斥原理在求解关于是否具备某些性质的计数问题时非常有效,下面分四个方面介绍其应用。

3.2.1 有限制排列的计数问题

1. 错位排列问题(不保位问题)

定义 3.1 设 π 是由 n 个相异元 $a_1, a_2, \cdots, a_n$ 作成的全排列,如果在 π 中 a_j 排在第 j 位 $(1 \leqslant j \leqslant n)$,则称 a_j 在 π 中保位。

错排问题:求 n 个元素的全排列中没有一个元素保位的全排列数 D_n。

定理 3.5 对任意正整数 n,有

$$D_n = n! \sum_{k=0}^{n} (-1)^k \frac{1}{k!} = n! \left[1 - \frac{1}{1!} + \frac{1}{2!} - \frac{1}{3!} + \cdots + (-1)^n \frac{1}{n!} \right].$$

证明 1 不妨设 n 个元素为数字 $1, 2, \cdots, n$。令 S 表示由数字 $1, 2, \cdots, n$ 作成的全排列之集,则 $|S| = n!$。

令 A_i 表示数字 i 排在第 i 位上(保位)的全体排列之集,$i = 1, 2, \cdots, n$。故所求为

$$D_n = |\overline{A_1} \cap \overline{A_2} \cap \cdots \cap \overline{A_n}| = |S - A_1 \cup A_2 \cup \cdots \cup A_n|.$$

因为 A_i 中的每一个排列形如 $j_1 \cdots j_{i-1} i j_{i+1} \cdots j_n$,而 $j_1 \cdots j_{i-1} j_{i+1} \cdots j_n$ 是 $\{1, 2, \cdots, i-1, i+1, \cdots, n\}$ 的全排列,所以有

$$|A_i| = (n-1)! \, (1 \leqslant i \leqslant n).$$

同理,有
$$|A_i \cap A_j| = (n-2)!(1 \leq i \neq j \leq n)。$$
一般地,有
$$|A_{i_1} \cap A_{i_2} \cap \cdots \cap A_{i_k}| = (n-k)!,$$
其中,$1 \leq i_1, i_2, \cdots, i_k \leq n$ 且 $i_1, i_2, \cdots, i_k$ 互不相等。

由容斥原理,有
$$D_n = |S| + \sum_{k=1}^{n}(-1)^k \sum_{1 \leq i_1 < i_2 < \cdots < i_k \leq n}|A_{i_1} \cap A_{i_2} \cap \cdots \cap A_{i_k}|$$
$$= n! - \binom{n}{1}(n-1)! + \binom{n}{2}(n-2)! - \cdots + (-1)^n\binom{n}{n}0!$$
$$= n!\left[1 - \frac{1}{1!} + \frac{1}{2!} - \cdots + (-1)^n\frac{1}{n!}\right]。$$

我们还可以从另一个角度来计算 D_n。

证明 2 设 $i_1 i_2 \cdots i_n$ 是 $\{1, 2, \cdots, n\}$ 的一个全错位排列,我们将 $\{1, 2, \cdots, n\}$ 的所有错位排列按照 i_1 的取值分成 $n-1$ 类,记 A_j 分别为 $i_1 = j$ 的错位排列的全体($j = 2, 3, \cdots, n$),则显然有
$$|A_2| = |A_3| = \cdots = |A_n|。$$
令 $|A_2| = d_n$,则 $D_n = (n-1)d_n$。

另一方面,集合 A_2 中的错位排列根据 $i_2 = 1$ 和 $i_2 \neq 1$ 可分为两类:

(i) 设 B_1 表示 A_2 中 $i_2 = 1$ 的错位排列集合,在 B_1 中 $i_1 = 2, i_2 = 1, i_3 i_4 \cdots i_n$ 是 $\{3, 4, \cdots, n\}$ 的一个错位排列,所以 $|B_1| = D_{n-2}$;

(ii) 设 B_2 表示 A_2 中 $i_2 \neq 1$ 的错位排列集合,则 B_2 中 $i_1 = 2, i_2 \neq 1, i_2 i_3 \cdots i_n$ 相当于 $\{1, 3, \cdots, n\}$ 的一个错位排列,所以 $|B_2| = D_{n-1}$。

故 $d_n = D_{n-2} + D_{n-1}$,从而有 $D_n = (n-1)(D_{n-2} + D_{n-1})$,即 $D_n - nD_{n-1} = -[D_{n-1} - (n-1)D_{n-2}]$,经多次迭代可得 $D_n - nD_{n-1} = (-1)^{n-2}(D_2 - 2D_1)$,加上 $D_1 = 0, D_2 = 1$,得到 $D_n - nD_{n-1} = (-1)^{n-2} = (-1)^n$。

因此
$$D_n = nD_{n-1} + (-1)^n$$
$$= n(n-1)D_{n-2} + (-1)^{n-1}n + (-1)^n$$
$$\cdots\cdots$$
$$= n(n-1)\cdots 3 \cdot D_2 - n \cdot (n-1)\cdots 4 + \cdots + (-1)^{n-1}n + (-1)^n$$
$$= n!\left[\frac{1}{2!} - \frac{1}{3!} + \cdots + (-1)^{n-1}\frac{1}{(n-1)!} + (-1)^n\frac{1}{n!}\right]$$
$$= n!\left[1 - \frac{1}{1!} + \frac{1}{2!} - \frac{1}{3!} + \cdots + (-1)^{n-1}\frac{1}{(n-1)!} + (-1)^n\frac{1}{n!}\right]。$$

此即前面用容斥原理推导出的 D_n 公式,同时得到关于错排数 D_n 的两个递推关系

如下。

推论 3.3 $D_n = nD_{n-1} + (-1)^n$ $(n \geq 1)$。

推论 3.4 $D_n = (n-1)(D_{n-1} + D_{n-2})$ $(n \geq 2)$。

例 3.5 【交换舞伴】在一次聚会上有 n 位男士和 n 位女士，问这 n 位女士能够有多少种方法选择男舞伴开始第一次跳舞？如果每个人必须换舞伴，那么第二次跳舞又有多少种选择方法？

解 对于第一次跳舞，存在 $n!$ 种可能的选择。对于第二次跳舞，每位女士必须选择一位男士作舞伴，而这位男士还不能是她第一次跳舞时的舞伴，因此，可能的选择方法数为第 n 个错位排列数 D_n。

例 3.6 【帽子返还】设上述聚会中的 n 位男士和 n 位女士在跳舞前寄存他或她们的帽子。在聚会结束时，如果随机地返还给每个人，有多少种可能性？如果每位男士得到一顶男帽而每位女士得到一顶女帽，有多少种可能性？如果再加上没有人得到自己寄存的那顶帽子，那么被返还帽子的方法有多少种？

解 如果没有限制，这些帽子返还的方法有 $(2n)!$ 种。如果加上每位男士得到一顶男帽而每位女士得到一顶女帽的限制，那么就有 $n! \times n!$ 种方法。如果再加上没有人得到自己帽子的限制，则有 $D_n \times D_n$ 种方法。

2. 无连续数对的排列

定义 3.2 设 π 是由 $1,2,\cdots,n$ 作成的一个全排列 $a_1a_2\cdots a_n$，如果在 π 中 $a_{i+1} - a_i = 1$ $(1 \leq i \leq n-1)$，则称 π 含有连续数对 (a_i, a_{i+1})。

例如，排列 1745623 中含有 3 个连续数对 $(4,5),(5,6),(2,3)$。

问题：求由 $1,2,\cdots,n$ 作成的不含连续数对的全排列的个数 Q_n。

定理 3.6 对任意正整数 n，

$$Q_n = n! - \begin{bmatrix} n-1 \\ 1 \end{bmatrix}(n-1)! + \begin{bmatrix} n-1 \\ 2 \end{bmatrix} \cdot (n-2)! - \begin{bmatrix} n-1 \\ 3 \end{bmatrix} \cdot (n-3)! + \cdots$$

$$+ (-1)^{n-1} \begin{bmatrix} n-1 \\ n-1 \end{bmatrix} \cdot 1!。$$

证明 令 S 为 $1,2,\cdots,n$ 的所有 $n!$ 个全排列的集合，A_j 表示 S 中出现连续数对 $j(j+1)$ 模式的所有排列之集 $(j=1,2,\cdots,n-1)$，则

$$Q_n = |\overline{A_1} \cap \overline{A_2} \cap \cdots \cap \overline{A_{n-1}}|。$$

首先我们计算 A_1 中排列的个数。一个排列在 A_1 当且仅当模式 12 在排列中出现。于是，A_1 中的一个排列可以看成 $n-1$ 个元素 $\{(12),3,\cdots,n\}$ 的排列，得到 $|A_1| = (n-1)!$。一般地，

$$|A_j| = (n-1)! \quad (j=1,2,\cdots,n-1)。$$

其次考虑集合 $A_1, A_2, \cdots, A_{n-1}$ 中的任意两个集合的交集的计数，即排列满足两个模式，这两个模式或者没有公共元素如 12 和 34，或者共享一个元素如模式 12 和 23。包含两

个模式 12 和 34 的排列可以看作 $n-2$ 个符号 $\{(12),(34),5,\cdots,n\}$ 的全排列,即 $|A_1 \cap A_3| = (n-2)!$。包含两个模式 12 和 23 的排列含有模式 123,因而,可以看作 $n-2$ 个符号 $\{(123), 4,\cdots,n\}$ 的全排列,即 $|A_1 \cap A_2| = (n-2)!$。同理,一般地,
$$|A_i \cap A_j| = (n-2)! \quad (1 \leqslant i < j \leqslant n-1)。$$

更一般地,包含 $12,23,\cdots,(n-1)n$ 中的 k 个特定模式的排列可以看成 $n-k$ 个符号的排列,这样对于 $\{1,2,\cdots,n-1\}$ 中的每一个 k-组合 $\{i_1,i_2,\cdots,i_k\}$,有
$$|A_{i_1} \cap A_{i_2} \cap \cdots \cap A_{i_k}| = (n-k)! \quad (1 \leqslant i_1 < i_2 < \cdots < i_k \leqslant n-1)。$$

由于对每一个 $k=1,2,\cdots,n-1$,存在 $\{1,2,\cdots,n-1\}$ 的 $\binom{n-1}{k}$ 个 k-组合,应用容斥原理便得到定理中的公式。

例 3.7 【仪仗队走步】设学校仪仗队 6 名学生每天练走步。他们排成一列前行,除第一个学生外每一个学生的前面都有另一个学生。为了让学生不总看到他前面的同一个人,第二天交换位置,使得没有学生的前面是第一天在他前面的那个学生。问第二天他们能有多少种方法交换位置?

解 由定理 3.6 可知所求即为
$$Q_6 = 6! - \binom{5}{1}5! + \binom{5}{2}4! - \binom{5}{3}3! + \binom{5}{4}2! - \binom{5}{5}1! = 309。$$

这里简要说明,数列 $\{Q_n\}$ 与错排数列 $\{D_n\}$ 紧密相关。

根据定理 3.5 和定理 3.6 中的两个计算公式,可以发现它们之间存在关系 $Q_n = D_n + D_{n-1}(n \geqslant 2)$(见练习题)。因此,知道错位排列数就可以计算 $Q_1,Q_2,Q_3,\cdots$。比如,已知 $D_5 = 44, D_6 = 265$,则可得到 $Q_6 = D_6 + D_5 = 265 + 44 = 309$。

3.2.2 有限制可重组合的计数问题

例 3.8 【多重集的组合】确定多重集 $T = \{3 \cdot a, 4 \cdot b, 5 \cdot c\}$ 的 10-组合的个数。

解法一 枚举法。将所有 10-组合列出如下: $\{3 \cdot a, 4 \cdot b, 3 \cdot c\}, \{3 \cdot a, 3 \cdot b, 4 \cdot c\}, \{3 \cdot a, 2 \cdot b, 5 \cdot c\}, \{2 \cdot a, 4 \cdot b, 4 \cdot c\}, \{2 \cdot a, 4 \cdot b, 4 \cdot c\}, \{1 \cdot a, 4 \cdot b, 5 \cdot c\}$。

解法二 把容斥原理应用到多重集 $T^* = \{\infty \cdot a, \infty \cdot b, \infty \cdot c\}$ 的所有 10-组合之集 S 上。根据定理 2.7,知 $|S| = \binom{3+10-1}{10} = \binom{12}{10} = 66$。

令 P_1 为 T^* 的 10-组合具有多于 3 个 a 的性质,P_2 为 T^* 的 10-组合具有多于 4 个 c 的性质,P_3 为 T^* 的 10-组合具有多于 5 个 c 的性质。此时,T 的 10-组合的个数就是 T^* 的不具有性质 P_1、P_2、P_3 的 10-组合的个数。

令 A_i 由 T^* 中具有性质 $P_i(i=1,2,3)$ 的 10-组合构成,因此所求即为 $|\overline{A_1} \cap \overline{A_2} \cap \overline{A_3}|$。

集合 A_1 由 a 至少出现 4 次的 T^* 所有 10-组合组成,如果拿出 A_1 的任一个这样的 10-组合并去掉 4 个 a,那么剩下的就是 T^* 的一个 6-组合;反之,如果拿出 T^* 的一个 6-组合并往其加入 4 个 a,就得到 T^* 的一个 10-组合,而在这个 10-组合中 a 至少出现 4 次。

因此，A_i 中 10-组合的个数等于 T^* 的 6-组合的个数，即

$$|A_1| = \binom{3+6-1}{6} = \binom{8}{6} = 28。$$

类似地，A_2 中 10-组合的个数等于 T^* 的 5-组合的个数，而 A_3 中的 10-组合的个数等于 T^* 的 4-组合的个数，即

$$|A_2| = \binom{3+5-1}{5} = \binom{7}{5} = 21, \quad |A_3| = \binom{3+4-1}{4} = \binom{6}{4} = 15。$$

集合 $A_1 \cap A_2$ 由 a 至少出现 4 次且 b 至少出现 5 次的 T^* 的 10-组合组成，因此，在 $A_1 \cap A_2$ 中的 10-组合的个数等于 T^* 的 1-组合的个数，即

$$|A_1 \cap A_2| = \binom{3+1-1}{1} = \binom{3}{1} = 3。$$

用类似方式推导出 $A_1 \cap A_3$ 中的 10-组合的个数等于 T^* 的 0-组合的个数，而在 $A_2 \cap A_3$ 中没有 10-组合，于是

$$|A_1 \cap A_3| = \binom{3+0-1}{0} = \binom{2}{0} = 1, \quad |A_2 \cap A_3| = 0, \quad \text{且} \quad |A_1 \cap A_2 \cap A_3| = 0。$$

利用容斥原理，得到

$$|\overline{A_1} \cap \overline{A_2} \cap \overline{A_3}| = |S| - (|A_1| + |A_2| + |A_3|)$$
$$+ (|A_1 \cap A_2| + |A_1 \cap A_3| + |A_2 \cap A_3|) - |A_1 \cap A_2 \cap A_3|$$
$$= 66 - (28 + 21 + 15) + (3 + 1 + 0) - 0 = 6。$$

注 对于这个例子虽然用枚举的方法很容易就得到解决，但是第二种解法提供了一种普遍适用的计数方法，这种计数方法能够推广到解决那些规模较大、无法使用枚举法的计数问题。

在定理 2.8 的证明中，我们已经指出了在 r-组合与不定方程的整数解之间的联系。如果对不定方程

$$x_1 + x_2 + \cdots + x_k = r$$

的未知量的大小设定范围 $0 \leqslant x_i \leqslant n_i (i = 1, 2, \cdots, k)$，则其整数解的个数等于多重集 $\{n_1 \cdot a_1, n_2 \cdot a_2, \cdots, n_k \cdot a_k\}$ 的 r-组合的个数，故解的个数可以用刚才解释的方法来计算。

例 3.9 【有上下界的整数解】求方程 $y_1 + y_2 + y_3 + y_4 = 7$ 满足 $-1 \leqslant y_1 \leqslant 3$，$-2 \leqslant y_2 \leqslant 0, 0 \leqslant y_3 \leqslant 3, 1 \leqslant y_4 \leqslant 3$ 的整数解的个数是多少？

解 首先引入一些新变量

$$x_1 = y_1 + 1, x_2 = y_2 + 2, x_3 = y_3, x_4 = y_4 - 1,$$

则原问题变为求满足条件 $0 \leqslant x_1 \leqslant 4, 0 \leqslant x_2 \leqslant 2, 0 \leqslant x_3 \leqslant 3, 0 \leqslant x_4 \leqslant 2$ 的不定方程

$$x_1 + x_2 + x_3 + x_4 = 9 \tag{3.3}$$

的整数解的个数。

令 S 是方程 (3.3) 的所有非负整数解的集合，则 S 的大小为

$$|S| = \binom{9+4-1}{4-1} = \binom{12}{3} = 220。$$

令 P_1 为性质 $x_1 \geqslant 5$, P_2 为性质 $x_2 \geqslant 3$, P_3 为性质 $x_3 \geqslant 4$, P_4 为性质 $x_4 \geqslant 3$, 令 A_i 分别表示 S 中满足性质 $P_i (i=1,2,3,4)$ 的整数解的集合, 则所求为 $|\overline{A_1} \cap \overline{A_2} \cap \overline{A_3} \cap \overline{A_4}|$。集合 A_1 由 S 中所有满足 $x_1 \geqslant 5$ 的解组成, 作变量代换

$$z_1 = x_1 - 5, z_2 = x_2, z_3 = x_3, z_4 = x_4,$$

则 A_1 的解的个数与 $z_1 + z_2 + z_3 + z_4 = 4$ 的非负整数解的个数相同, 因此 $|A_1| = \binom{7}{3} = 35$。

同理可得 $|A_2| = \binom{9}{3} = 84$, $|A_3| = \binom{8}{3} = 56$, $|A_4| = \binom{9}{3} = 84$。

集合 $A_1 \cap A_2$ 由 S 中所有满足 $x_1 \geqslant 5$ 和 $x_2 \geqslant 3$ 的那些解组成, 若进行变量代换 $u_1 = x_1 - 5, u_2 = x_2 - 3, u_3 = x_3, u_4 = x_4$, 则可以看到, $A_1 \cap A_2$ 的解的个数与方程 $u_1 + u_2 + u_3 + u_4 = 1$ 的非负整数解的个数相同, 因此 $|A_1 \cap A_2| = \binom{4}{3} = 4$。

用类似的方式得到

$$|A_1 \cap A_3| = 1, \quad |A_1 \cap A_4| = \binom{4}{3} = 4,$$

$$|A_2 \cap A_3| = |A_3 \cap A_4| = \binom{5}{3} = 10,$$

$$|A_2 \cap A_4| = \binom{6}{3} = 20。$$

又因为集合 A_1, A_2, A_3, A_4 中任意三个的交集都是空集, 故应用容斥原理得到
$|\overline{A_1} \cap \overline{A_2} \cap \overline{A_3} \cap \overline{A_4}| = 220 - (35 + 84 + 56 + 84) + (4 + 1 + 4 + 10 + 20 + 10)$
$= 10$。

3.2.3 与数论有关的计数问题

关于自然数最早引起数学家兴趣的一个问题是确定所有素数的问题。素数在密码学中发挥着重要作用, 这一领域是致力于隐藏信息的数学学科, 出现在诸如保证电子邮件的安全性、保护医疗记录的隐私性、保护电子商务交易的完整性以及保护数字领域的版权等各方面。下面介绍两个关于素数的计数问题, 并用容斥原理来证明这些计数问题的结果。

1. 关于素数个数的计算

人们认为, 下面确定 1 和 n 之间的所有素数的过程要归功于古希腊著名的诗人、哲学家和科学家埃拉托色尼(Erastothenes, 公元前 275—前 195)。我们以 $n = 100$ 为例说明该过程。为找出 1 到 100 范围内的所有素数, 按下面方法进行: 首先写出 1 与 100 之间的所有数; 抹掉 1 (因为 1 不是素数); 在 2 下面画横线, 抹掉能被 2 整除且大于 2 的那些数; 搜索大

于 2 且还没有被抹掉的第一个数,这个数是 3,在 3 下面画横线,抹掉能被 3 整除且大于 3 的那些数;然后搜索大于 3 还没有被抹掉的第一个数,这个数是 5,在 5 下面画横线;然后抹掉能被 5 整除且大于 5 的那些数。以此类推。当这个过程结束时所留下的数就是素数。

~~1~~ 2 3 ~~4~~ 5 ~~6~~ 7 ~~8~~ ~~9~~ ~~10~~ 11 ~~12~~ 13 ~~14~~ ~~15~~ ~~16~~ 17 ~~18~~ 19 ~~20~~ ~~21~~ ~~22~~ 23 ~~24~~ ~~25~~ …

这个过程通常在蜡板上进行,数不是被抹掉,而是被穿孔,看起来有些像筛子,因此,这个过程就被命名为埃拉托色尼的"筛子算法"。一个基本问题是:1 和 n 之间有多少个素数?

数论中常以 $\pi(n)$ 表示不大于自然数 n 的素数的个数。

至今尚未找到 $\pi(n)$ 的一般计数公式。这里,应用容斥原理,我们可以得到一种间接求 $\pi(n)$ 的方法。

定理 3.7 设 $n(n \geqslant 2)$ 是自然数,$p_1, p_2, \cdots, p_m$ 是不大于 $\sqrt{n}$ 的全部素数,则

$$\pi(n) = m - 1 + n + \sum_{k=1}^{m} (-1)^k \sum_{1 \leqslant i_1 < i_2 < \cdots < i_k \leqslant m} \left[\frac{n}{p_{i_1} p_{i_2} \cdots p_{i_k}} \right]。$$

证明 令 $S = \{1, 2, \cdots, n\}$。设 $s \in S$,若 s 不是素数,即可表示成 $s = a \cdot b$,其中 a, b 都是大于 1 的正整数且 $a \leqslant b$。因为 $s \leqslant n$,所以 $a \leqslant \sqrt{n}$,即 s 能被 $p_1, p_2, \cdots, p_m$ 之一整除。由此可知 s 是素数当且仅当 s 要么是 $p_1, p_2, \cdots, p_m$ 之一,要么 $s \neq 1$ 且不能被 $p_1, p_2, \cdots, p_m$ 中任何一个数整除。由容斥定理知,S 中不能被 $p_1, p_2, \cdots, p_m$ 中任何一个数整除的数的个数为

$$n - \sum_{k=1}^{m} (-1)^{k-1} \sum_{1 \leqslant i_1 < i_2 < \cdots < i_k \leqslant m} \left[\frac{n}{p_{i_1} p_{i_2} \cdots p_{i_k}} \right],$$

故所求为

$$\pi(n) = m - 1 + n + \sum_{k=1}^{m} (-1)^k \sum_{1 \leqslant i_1 < i_2 < \cdots < i_k \leqslant m} \left[\frac{n}{p_{i_1} p_{i_2} \cdots p_{i_k}} \right]。$$

例 3.10 【素数的个数】求不超过 36 的素数的个数 $\pi(36)$。

解 因为不大于 $\sqrt{36} = 6$ 的素数有 2, 3, 5,所以

$$\begin{aligned}
\pi(36) &= 3 - 1 + 36 - \left(\left[\frac{36}{2}\right] + \left[\frac{36}{3}\right] + \left[\frac{36}{5}\right] \right) + \\
&\quad \left(\left[\frac{36}{2 \times 3}\right] + \left[\frac{36}{2 \times 5}\right] + \left[\frac{36}{3 \times 5}\right] \right) - \left[\frac{36}{2 \times 3 \times 5}\right] \\
&= 38 - (18 + 12 + 7) + (6 + 3 + 2) - 1 \\
&= 11。
\end{aligned}$$

这里,我们可以枚举出不大于 36 的所有 11 个素数,它们分别是 2, 3, 5, 7, 11, 13, 17, 19, 23, 29, 31。

2. 与 n 互素的正整数个数

在数论中,欧拉函数 $\varphi(n)$ 表示小于 n 且与 n 互素的正整数个数。

定理 3.8 设 n 的全部素因子为 $p_1, p_2, \cdots, p_q$,则

$$\varphi(n) = n\left(1-\frac{1}{p_1}\right)\left(1-\frac{1}{p_2}\right)\cdots\left(1-\frac{1}{p_q}\right).$$

证明 将 n 分解成素因子的乘积形式 $n = p_1^{i_1} p_2^{i_2} \cdots p_q^{i_q}$，设 $A_i (i = 1, 2, \cdots, q)$ 为不大于 n 且为 p_i 的倍数的正整数的集合，则

$$|A_i| = \frac{n}{p_i} (i = 1, 2, \cdots, q).$$

因 p_i 与 p_j 互素 $(i \neq j)$，所以 p_i 与 p_j 的最小公倍数为 $p_i p_j$，所以

$$|A_i \cap A_j| = \frac{n}{p_i p_j} \quad (i \neq j; i, j = 1, 2, \cdots, q).$$

同理，对每一个 $k = 3, 4, \cdots, n$，均有

$$|A_{i_1} \cap A_{i_2} \cap \cdots \cap A_{i_k}| = \frac{n}{p_{i_1} p_{i_2} \cdots p_{i_k}} \quad (1 \leqslant i_1 < i_2 < \cdots < i_k \leqslant n).$$

因为小于 n 并与 n 互素的正整数是集合 $A = \{1, 2, \cdots, n\}$ 中那些不属于任何一个集合 $A_i (i = 1, 2, \cdots, q)$ 的数，由容斥原理知

$$\varphi(n) = |\overline{A_1} \cap \overline{A_2} \cap \cdots \cap \overline{A_q}|$$

$$= n - \sum_{i=1}^{q} |A_i| + \sum_{1 \leqslant i<j \leqslant q} |A_i \cap A_j| - \sum_{1 \leqslant i<j<k \leqslant q} |A_i \cap A_j \cap A_k| + \cdots$$

$$+ (-1)^q |A_1 \cap A_2 \cap \cdots \cap A_q|$$

$$= n - \sum_{i=1}^{q} \frac{n}{p_i} + \sum_{1 \leqslant i<j \leqslant q} \frac{n}{p_i p_j} - \sum_{1 \leqslant i<j<k \leqslant q} \frac{n}{p_i p_j p_k} + \cdots + (-1)^q \frac{n}{p_1 p_2 \cdots p_q}.$$

显然，上面的和式正好是下列乘积的展开式

$$\varphi(n) = n\left(1-\frac{1}{p_1}\right)\left(1-\frac{1}{p_2}\right)\cdots\left(1-\frac{1}{p_q}\right).$$

例如，若 $n = 15 = 3 \cdot 5$，则小于 15 且与 15 互素的自然数个数为

$$\varphi(15) = 15 \cdot \left(1-\frac{1}{3}\right) \cdot \left(1-\frac{1}{5}\right) = 8,$$

它们分别是 1, 2, 4, 7, 8, 11, 13, 14。

注 关于这些素数计数结果的证明方法不仅限于容斥原理，有兴趣的读者可参考 Richard A. Brualdi 的教材《组合数学》（见参考文献[10]），教材中应用莫比乌斯反演对此类问题进行了阐述。

3.2.4 夫妻围坐圆桌计数问题

法国数学家卢卡斯（Lucas, 1842 — 1891）曾提出如下的"夫妻围坐问题"：今需安排 n 对夫妻围圆桌（$2n$ 个座位已编号）而坐，男女相间，夫妻不相邻，问有多少种不同的安排座位方法？

这类围坐问题，如果将条件减弱，是比较容易解决的。比如，若仅要求男女相间，则可以先排男，再排女，因为编号的奇偶性，共有 $2n!n!$ 种排座方法；若仅要求夫妻不相邻，则可将每对夫妻相邻作为一个整体进行排列，利用容斥原理容易求解（见练习 3.2 第 9 题）。

下面,我们应用容斥原理来考虑这个较为复杂的"男女相间,夫妻不相邻"围坐问题。设所求方法数为 M_n,通常称之为夫妻数。

首先,以 S 表示 n 对夫妻男女相间地围圆桌而坐的全部不同坐法所成之集,则 $|S|=2 \cdot (n!)^2$。设 $s \in S$,若在坐法 s 中,第 $i(1 \leqslant i \leqslant n)$ 对夫妻相邻而坐,则称 s 具有性质 a_i。对任意 $k(1 \leqslant k \leqslant n)$ 个正整数 $i_1, i_2, \cdots, i_k (1 \leqslant i_1 < i_2 < \cdots < i_k \leqslant n)$,以 $N(a_{i_1} a_{i_2} \cdots a_{i_k})$ 表示 S 中同时具有性质 $a_{i_1}, a_{i_2}, \cdots, a_{i_k}$ 的元素个数。下面求 $N(a_{i_1} a_{i_2} \cdots a_{i_k})$。

先设 $k < n$,可依如下 4 个步骤去得到具有性质 $a_{i_1}, a_{i_2}, \cdots, a_{i_k}$ 的坐法。

步骤 1:设不在集合 $\{i_1, i_2, \cdots, i_k\}$ 中的最小正整数为 j,安排第 j 对夫妻的丈夫 A_j 入座(这样男女座位编号的奇偶性就确定了),有 $2n$ 种方法。

步骤 2:安排第 $i_1, i_2, \cdots, i_k$ 对夫妻入座,使得每对夫妻相邻而坐。因为男女座位编号的奇偶性已确定,所以每对夫妻可以看成一个人,他们坐的两个座位可以看成一个座位,故完成步骤 2 的方法数等于从 $2n-1-k$ 个座位中选取 k 个座位,再把 k 个人安排在这 k 个座位上的方法数,为 $\binom{2n-1-k}{k} \cdot k!$。

步骤 3:安排余下的 $n-1-k$ 个男人入座,有 $(n-1-k)!$ 种方法。

步骤 4:安排余下的 $n-k$ 个女人入座,有 $(n-k)!$ 种方法。

由乘法原理,有

$$N(a_{i_1} a_{i_2} \cdots a_{i_k}) = 2n \cdot \binom{2n-k-1}{k} \cdot k! \cdot (n-k-1)! \cdot (n-k)!$$

$$= \frac{4n \cdot (2n-k)! \cdot [(n-k)!]^2}{(2n-k) \cdot (2n-2k)!}。$$

当 $k=n$ 时,n 对夫妻全部相邻,有 $n!$ 个全排列。在每个排列中,第 1 对夫妻,若男人坐 1 号座位,则女人坐其左或右;若女人坐 1 号座位,则男人坐其左或右,故 $N(a_1 a_2 \cdots a_n) = 4 \cdot n!$,即当 $k=n$ 时上式仍成立。

于是由容斥原理,S 中不具有性质 $a_1, a_2, \cdots, a_n$ 中任一个性质的元素个数,即所求的夫妻数为

$$M_n = |S| + \sum_{k=1}^{n} (-1)^k \sum_{1 \leqslant i_1 < i_2 < \cdots < i_k \leqslant n} N(a_{i_1} a_{i_2} \cdots a_{i_k})$$

$$= 2 \cdot (n!)^2 + \sum_{k=1}^{n} (-1)^k \binom{n}{k} \cdot \frac{4n \cdot (2n-k)! [(n-k)!]^2}{(2n-k) \cdot (2n-2k)!}$$

$$= 2 \cdot (n!)^2 + \sum_{k=1}^{n} (-1)^k 4n \cdot n! \cdot \frac{(2n-k)!}{k! \cdot (2n-2k)!} \cdot \frac{(n-k)!}{2n-k}$$

$$= \sum_{k=0}^{n} (-1)^k 4n \cdot n! \cdot \binom{2n-k}{k} \cdot \frac{(n-k)!}{2n-k}$$

$$= 4n \cdot n! \sum_{k=0}^{n} (-1)^k \binom{2n-k}{k} \cdot \frac{(n-k)!}{2n-k}。$$

故得到以下定理：

定理 3.9 设 n 对夫妻围圆桌（$2n$ 个座位已编号）而坐，男女相间，夫妻不相邻，则坐法数目为

$$M_n = 4n \cdot n! \sum_{k=0}^{n} (-1)^k \binom{2n-k}{k} \cdot \frac{(n-k)!}{2n-k}。$$

练 习 3.2

1. 证明：无连续数对排列数列 $\{Q_n\}$ 与错位排列数列 $\{D_n\}$ 之间存在关系式：
$$Q_n = D_n + D_{n-1} (n \geqslant 2)。$$

2. (1) 数 $1, 2, 3, \cdots, n$ 的全排列，每个数 i 都不在第 i 位的排列数是多少？

(2) 至少有一个数在其自然位置上的排列数是多少？

(3) 正好有一个数在自然位置上的排列数是多少？至少两个数在其自然位置上的排列数又是多少？

3. 一书柜有 m 格，每格放一类书，共放 m 类书，且每格有 n 列放该类 n 册书。现将图书全部取出清理，清理过程要求不打乱所属的类。问：

(1) m 类书全部不在各自原来的格上，方案数有多少？

(2) 每格的书全不在原来的位置上的方案数有多少？

(3) m 类书都不在原来的格子上，每格的 n 册数也都不在原来的位置上的方案数有多少？

4. 有 7 位男士参加宴会，进场时将帽子随手放在帽架上方，散会时又随手取下 1 顶帽子，问全部出错的概率是多少？至少有一位没拿错的概率是多少？至少两位拿对自己帽子的概率是多少？

5. 求 $1, 2, \cdots, 8$ 的全排列中恰好有 4 个在其自然位置的排列数。

6. 用容斥原理求以下方程的整数解的个数：$x_1 + x_2 + x_3 + x_4 = 14, 1 \leqslant x_i \leqslant 8, i = 1, 2, 3, 4$。

7. 求不超过 100 的素数的个数 $\pi(100)$。

8. 求小于 90 且与 90 互素的正整数的个数 $\varphi(90)$。

9. n 对夫妻围一圆桌而坐，要求夫妻不相邻，求两种条件下的围坐方案数：(1) $2n$ 个座位已编号；(2) $2n$ 个座位未编号（座位无差别）。

第 4 章 生成函数

本章介绍求解计数问题的一种重要的方法——生成函数方法。这个方法源于法国数学家棣莫弗(De Moivre,1667—1754)在1720年前后的工作,1748年欧拉在研究关于整数的分拆问题时发展了这个方法,法国数学家拉普拉斯(Laplace,1749—1827)于18世纪末期及19世纪初期对其进行了广泛的论述,其研究主要与概率论相关。在组合数学计数问题的研究中,生成函数是最强有力的计数工具之一,有着广泛的应用,可以说,生成函数在离散数学中是最令人惊讶的、有效的、巧妙的发明。

本章主要介绍**多项式型生成函数**(通常被称为**常生成函数**)和**指数型生成函数**,利用它们可分别解决某些组合型计数问题和排列型计数问题。

4.1 形式幂级数与序列的生成函数

4.1.1 引入

引例 4.1 求方程 $y_1+y_2+y_3+y_4=7$ 满足 $-1 \leqslant y_1 \leqslant 3, -2 \leqslant y_2 \leqslant 0, 0 \leqslant y_3 \leqslant 3, 1 \leqslant y_4 \leqslant 3$ 的整数解的个数是多少?

在第 3 章例 3.9 中,我们已经通过引入新变量,将该方程的计数问题转化为方程

$$x_1+x_2+x_3+x_4=9$$

满足条件

$$0 \leqslant x_1 \leqslant 4, 0 \leqslant x_2 \leqslant 2, 0 \leqslant x_3 \leqslant 3, 0 \leqslant x_4 \leqslant 2$$

的整数解的计数问题,并利用容斥原理得到答案。这里我们用一种新的方法来考虑它。

对于方程的任一个解,如 $x_1=4, x_2=1, x_3=2, x_4=2$,如果我们将 x_i 的取值放在 x_i 的指数位置,将它简记为 $x_1^4 x_2^1 x_3^2 x_4^2$,则所有指数之和恰为方程等号右边的 9。

对于方程的所有整数解,我们根据这个方法分步骤取值。首先,根据 x_1 的取值范围 $0 \leqslant x_1 \leqslant 4$,可知 x_1 的指数有 $x_1^0, x_1^1, x_1^2, x_1^3, x_1^4$ 五种可能的形式,从中任取一个值(或一种形式);再取 x_2 的值,即从 x_2^0, x_2^1, x_2^2 这三种形式中取一种;依此类推。整个过程,根据乘法原理,可以表示为

$$(x_1^0+x_1^1+x_1^2+x_1^3+x_1^4)(x_2^0+x_2^1+x_2^2)(x_3^0+x_3^1+x_3^2+x_3^3)(x_4^0+x_4^1+x_4^2)。$$

如果将这个代数式展开,则可以得到各次项的所有取值可能,其中 $x_1^4 x_2^1 x_3^2 x_4^2$、$x_1^3 x_2^2 x_3^3 x_4^1$ 和 $x_1^2 x_2^1 x_3^3 x_4^2$ 等都是 9 次项,对应的都是 $x_1+x_2+x_3+x_4=9$ 的整数解,称它们为同次项。因为此处考虑的只是解的个数,即只需知道同次项的个数即可,并不需要列出

同次项中各项的具体形式,所以我们可以将 x_1, x_2, x_3, x_4 全部用 x 表示,则得到代数表示式

$$(x^0 + x^1 + x^2 + x^3 + x^4)(x^0 + x^1 + x^2)(x^0 + x^1 + x^2 + x^3)(x^0 + x^1 + x^2),$$

并展开如下:

$$x^0 + 4x^1 + 10x^2 + 18x^3 + 26x^4 + 31x^5 + 15x^6 + 26x^7 + 18x^8 + 10x^9 + 4x^{10} + x^{11}。$$

显然,上述展开式中 x^9 的系数 10 就是方程 $x_1 + x_2 + x_3 + x_4 = 9$ 满足条件 $0 \leqslant x_1 \leqslant 4$,$0 \leqslant x_2 \leqslant 2, 0 \leqslant x_3 \leqslant 3, 0 \leqslant x_4 \leqslant 2$ 的整数解的个数。

进一步,从上述展开式中还可以一目了然地看出方程 $x_1 + x_2 + x_3 + x_4 = n$ 对于 n 的所有取值,如 $n = 0, 1, 2, 3, \cdots, 11$ 时整数解的个数,分别为 x^n 前面的系数 $1, 4, 10, 18, 26, 31, 15, 26, 18, 10, 4, 1$。上述展开式可看作变量 x 的函数表达式,这里我们称之为序列 $\{1, 4, 10, 18, 26, 31, 15, 26, 18, 10, 4, 1\}$ 的**生成函数**,此计数方法称为**生成函数法**。

从上例我们可以看到利用函数运算的结果,很容易得到关于计数序列的全部结果。大体来说,生成函数法将序列问题变为函数问题。这个想法的好处在于,因为我们有非常全面的关于函数的数学结论和技巧,由于有生成函数,我们可以将它们用于计数序列,这样,我们就可以用生成函数来解决各种较复杂的计数问题。

这里所说的函数运算,涉及微积分的一个重要内容——幂级数的概念。

4.1.2 形式幂级数及其性质

定义 4.1 对于实数域 $\mathbf{R}$ 上的数列 $\{a_0, a_1, a_2, \cdots\}$,$x$ 是 $\mathbf{R}$ 上的未定元,称表达式

$$A(x) = \sum_{n=0}^{\infty} a_n x^n = a_0 + a_1 x + a_2 x^2 + \cdots \tag{4.1}$$

为 $\mathbf{R}$ 上的**幂级数**。

由于只有收敛的幂级数才有解析意义,并可以作为函数进行各种运算,这样就有了级数收敛性的问题。为了避开对收敛性的讨论,根据生成函数的特点,我们引入**形式幂级数**的概念。我们称幂级数 (4.1) 是**形式幂级数**,其中 x 是未定元,看作是抽象符号,一般情况下并不需要对 x 赋予具体数值,因而就不需要考虑它的收敛性。

对于形式幂级数,我们可以对其进行数乘、加法、乘法、除法、微分和积分等运算,下面给出它的定义及性质。

设 $A(x) = \sum_{n=0}^{\infty} a_n x^n$ 与 $B(x) = \sum_{n=0}^{\infty} b_n x^n$ 是 $\mathbf{R}$ 上的两个形式幂级数。

定义 4.2 若对任意 $n \geqslant 0$,有 $a_n = b_n$,则称 $A(x)$ 与 $B(x)$ **相等**,记作 $A(x) = B(x)$。

定义 4.3 将 $A(x)$ 与 $B(x)$ 相加定义为

$$A(x) + B(x) = \sum_{n=0}^{\infty} (a_n + b_n) x^n,$$

并称 $A(x) + B(x)$ 为 $A(x)$ 与 $B(x)$ 的和,把运算"$+$"叫作**加法**。

定义 4.4 将 $A(x)$ 与 $B(x)$ 相乘定义为

$$A(x) \cdot B(x) = \sum_{n=0}^{\infty}(a_n b_0 + a_{n-1}b_1 + \cdots + a_0 b_n)x^n,$$

并称 $A(x) \cdot B(x)$ 为 $A(x)$ 与 $B(x)$ 的积(或卷积),把运算"·"叫作**乘法**。

定理 4.1 所有实系数多项式的集合 $\mathbf{R}(x)$ 在上述加法和乘法运算下构成一个整环。

定理 4.2 对 $\mathbf{R}(x)$ 中的任意一个元素 $A(x) = \sum_{n=0}^{\infty} a_n x^n$,$A(x)$ 有乘法逆元当且仅当 $a_0 \neq 0$。

定义 4.5 对于任意 $A(x) = \sum_{n=0}^{\infty} a_n x^n \in \mathbf{R}[x]$,规定

$$DA(x) = \sum_{n=1}^{\infty} n a_n x^{n-1},$$

称 $DA(x)$ 为 $A(x)$ 的**形式导数**。

$A(x)$ 的 n 次形式导数可以递归地定义为

$$\begin{cases} D^0 A(x) = A(x), \\ D^n A(x) = D[D^{n-1}A(x)] \quad (n \geqslant 1). \end{cases}$$

形式导数满足如下规则:
(1) $D[\alpha A(x) + \beta B(x)] = \alpha DA(x) + \beta DB(x)$;
(2) $D[A(x) \cdot B(x)] = A(x)DB(x) + B(x)DA(x)$;
(3) $D[A^n(x)] = nA^{n-1}(x)DA(x)$。

由此可知,形式导数满足微积分中求导运算的规则,形式导数就相当于微积分学中的求导运算。为了书写方便,以后用 $A'(x), A''(x) \cdots$ 分别代表 $DA(x), D^2 A(x), \cdots$

我们在微积分学中对幂级数还定义了积分运算等,需要时同样可以运用,此处不详述。

4.1.3 形式幂级数的闭式和解码

首先介绍本章中用到的主要幂级数展开式:

$$(1+ax)^m = \sum_{n=0}^{\infty} \binom{m}{n} a^n x^n = 1 + \sum_{n=1}^{\infty} \frac{m(m-1)\cdots(m-n+1)}{n!} a^n x^n, \tag{4.2}$$

$$e^{rx} = \sum_{n=0}^{\infty} \frac{r^n x^n}{n!} = 1 + \frac{rx}{1!} + \frac{r^2 x^2}{2!} + \frac{r^3 x^3}{3!} + \cdots + \frac{r^n x^n}{n!} + \cdots。\tag{4.3}$$

特别地,若将参数 a, m, r 分别取特殊值,可分别得到不同的展开式。

例如,当 $m = -k$ 时,

$$\frac{1}{(1+ax)^k} = 1 + \sum_{n=1}^{\infty} \frac{(-k)(-k-1)\cdots(-k-n+1)}{n!}(ax)^n$$

$$= 1 + \sum_{n=1}^{\infty} (-1)^n \frac{(k+n-1)!}{n!(k-1)!}(ax)^n$$

$$= \sum_{n=0}^{\infty} (-1)^n \binom{k+n-1}{n} (ax)^n$$

$$= 1 + \binom{k}{1}(-ax) + \binom{k+1}{2}(-ax)^2 + \binom{k+2}{3}(-ax)^3 + \cdots,$$

或

$$\frac{1}{(1+ax)^k} = \sum_{n=0}^{\infty} (-1)^n \binom{n+k-1}{k-1} (ax)^n$$

$$= 1 + \binom{k}{k-1}(-ax) + \binom{k+1}{k-1}(-ax)^2 + \binom{k+2}{k-1}(-ax)^3 + \cdots 。$$

上式中，当 $a=-1$ 时，

$$\frac{1}{(1-x)^k} = \sum_{n=0}^{\infty} \binom{n+k-1}{k-1} x^n = 1 + \binom{k}{k-1} x + \binom{k+1}{k-1} x^2 + \binom{k+2}{k-1} x^3 + \cdots 。 \quad (4.4)$$

类似可以得到以下常用展开式：

$$\frac{1}{1-x} = \sum_{n=0}^{\infty} x^n = 1 + x + x^2 + x^3 + \cdots, \quad (4.5)$$

$$\frac{1}{1-ax} = \sum_{n=0}^{\infty} a^n x^n = 1 + ax + a^2 x^2 + a^3 x^3 + \cdots, \quad (4.6)$$

$$\mathrm{e}^x = \sum_{n=0}^{\infty} \frac{x^n}{n!} = 1 + \frac{x}{1!} + \frac{x^2}{2!} + \frac{x^3}{3!} + \cdots + \frac{x^n}{n!} + \cdots, \quad (4.7)$$

$$\mathrm{e}^{-x} = \sum_{n=0}^{\infty} \frac{(-1)^n x^n}{n!} = 1 - \frac{x}{1!} + \frac{x^2}{2!} - \frac{x^3}{3!} + \cdots + \frac{(-1)^n x^n}{n!} + \cdots 。 \quad (4.8)$$

通常将上面等式中第一个等号左边的式子称为幂级数的**闭式**(编码形式)，等号右边的式子称为**展开式**，这个展开过程称为**解码**。

例如，利用加法和乘法运算可分别解码得到 $\frac{1}{1-x} + \mathrm{e}^x$ 和 $\frac{1}{1-x} \cdot \mathrm{e}^x$ 的展开式如下：

$$\frac{1}{1-x} + \mathrm{e}^x = (1 + x + x^2 + x^3 + \cdots) + \left(1 + x + \frac{1}{2!}x^2 + \frac{1}{3!}x^3 + \cdots\right)$$

$$= (1+1) + (1+1)x + \left(1 + \frac{1}{2!}\right)x^2 + \left(1 + \frac{1}{3!}\right)x^3 + \cdots$$

$$= \sum_{n=0}^{\infty} \left(1 + \frac{1}{n!}\right) x^n,$$

及

$$\frac{1}{1-x} \cdot \mathrm{e}^x = (1 + x + x^2 + x^3 + \cdots)\left(1 + x + \frac{1}{2!}x^2 + \frac{1}{3!}x^3 + \cdots\right)$$

$$= 1\left(1 + x + \frac{1}{2!}x^2 + \frac{1}{3!}x^3 + \cdots\right) + x\left(1 + x + \frac{1}{2!}x^2 + \frac{1}{3!}x^3 + \cdots\right)$$

$$+ x^2\left(1 + x + \frac{1}{2!}x^2 + \frac{1}{3!}x^3 + \cdots\right) + \cdots$$

$$= 1 + 2x + \frac{5}{2}x^2 + \frac{5}{3}x^3 + \cdots。$$

反之，如果需要 $1 + 2x + 3x^2 + \cdots + nx^{n-1} + \cdots$ 的闭式，用求导运算及前面的式(4.5)可得到：

$$1 + 2x + 3x^2 + 4x^3 + \cdots = \sum_{n=0}^{\infty} nx^{n-1} = \sum_{n=0}^{\infty}(x^n)' = \left(\sum_{n=0}^{\infty}x^n\right)'$$
$$= \left(\frac{1}{1-x}\right)' = \frac{1}{(1-x)^2}。$$

例 4.1 【水果包】现有苹果、香蕉、橘子和梨四种水果需要装 n 个在一个水果包中。如果要求苹果的数目必须是偶数，香蕉的数目必须是 5 的倍数，至多有 4 个橘子，至多有 1 个梨，问有多少种不同的方法？

解 首先，列出每种水果的可取序列对应的生成函数。

苹果的生成函数：$A(x) = 1 + x^2 + x^4 + x^6 + \cdots$，

香蕉的生成函数：$B(x) = 1 + x^5 + x^{10} + x^{15} + \cdots$，

橘子的生成函数：$O(x) = 1 + x + x^2 + x^3 + x^4$，

梨子的生成函数：$P(x) = 1 + x$。

则对四种水果进行分步骤选择的生成函数是：

$G(x) = A(x)B(x)O(x)P(x)$
$= (1 + x^2 + x^4 + \cdots)(1 + x^5 + x^{10} + \cdots)(1 + x + x^2 + x^3 + x^4)(1+x)$。

显然从上式中尚无法看到所需计数问题的解，我们还需要将该生成函数进行适当运算，先编码得到 $G(x)$ 的闭式函数，再解码得到幂级数形式的展开式，展开式中 x^n 的系数即为所求。

$$G(x) = \frac{1}{1-x^2} \cdot \frac{1}{1-x^5} \cdot \frac{1-x^5}{1-x} \cdot (1+x)$$
$$= \frac{1}{(1-x)^2} = \sum_{n=0}^{\infty} \binom{n+2-1}{2-1} x^n = \sum_{n=0}^{\infty} (n+1)x^n。$$

从生成函数 $G(x)$ 的展开式可知所求方法数序列为 $\{1, 2, 3, 4, \cdots, n+1, \cdots\}$，其中 x^n 的系数是 $n+1$，故形成一个有 n 个水果的包的方式有 $n+1$ 种。

例 4.2 【计算机系统评估】以不同的标准对可选择的计算机系统评估，每一个标准有整数 1 到 6 的评估分，问有多少种方法可以使三个标准的总分数之和等于 12？

解 若把每一标准上的分数看成是要选择的点数 1，2，3，4，5 或 6，则要考虑的生成函数是

$$A(x) = (x + x^2 + \cdots + x^6)^3，$$

即

$$A(x) = [x(1 + x + x^2 + \cdots + x^5)]^3 = x^3 \left[\frac{1-x^6}{1-x}\right]^3 = x^3(1-x^6)^3(1-x)^{-3}。$$

为了得到生成函数 $A(x)$ 的展开式,设 $A(x)=B(x)C(x)$,其中 $B(x)=x^3(1-x^6)^3$, $C(x)=(1-x)^{-3}$。

利用二项式定理将 $B(x)$ 展开,得到 $B(x)=x^3(1-3x^6+3x^{12}-x^{18})=x^3-3x^9+3x^{15}-x^{21}$,即 $B(x)$ 是下面序列的生成函数:

$$\{b_n\}=\{0,0,0,1,0,0,0,0,0,-3,0,0,0,0,0,3,0,0,0,0,0,-1,0,0,\cdots\}。$$

利用式 (4.4) 知 $C(x)=\dfrac{1}{(1-x)^3}=\sum_{n=0}^{\infty}\binom{n+3-1}{3-1}x^n=\sum_{n=0}^{\infty}\binom{n+2}{2}x^n$ 是序列 $\{c_n\}$ 的生成函数,其中 $c_n=\binom{n+2}{2}$。

因为 $A(x)$ 是序列 $\{b_n\}$ 和 $\{c_n\}$ 的生成函数的卷积,故展开式中 x^{12} 的系数 a_{12} 为

$$a_{12}=b_0c_{12}+b_1c_{11}+b_2c_{10}+\cdots+b_{12}c_0=b_3c_9+b_9c_3=1\cdot\binom{9+2}{2}-3\cdot\binom{3+2}{3}=25,$$

即共有 25 种方法使三个分数之和为 12。

练 习 4.1

1. 用生成函数法确定多重集 $T=\{3\cdot a,2\cdot b,3\cdot c\}$ 的 4- 组合的个数。
2. 假设随机投掷一对标准骰子,问投掷出不同点数和的概率分别是多少?
3. 设 $G(x)=1+3x+6x^2+10x^3+\cdots+\binom{n+2}{2}x^n+\cdots$,证明:

(1) $(1-x)G(x)=1+2x+3x^2+4x^2+\cdots+(n+1)x^n+\cdots$;

(2) $(1-x)^2G(x)=1+x+x^2+x^3+\cdots+x^n+\cdots$;

(3) 因为 $(1-x)^3G(x)=1$,所以有 $G(x)=\dfrac{1}{(1-x)^3}$。

4. 设 $H=1+4x+10x^2+20x^3+\cdots+\binom{n+3}{3}x^n+\cdots$,证明:

(1) $(1-x)H=G=\sum_{n=0}^{\infty}\binom{n+2}{2}x^n$; (2) 求 H 的表达式。

4.2 常生成函数及其应用

本节介绍序列的常生成函数(即多项式型生成函数),利用它可解决某些组合型计数问题。

定义 4.6 形式幂级数 $A(x)=\sum_{n=0}^{\infty}a_nx^n=a_0+a_1x+a_2x^2+\cdots$ 称为序列 $\{a_0,a_1,a_2,\cdots,a_n,\cdots\}$ 的**常生成函数**或普通型生成函数,亦可简称为**生成函数**。

一个序列和它的生成函数一一对应。给了序列便得知它的生成函数,反之,求得生成函数,序列也随之而定,关键之处在于要在组合计数问题中搭起从序列到生成函数、从生成函数到序列这两座桥。

4.2.1 序列与常生成函数

首先我们看几个常见序列与它们的常生成函数的对应关系。

例 4.3 序列 ↔ 常生成函数(展开式和闭式)

$$\{1,1,1,1,\cdots\} \quad\leftrightarrow\quad 1+x+x^2+x^3+\cdots \quad=\frac{1}{1-x},$$

$$\{1,-1,1,-1,\cdots\} \quad\leftrightarrow\quad 1-x+x^2-x^3+\cdots \quad=\frac{1}{1+x},$$

$$\{1,a,a^2,a^3,\cdots\} \quad\leftrightarrow\quad 1+ax+a^2x^2+a^3x^3+\cdots \quad=\frac{1}{1-ax},$$

$$\{1,0,1,0,1,0,\cdots\} \quad\leftrightarrow\quad 1+x^2+x^4+x^6+\cdots \quad=\frac{1}{1-x^2}。$$

例 4.4 如果 $\{a_n\}=\{1,1,1,0,1,1,\cdots\}$,则常生成函数由下式给出:

$$G(x)=1+x+x^2+x^4+x^5+\cdots=(1+x+x^2+x^3+x^4+x^5+\cdots)-x^3$$
$$=\frac{1}{1-x}-x^3。$$

例 4.5 求数列 $\{n^2\}_{n\geq 0}$ 的常生成函数。

解 设 $\{n^2\}_{n\geq 0}$ 的常生成函数为 $A(x)=\sum_{n=0}^{\infty}n^2 x^n$,因为

$$n^2=(n^2+3n+2)-3(n+1)+1=2\begin{bmatrix}n+2\\2\end{bmatrix}-3\begin{bmatrix}n+1\\1\end{bmatrix}+1,$$

故

$$A(x)=2\sum_{n=0}^{\infty}\begin{bmatrix}n+2\\2\end{bmatrix}x^n-3\sum_{n=0}^{\infty}\begin{bmatrix}n+1\\1\end{bmatrix}x^n+\sum_{n=0}^{\infty}x^n$$
$$=2(1-x)^{-3}-3(1-x)^{-2}+(1-x)^{-1}$$
$$=\frac{2-3(1-x)+(1-x)^2}{(1-x)^3}=\frac{x^2+x}{(1-x)^3}。$$

例 4.6 试确定 m 元集的无限制可重组合的计数序列的常生成函数。

解 由于每个元可取次数无限制,则其生成函数为 $1+x+x^2+x^3+\cdots=\frac{1}{1-x}$,所以 m 个元的无限制可重组合的计数序列所对应的生成函数为 $\frac{1}{(1-x)^m}=\sum_{n=0}^{\infty}\begin{bmatrix}n+m-1\\m-1\end{bmatrix}x^n$。

例 4.7 设有足够多的一分、两分、五分、一角硬币,试确定用这些硬币凑成 n 分钱的方法数 g_n 的常生成函数 $g(x)$。

解 显然，数列$\{g_n\}$是不定方程$x_1+2x_2+5x_3+10x_4=n$的非负整数解的个数。通过令$y_1=x_1,y_2=2x_2,y_3=5x_3,y_4=10x_4$引入变量变换，于是$g_n$也是不定方程$y_1+y_2+y_3+y_4=n$的非负整数解的个数，其中$y_1$可取任何非负整数，$y_2$是偶数，$y_3$是5的倍数，$y_4$是10的倍数，则序列$\{g_n\}$的常生成函数为

$$g(x)=(1+x+x^2+\cdots)(1+x^2+x^4+\cdots)(1+x^5+x^{10}+\cdots)(1+x^{10}+x^{20}+\cdots)$$
$$=\frac{1}{1-x}\frac{1}{1-x^2}\frac{1}{1-x^5}\frac{1}{1-x^{10}}。$$

4.2.2 常生成函数的应用

1. 有限制可重组合的计数

将$\{3\cdot a,4\cdot b,5\cdot c\}$的$k$-可重组合数记为$b_k$，则$\{b_k\}$的常生成函数是

$$(1+x+x^2+x^3)(1+x+x^2+x^3+x^4)(1+x+x^2+x^3+x^4+x^5),$$

其原因是展开式中的x^k必定为

$$x^{m_1}x^{m_2}x^{m_3}=x^k(m_1+m_2+m_3=k)。$$

由于x^{m_1},x^{m_2},x^{m_3}分别取自第一、第二、第三个括号，故$0\leqslant m_1\leqslant 3,0\leqslant m_2\leqslant 4,0\leqslant m_3\leqslant 5$。于是每个$x^k$对应集合$\{3\cdot a,4\cdot b,5\cdot c\}$的一个$k$-组合。

将生成函数用闭式表示，然后解码得到展开式如下：

$$(1+x+x^2+x^3)(1+x+x^2+x^3+x^4)(1+x+x^2+x^3+x^4+x^5)$$
$$=(1-x^4)(1-x^5)(1-x^6)\frac{1}{(1-x)^3}$$
$$=(1-x^4-x^5-x^6+x^9+x^{10}+x^{11}-x^{15})\cdot\sum_{n=0}^{\infty}\binom{n+2}{2}x^n。$$

特别地，如果令$k=10$，则x^{10}的系数b_{10}为

$$b_{10}=\binom{10+2}{2}-\binom{6+2}{2}-\binom{5+2}{2}-\binom{4+2}{2}+\binom{1+2}{2}+\binom{0+2}{2}=6。$$

显然，用生成函数求出的结果与第3章中例3.8用容斥原理得到的结果相同。根据此例的原理，不难得到以下结论。

定理4.3 多重集$M=\{\infty\cdot a_1,\infty\cdot a_2,\cdots,\infty\cdot a_n\}$的$k$-可重组合中，如果限制$a_i$出现次数的可取集合为$M_i(i=1,2,\cdots,n)$，则其可重组合方案数的常生成函数为

$$\prod_{i=1}^{n}\left(\sum_{m\in M_i}x^m\right),$$

展开式中x^k的系数即为多重集M的k-可重组合的个数。

2. 组合型分配问题

例4.8 把$n(n\geqslant 3)$颗糖果分给甲、乙、丙3人，使得每人至少分得一颗，且甲、乙两人所得的糖果数不相同，求有多少种方法？

解 设n颗糖果分给甲、乙、丙3人，使得每人至少分得1颗糖果的不同方法共有N_1

种，其中使得甲、乙两人所得糖果数相同的方法有 N_2 种，则所求为 $N_1 - N_2$。

N_1 即为不定方程 $x_1 + x_2 + x_3 = n$ 的正整数解的个数，故

$$N_1 = \binom{n-1}{2} = \frac{(n-1)(n-2)}{2}。$$

N_2 等于不定方程 $x_1 + x_2 + x_3 = n$ 满足条件 $x_1 = x_2$ 的正整数解的个数，即 $2x_1 + x_3 = n$，从而 N_2 是生成函数

$$A(t) = (t^2 + t^4 + t^6 + \cdots)(t^1 + t^2 + t^3 + \cdots)$$

展开式中 t^n 的系数。因为

$$A(t) = \frac{t^2}{(1-t^2)} \cdot \frac{t}{(1-t)} = \frac{t^3(1+t)}{(1-t^2)^2} = (t^3 + t^4) \sum_{k=0}^{\infty} (k+1) t^{2k},$$

当 n 为奇数时，取 $k = \frac{n-3}{2}$，得 $N_2 = k+1 = \frac{n-1}{2}$；

当 n 为偶数时，取 $k = \frac{n-4}{2}$，得 $N_2 = k+1 = \frac{n-2}{2}$。

综合知 $N_2 = \left[\frac{n-1}{2}\right]$，故 $N_1 - N_2 = \frac{n^2 - 3n + 2}{2} - \left[\frac{n-1}{2}\right]$。

类似例 4.8 的方法，不难得到如下结论：

定理 4.4 把 k 个相同的球放入 n 个不同的盒子 $a_1, a_2, \cdots, a_n$ 中，限定盒子 a_i 的容量集合为 $M_i\ (i = 1, 2, \cdots, n)$，则其分配方案数的常生成函数为

$$\prod_{i=1}^{n} \left(\sum_{m \in M_i} x^m \right),$$

展开式中 x^k 的系数即为 k 个相同的球放入 n 个不同的盒子的方案数。

3. 确定不定方程的整数解的个数

例 4.9 求不定方程 $x_1 + x_2 + x_3 = 14$ 满足条件 $x_1 \leqslant 8, x_2 \leqslant 8, x_3 \leqslant 8$ 的非负整数解的个数。

解 设所求为 N，则 N 是生成函数 $A(x) = (1 + x + x^2 + \cdots + x^8)^3$ 展开式中 x^{14} 的系数，而

$$A(x) = \left(\frac{1-x^9}{1-x}\right)^3 = \frac{(1-x^9)^3}{(1-x)^3} = (1 - 3x^9 + 3x^{18} - x^{27}) \sum_{n=0}^{\infty} \binom{n+2}{2} x^n,$$

所以

$$N = \binom{14+2}{2} - 3\binom{5+2}{2} = \binom{16}{2} - 3\binom{7}{2} = 57。$$

例 4.10 求不定方程 $x_1 + 2x_2 + 4x_3 = 21$ 的正整数解的个数。

解 设所求为 N，注意到 x_1 应为奇数，故 N 是

$$A(x) = (x + x^3 + x^5 + \cdots)(x^2 + x^4 + x^6 + \cdots)(x^4 + x^8 + x^{12} + \cdots)$$

展开式中 x^{21} 的系数，而

$$A(x) = \frac{x}{1-x^2} \cdot \frac{x^2}{1-x^2} \cdot \frac{x^4}{1-x^4} = \frac{x^7(1+x^2)^2}{(1-x^4)^3} = (x^7 + 2x^9 + x^{11}) \sum_{n=0}^{\infty} \binom{n+2}{2} x^{4n}。$$

因 $7+4n=21$ 无整数解,$9+4n=21$ 的解为 $n=3$,$11+4n=21$ 无整数解,所以
$$N = 2 \cdot \binom{3+2}{2} = 20。$$

4. 几何计数问题

例 4.11 求由直线 $x+3y=12$,直线 $x=0$ 及直线 $y=0$ 所围成的三角形内(包括边界)的整点(横坐标和纵坐标均是整数的点)的个数。

解 设所求为 N,则 N 是满足条件 $x+3y \leqslant 12$ 的非负整数解的个数。令 $z=12-x-3y$,如果 $x+3y \leqslant 12$,则 $z \geqslant 0$ 且 $x+3y+z=12$,所以 N 是方程 $x+3y+z=12$ 的非负整数解的个数,故 N 是生成函数
$$A(x) = (1+x+x^2+\cdots)^2(1+x^3+x^6+\cdots)$$
展开式中 x^{12} 的系数,而
$$A(x) = \frac{1}{(1-x)^2} \cdot \frac{1}{(1-x^3)} = \frac{(1+x+x^2)^2}{(1-x^3)^3} = (1+2x+3x^2+2x^3+x^4)\sum_{n=0}^{\infty}\binom{n+2}{2}x^{3n},$$
所以
$$N = \binom{4+2}{2} + 2\binom{3+2}{2} = 35。$$

例 4.12 求平面直角坐标系 Oxy 中,以 $A(5,0),B(0,5),C(-5,0),D(0,-5)$ 为顶点的正方形内(包括边界)的整点的个数。

解 设所求为 N,过点 $A(5,0)$ 和点 $B(0,5)$ 的直线方程为 $x+y=5$,由对称性知,点 (x,y) 是该正方形内的一个整点的充分必要条件是 $|x|+|y| \leqslant 5$ 且 x 和 y 均为整数,所以 N 是 $|x|+|y|+z=5$ 满足条件 $z \geqslant 0$ 的非负整数解的个数,即 N 是生成函数
$$A(x) = (1+2x+2x^2+2x^3+\cdots)^2(1+x+x^2+x^3+\cdots)$$
展开式中 x^5 的系数,而
$$A(x) = \left(\frac{2}{1-x}-1\right)^2 \cdot \frac{1}{1-x} = \frac{(1+x)^2}{(1-x)^3} = (1+2x+x^2)\sum_{n=0}^{\infty}\binom{n+2}{2}x^n,$$
所以
$$N = \binom{5+2}{2} + 2\binom{4+2}{2} + \binom{3+2}{2} = 21+30+10 = 61。$$

5. 证明组合恒等式

例 4.13 证明:$\sum_{k=0}^{n} C_{p+k}^{p} C_{q+n-k}^{q} = C_{p+q+n+1}^{p+q+1}$。

证明 已知 m 元集的无限制可重复组合计数序列的常生成函数为
$$(1+x+x^2+\cdots)^m = \frac{1}{(1-x)^m} = \sum_{k=0}^{\infty} C_{k+m-1}^{m-1} x^k。$$
由此,知
$$\frac{1}{(1-x)^{p+1}} = \sum_{k=0}^{\infty} C_{p+k}^{p} x^k, \quad \frac{1}{(1-x)^{q+1}} = \sum_{k=0}^{\infty} C_{q+k}^{q} x^k,$$
所以

$$\frac{1}{(1-x)^{p+1}} \cdot \frac{1}{(1-x)^{q+1}} = \left(\sum_{k=0}^{\infty} C_{p+k}^{p} x^k\right)\left(\sum_{k=0}^{\infty} C_{q+k}^{q} x^k\right) = \sum_{n=0}^{\infty} \left(\sum_{k=0}^{n} C_{p+k}^{p} C_{q+n-k}^{q}\right) x^n.$$

另一方面,

$$\frac{1}{(1-x)^{p+q+2}} = \sum_{n=0}^{\infty} C_{p+q+n+1}^{p+q+1} x^n,$$

比较上两式中 x^n 的系数即得证.

例 4.14 【2004 年第 3 届中国女子数学奥林匹克试题】一副三色纸牌,共 32 张,其中红、黄、蓝每种颜色各 10 张,编号分别是 $1,2,\cdots,10$,另外大、小王牌各一张,编号均为 0. 现从这副牌中任取若干张牌,按如下规则计算分值:每张编号为 k 的牌计为 2^k 分. 若它们的分值之和为 n(n 为给定的正整数) 且 $n \leqslant 2020$,就称这些牌为一个"好"牌组. 试求"好"牌组的个数.

解 对 $n \in \{1,2,\cdots,2020\}$,用 a_n 表示分值之和为 n 的牌组数目,则由题意知 a_n 等于生成函数

$$f(x) = (1+x^{2^0})^2 (1+x^{2^1})^3 (1+x^{2^2})^3 \cdots (1+x^{2^{10}})^3$$

的展开式中 x^n 的系数. 由于

$$f(x) = \frac{1}{1+x}\left[(1+x^{2^0})(1+x^{2^1})(1+x^{2^2})\cdots(1+x^{2^{10}})\right]^3$$

$$= \frac{1}{(1+x)(1-x)^3}(1-x^{2^{11}})^3,$$

而 $n \leqslant 2020 < 2^{11}$,所以 a_n 等于 $g(x) = \dfrac{1}{(1+x)(1-x)^3}$ 展开式中 x^n 的系数. 由于

$$g(x) = \frac{1}{(1-x^2)(1-x)^2} = \left(\sum_{i=0}^{\infty} x^{2i}\right)\left(\sum_{j=0}^{\infty} C_{j+1}^{1} x^j\right),$$

故当 $n = 2k$ 时,x^{2k} 的系数为

$$a_{2k} = \sum_{i=0}^{k} C_{2k-2i+1}^{1} = \sum_{i=0}^{k} [2(k-i)+1]$$
$$= (2k+1) + (2k-1) + (2k-3) + \cdots + 5 + 3 + 1$$
$$= (k+1)^2 = \frac{(2k+2)^2}{4} = \frac{(n+2)^2}{4};$$

当 $n = 2k-1$ 时,x^{2k-1} 的系数为

$$a_{2k-1} = \sum_{i=0}^{k-1} C_{(2k-1)-2i+1}^{1} = \sum_{i=0}^{k-1} 2(k-i)$$
$$= 2k + (2k-2) + (2k-4) + \cdots + 6 + 4 + 2$$
$$= k(k+1) = \frac{(2k+1)^2 - 1}{4}$$
$$= \left[\frac{(2k+1)^2}{4}\right] = \left[\frac{(n+2)^2}{4}\right].$$

从而,所求的"好"牌组个数为 $a_n = \left[\dfrac{(n+2)^2}{4}\right]$.

练 习 4.2

1. 对于下列序列，确定其常生成函数并简化：
(1) $\{1,0,0,1,1,1,\cdots\}$；   (2) $\{0,0,1,1,1,1,\cdots\}$；
(3) $\{1,0,1,0,1,0,\cdots\}$；   (4) $\{1,-1,1,-1,1,\cdots\}$；
(5) $\{0,-1,0,1,0,-1,\cdots\}$；   (6) $\{0,1,0,3,0,5,\cdots\}$。

2. 已知序列 $\left\{\binom{3}{3},\binom{4}{3},\cdots,\binom{n+3}{3},\cdots\right\}$，求其常生成函数。

3. 确定由下列常生成函数对应的序列：
(1) $(1+x)^4$； (2) $\dfrac{x^3}{1-x}$； (3) $\dfrac{1}{1-3x}$； (4) $\dfrac{1}{1+x^2}$； (5) $\dfrac{1}{(1+x)^2}$。

4. 已知常生成函数 $\dfrac{3+78x}{1-3x-54x^2}$，求其对应的序列 $\{a_n\}$。

5. 如果从 a,b,c,d 中可重复地选出 5 个字母，要求 b,c,d 至多只能选择一次，a 至少选取 4 次，问有多少种选择方法？

6. 确定不定方程 $x_1+x_2+x_3+x_4+x_5=10$ 的非负整数解的个数，其中 x_1 是奇数，$2\leqslant x_2\leqslant 5$，$x_3$ 是素数。

7. 有多少种方法可以把 20 个不可区分的球分配到 5 个可区分的盒子里，要求盒子里的球数依序分别不少于 3 个、2 个、4 个、6 个、0 个？

8. 求空间直角坐标系 $Oxyz$ 中，以 $A(8,0,0),B(0,8,0),C(0,0,8),D(-8,0,0)$，$E(0,-8,0),F(0,0,-8)$ 为顶点的正八面体内（包括表面）的整点的个数。

9. 用生成函数方法证明：$\sum\limits_{k=1}^{n}C_n^{k-1}C_n^k=\dfrac{(2n)!}{(n-1)!(n+1)!}$。（提示：比较 $x(1+x)^n\cdot(1+x)^n$ 与 $x(1+x)^{2n}$ 的展开式中 x^n 的系数）

4.3 指数型生成函数及其应用

本节介绍指数型生成函数，利用它可解决某些排列型计数问题。

定义 4.7　形式幂级数
$$E(x)=a_0+\frac{a_1}{1!}x+\frac{a_2}{2!}x^2+\frac{a_3}{3!}x^3+\cdots+\frac{a_k}{k!}x^k+\cdots$$
称为序列 $\{a_0,a_1,a_2,\cdots,a_n,\cdots\}$ 的**指数型生成函数**。

引例 4.2　【多重集的子排列】确定多重集 $T=\{3\cdot a,2\cdot b,3\cdot c\}$ 的 4-排列的个数。

根据第 2 章介绍的方法，我们可以先枚举出 T 的所有 4 元可重子集，再分别求它们的全排列个数，最后求和。显然该方法繁琐且对于较为复杂的计数问题而言不是一种好的办法。下面考虑能否用生成函数求解？

首先，我们考虑看到多重集 $T = \{3 \cdot a, 2 \cdot b, 3 \cdot c\}$ 的 n- 组合的计数序列的常生成函数：

$(1+x+x^2+x^3)(1+x+x^2)(1+x+x^2+x^3) = 1+3x+6x^2+9x^3+10x^4 +9x^5+6x^6+3x^7+x^8$。

从 x^4 的系数可知 4- 可重组合个数为 10。显然，从中不能看出 4- 可重排列的个数。为了看出具体排列，将各式区别开，这 10 个组合可从下面展开式中得到

$(1+x_1+x_1^2+x_1^3)(1+x_2+x_2^2)(1+x_3+x_3^2+x_3^3)$

$= 1 + (x_1+x_2+x_3) + (x_1^2+x_1x_2+x_2^2+x_1x_3+x_2x_3+x_3^2)$

$\quad + (x_1^3+x_1^2x_2+x_1^2x_3+x_1x_2^2+x_1x_2x_3+x_1x_3^2+x_2^2x_3+x_2x_3^2+x_3^3)$

$\quad + (x_1x_3^3+x_2x_3^3+x_1^2x_3^2+x_1x_2x_3^2+x_2^2x_3^2+x_1^3x_3+x_1^2x_2x_3+x_1x_2^2x_3+x_1^3x_2+x_1^2x_2^2)$

$\quad + \cdots,$

考虑展开式中所有 4 次项

$x_1x_3^3+x_2x_3^3+x_1^2x_3^2+x_1x_2x_3^2+x_2^2x_3^2+x_1^3x_3+x_1^2x_2x_3+x_1x_2^2x_3+x_1^3x_2+x_1^2x_2^2,$

其中 $x_1x_3^3$ 项表示 1 个 a_1, 3 个 a_3, 它的排列数为 $\frac{4!}{1!3!}$, $\cdots$, $x_1^2x_2^2$ 对应的排列数为 $\frac{4!}{2!2!}$, 故所有 4 个元素的排列数总和为

$4!\left(\frac{1}{1!3!}+\frac{1}{1!3!}+\frac{1}{2!2!}+\frac{1}{1!1!2!}+\frac{1}{2!2!}+\frac{1}{3!1!}+\frac{1}{2!1!1!}+\frac{1}{1!2!1!}+\frac{1}{3!1!}+\frac{1}{2!2!}\right)$

$= 4!\left(\frac{4}{3!}+\frac{3}{2!2!}+\frac{3}{2!}\right) = 16+18+36 = 70$。

为便于计算，针对上式特点（每项分母中的数字分别对应 4 次项各未知元的次数，与未知元的符号无关），形式地引入指数型生成函数

$$E(x) = \left(1+\frac{x}{1!}+\frac{x^2}{2!}+\frac{x^3}{3!}\right) \cdot \left(1+\frac{x}{1!}+\frac{x^2}{2!}\right) \cdot \left(1+\frac{x}{1!}+\frac{x^2}{2!}+\frac{x^3}{3!}\right),$$

即

$E(x) = 1+3x+\frac{9}{2}x^2+\frac{14}{3}x^3+\frac{35}{12}x^4+\frac{17}{12}x^5+\frac{35}{72}x^6+\frac{8}{72}x^7+\frac{1}{72}x^8$

$= 1+3\cdot\frac{x}{1!}+9\cdot\frac{x^2}{2!}+28\cdot\frac{x^3}{3!}+70\cdot\frac{x^4}{4!}+170\cdot\frac{x^5}{5!}+350\cdot\frac{x^6}{6!}+$

$\quad 560\cdot\frac{x^7}{7!}+560\cdot\frac{x^8}{8!}.$

从中可以看到，$E(x)$ 展开式中 $\frac{x^4}{4!}$ 的系数 70 即为所求的 4- 可重排列的个数。

4.3.1 序列与指数型生成函数

首先介绍几个常见序列与指数型生成函数的对应关系。

例 4.15 序列 ↔ 指数型生成函数（展开式和闭式）

$$\{1,1,1,1,\cdots\} \leftrightarrow 1+\frac{x}{1!}+\frac{x^2}{2!}+\frac{x^3}{3!}+\cdots = e^x;$$

$$\{1,r,r^2,r^3,\cdots\} \leftrightarrow 1+\frac{rx}{1!}+\frac{r^2x^2}{2!}+\frac{r^3x^3}{3!}+\cdots = e^{rx};$$

$$\{1,0,1,0,1,\cdots\} \leftrightarrow 1+\frac{x^2}{2!}+\frac{x^4}{4!}+\frac{x^6}{6!}+\cdots = \frac{e^x+e^{-x}}{2};$$

$$\{0,1,0,1,0,\cdots\} \leftrightarrow \frac{x}{1!}+\frac{x^3}{3!}+\frac{x^5}{5!}+\frac{x^7}{7!}+\cdots = \frac{e^x-e^{-x}}{2}.$$

例 4.16 令 h_n 表示数字 1、2、3 组成的 n 位数字的个数($h_0=1$),其中 1 的个数要求是偶数,2 的个数至少 3 个,3 的个数至多 3 个,试确定数列 $\{h_n\}$ 的指数型生成函数 $E(x)$。

解 函数 $E(x)$ 对这三个数字 1、2 和 3 中的每一个都有一个因式,对这些数字的限制反映在其因式的不同形式中。因为 1 的个数是偶数,所以 $E(x)$ 关于数字 1 的因式是

$$h_1(x) = 1+\frac{x^2}{2!}+\frac{x^4}{4!}+\cdots,$$

同理,$E(x)$ 中关于数字 2 和 3 的因式分别是 $h_2(x)=\frac{x^3}{3!}+\frac{x^4}{4!}+\frac{x^5}{5!}\cdots$ 和 $h_3(x)=1+\frac{x}{1!}+\frac{x^2}{2!}+\frac{x^3}{3!}$,故由乘法原理知其对应的指数型生成函数是这三个因子的乘积,即

$$E(x) = h_1(x)h_2(x)h_3(x) = \frac{e^x+e^{-x}}{2} \cdot \left(e^x-1-x-\frac{x^2}{2!}\right) \cdot \left(1+\frac{x}{1!}+\frac{x^2}{2!}+\frac{x^3}{3!}\right).$$

4.3.2 指数型生成函数的应用

1. 有限制排列的计数

例 4.17 确定每位数字都是奇数的 n 位数的个数 h_n,其中数字 1 和 3 均要求出现偶数次。

解 显然数 h_n 等于多重集 $M=\{\infty \cdot 1, \infty \cdot 3, \infty \cdot 5, \infty \cdot 7, \infty \cdot 9\}$ 的 n-排列的个数,要求 1 和 3 出现偶数次。数列 $\{h_0,h_1,h_2,\cdots,h_n,\cdots\}$ 的指数型生成函数是五个因式的乘积,它们对应五个可允许的数字,其中数字 1 和 3 出现偶数次,5、7、9 可出现任意多次,故其函数形式为

$$E(x) = \left(1+\frac{x^2}{2!}+\frac{x^4}{4!}+\cdots\right)^2 \left(1+\frac{x}{1!}+\frac{x^2}{2!}+\cdots\right)^3$$

$$= \left(\frac{e^x+e^{-x}}{2}\right)^2 (e^x)^3 = \frac{1}{4}(e^{2x}+1)^2 e^x = \frac{1}{4}(e^{5x}+2e^{3x}+e^x)$$

$$= \frac{1}{4}\left(\sum_{n=0}^{\infty} 5^n \cdot \frac{x^n}{n!} + 2\sum_{n=0}^{\infty} 3^n \cdot \frac{x^n}{n!} + \sum_{n=0}^{\infty} \frac{x^n}{n!}\right)$$

$$= \sum_{n=0}^{\infty} \left(\frac{5^n+2 \cdot 3^n+1}{4}\right)\frac{x^n}{n!},$$

因此

$$h_n = \frac{5^n+2 \cdot 3^n+1}{4}.$$

定理 4.5 多重集 $M = \{\infty \cdot a_1, \infty \cdot a_2, \cdots, \infty \cdot a_n\}$ 的 k-可重排列中,如果限制 a_i 出现次数的可取集合为 $M_i (i = 1, 2, \cdots, n)$,则排列数的指数型生成函数为

$$\prod_{i=1}^{n} \Big(\sum_{m \in M_i} \frac{x^m}{m!}\Big),$$

展开式中 $\dfrac{x^k}{k!}$ 的系数即为多重集 M 的 k-可重排列的个数。

证明 将和积式展开,得

$$\prod_{i=1}^{n} \Big(\sum_{m \in M_i} \frac{x^m}{m!}\Big) = \sum_{k \geqslant 0} \Big(\sum_{\substack{k_1 + k_2 + \cdots + k_n = k \\ (k_i \in M_i, i=1,2,\cdots,n)}} \frac{k!}{k_1! k_2! \cdots k_n!}\Big) \frac{x^k}{k!}.$$

只要证明展开式中 $\dfrac{x^k}{k!}$ 的系数就是满足限定条件的 k-可重排列数即可。

首先,对于集合 M 的满足限定条件的每个 k-可重排列,设其中 a_i 出现 k_i 次 $(i = 1, 2, \cdots, n)$,则 $(k_1, k_2, \cdots, k_n)$ 就是方程

$$k_1 + k_2 + \cdots + k_n = n \quad (k_i \in M_i, i = 1, 2, \cdots, n) \tag{4.9}$$

的一个解。

其次,方程(4.9)的每个解 $(k_1, k_2, \cdots, k_n)$ 都对应一类 k-可重排列,此类中的每个 k-可重排列中,元素 a_i 出现 k_i 次 $(i = 1, 2, \cdots, n)$。故此类 k-可重排列的个数就是多重集 $\{k_1 \cdot a_1, k_2 \cdot a_2, \cdots, k_n \cdot a_n\}$ 的全排列的个数,即 $\dfrac{k!}{k_1! k_2! \cdots k_n!}$。可见,与解 $(k_1, k_2, \cdots, k_n)$ 相对应的 k-可重排列有 $\dfrac{k!}{k_1! k_2! \cdots k_n!}$ 个。

再者,方程(4.9)的不同解 $(k_1, k_2, \cdots, k_n)$ 所对应的不同 k-可重排列类中没有重复的排列,故由加法原理,多重集 M 满足给定条件的 k-可重排列的总个数为

$$\sum_{\substack{k_1 + k_2 + \cdots + k_n = k \\ (k_i \in M_i, i=1,2,\cdots,n)}} \frac{k!}{k_1! k_2! \cdots k_n!}.$$

例 4.18 由数字 0、1、2、3 组成的长为 k 的序列中,要求含有偶数个 0,问这样的序列有多少个?

解 设数字 0、1、2、3 限制出现的次数集合分别为 M_i $(i = 0, 1, 2, 3)$,则由题意,有 $M_1 = M_2 = M_3 = \{0, 1, 2, \cdots\}, M_0 = \{0, 2, 4, \cdots\}$。由定理 4.5 知,该排列数的指数型生成函数为

$$\Big(1 + \frac{x}{1!} + \frac{x^2}{2!} + \cdots\Big)^3 \Big(1 + \frac{x^2}{2!} + \frac{x^4}{4!} + \cdots\Big)$$

$$= e^{3x} \cdot \frac{e^x + e^{-x}}{2} = \frac{1}{2}(e^{4x} + e^{2x}) = \frac{1}{2}\Big(\sum_{k=0}^{\infty} \frac{(4x)^k}{k!} + \sum_{k=0}^{\infty} \frac{(2x)^k}{k!}\Big),$$

其中 $\dfrac{x^k}{k!}$ 的系数为 $\dfrac{1}{2}(4^k + 2^k)$,即为所求 k-序列的个数。

特别地，如果取 $k=2$，则满足题意的序列有 10 个，它们分别是
$$00,11,12,13,21,22,23,31,32,33。$$

例 4.19 利用指数型生成函数求 $M=\{\infty\cdot a_1,\infty\cdot a_2,\cdots,\infty\cdot a_n\}$ 的 k- 排列中每个 $a_i(i=1,2,\cdots,n)$ 至少出现一次的排列数 P_k。

解 根据题意，a_i 允许出现的次数集合分别为
$$M_i=\{1,2,3,\cdots\}\quad(i=1,2,\cdots,n)。$$
由定理 4.5 知，排列数序列 $\{P_k\}$ 的指数型生成函数为
$$\left(\frac{x}{1!}+\frac{x^2}{2!}+\frac{x^3}{3!}+\cdots\right)^n=(\mathrm{e}^x-1)^n=\sum_{i=0}^n(-1)^i\binom{n}{i}\mathrm{e}^{(n-i)x}$$
$$=\sum_{i=0}^n(-1)^i\binom{n}{i}\sum_{k=0}^\infty\frac{(n-i)^kx^k}{k!}$$
$$=\sum_{k=0}^\infty\left[\sum_{i=0}^n(-1)^i\binom{n}{i}(n-i)^k\right]\frac{x^k}{k!},$$
所以
$$P_k=\sum_{i=0}^n(-1)^i\binom{n}{i}(n-i)^k\quad(k\geqslant n)。$$

实际上，根据例 4.19 的特点，我们还可以用容斥原理求解。读者朋友们不妨自己试一试。

2. 排列型分配问题

例 4.20 把 $n(n\geqslant 1)$ 个彼此相异的球放到 4 个相异的盒 A_1,A_2,A_3,A_4 中，求使得 A_1 中有奇数个球，A_2 中有偶数个球的放球方法数 g_n。

解 记 n 个球为 $a_1,a_2,\cdots,a_n$，则任一种放球方法对应于 4 元集 $A=\{A_1,A_2,A_3,A_4\}$ 的一个 n- 可重复排列，对应方法如下：如果把 a_i 球放到盒子 $A_k(1\leqslant k\leqslant 4)$ 中，则把 A_k 排在第 i 位。

于是 g_n 等于 4 元集 $A=\{A_1,A_2,A_3,A_4\}$ 满足条件"A_1 出现奇数次，A_2 出现偶数次"的 n- 可重复排列的个数，则根据定理 4.5 可知，g_n 是指数型生成函数
$$E(x)=\left(1+\frac{x^3}{3!}+\frac{x^5}{5!}+\cdots\right)\cdot\left(1+\frac{x^2}{2!}+\frac{x^4}{4!}+\cdots\right)\cdot\left(1+x+\frac{x^2}{2!}+\frac{x^3}{3!}+\cdots\right)^2$$
展开式中 $\dfrac{x^n}{n!}$ 的系数，而
$$E(x)=\frac{\mathrm{e}^x-\mathrm{e}^{-x}}{2}\cdot\frac{\mathrm{e}^x+\mathrm{e}^{-x}}{2}\cdot\mathrm{e}^{2x}=\frac{1}{4}(\mathrm{e}^{4x}-1)=\sum_{n=1}^\infty 4^{n-1}\cdot\frac{x^n}{n!},$$
所以 $g_n=4^{n-1}$。

从例 4.20 的解法中我们可以总结以下结论：

定理 4.6 把 k 个不同的球放入 n 个不同的盒子 $a_1,a_2,\cdots,a_n$ 中，如果要求 a_i 中允许放入的球数的可取集合为 $M_i(i=1,2,\cdots,n)$，则其分配方案数的指数型生成函数为

$$\prod_{i=1}^{n}\Big(\sum_{m\in M_i}\frac{x^m}{m!}\Big),$$

展开式中 $\dfrac{x^k}{k!}$ 的系数即为把 k 个不同的球放入 n 个不同盒子的方法数。

例 4.21 以 $f(r,n)$ 表示把 r 件相异的物品放入 n 个有区别的盒子且任何盒子中物品数不能为 1 的不同分法数,求 $f(r,n)$ 的计数公式。

解 $f(r,n)$ 是指数生成函数

$$E(x) = \Big(1+\frac{x^2}{2!}+\frac{x^3}{3!}+\frac{x^4}{4!}+\cdots\Big)^n$$

展开式中 $\dfrac{x^r}{r!}$ 的系数。

$$E(x) = (\mathrm{e}^x - x)^n = \sum_{k=0}^{n}(-1)^k\binom{n}{k}x^k\mathrm{e}^{(n-k)x} = \sum_{k=0}^{n}(-1)^k\binom{n}{k}x^k\sum_{j=0}^{\infty}(n-k)^j\frac{x^j}{j!},$$

令 $k+j=r$,则 $j=r-k$,所以

$$f(r,n) = \sum_{k=0}^{n}(-1)^k\binom{n}{k}(n-k)^{r-k}\cdot\frac{r!}{(r-k)!} = r!\sum_{k=0}^{n}(-1)^k\binom{n}{k}\frac{(n-k)^{r-k}}{(r-k)!}。$$

3. 棋盘染色问题

例 4.22 用红、白、蓝 3 种颜色给 $1\times n$ 棋盘着色,要求白色方格数是偶数,问有多少种着色方案?

解 将 $1\times n$ 棋盘的 n 个方格分别用 $1,2,\cdots,n$ 标记,第 i 个方格着 c 色被看作把第 i 个物体放入 c 盒中。这时,问题转换成:把 n 个不同的球放入 3 个不同颜色的盒子中,红、蓝、白各盒的容量集合分别为

$$M_r = M_b = \{0,1,2,\cdots\}, M_w = \{0,2,4,\cdots\}。$$

于是,分配方案数的指数型生成函数为

$$\Big(1+\frac{x}{1!}+\frac{x^2}{2!}+\cdots\Big)^2\Big(1+\frac{x^2}{2!}+\frac{x^4}{4!}+\cdots\Big) = \mathrm{e}^{2x}\cdot\frac{\mathrm{e}^x+\mathrm{e}^{-x}}{2} = \frac{1}{2}(\mathrm{e}^{3x}+\mathrm{e}^x),$$

其中 $\dfrac{x^n}{n!}$ 的系数 $\dfrac{1}{2}(3^n+1)$ 就是满足要求的着色方案数。

练 习 4.3

1. 对于下列序列,确定其指数型生成函数并简化为闭式表达式。

(1) $\{5,5,5,5,5,\cdots\}$; (2) $\{1,0,0,1,1,1,\cdots\}$;

(3) $\{0,0,1,1,1,1,\cdots\}$; (4) $\{2,1,2,1,2,1,\cdots\}$。

2. 确定由下列指数型生成函数对应的序列。

(1) $4+4x+4x^2+4x^3+\cdots$; (2) $\dfrac{3}{1-x}$;

(3) $x^2+5\mathrm{e}^x$; (4) $\mathrm{e}^{2x}+\mathrm{e}^{5x}$。

3. 由 a,b,c,d 组成长度为 n 的排列中 a 出现的次数为偶数，b 出现的次数为奇数的排列数目。

4. 由 a,b,c,d,e 组成长度为 n 的排列中，其中 a 和 c 出现偶数次，但不能不出现，求排列数目。

5. 证明：在由数字表 $\{0,1,2\}$ 生成的长度为 n 的字符串中，(1) 数字 0 出现偶数次的字符串有 $\dfrac{3^n+1}{2}$ 个；(2) $\begin{bmatrix}n\\0\end{bmatrix}2^n + \begin{bmatrix}n\\2\end{bmatrix}2^{n-2} + \cdots + \begin{bmatrix}n\\q\end{bmatrix}2^{n-q} = \dfrac{3^n+1}{2}$，其中 $q = 2\left[\dfrac{n}{2}\right]$。

第 5 章 递推关系

组合学中经常要考虑依赖于输入参数 n 的计数问题。这个参数 n 常常表示问题中某个基本集或多重集的大小、组合的大小、排列中的位置数等，n 的取值不同时计数结果不同，但彼此之间通常具有紧密联系，因此一个计数问题常常不是一个孤立的问题而是一系列的单个问题。建立这些单个问题之间的递推关系并求解之，是解决这类计数问题的一种常用且重要的方法。

5.1 计数序列与递推关系

本节我们将研究可以用递推关系构造模型的某些计数问题，即通过研究计数序列的项之间的联系，确定序列的前后项所要满足的等式。

5.1.1 计数序列和递推关系

例 5.1 【排列数序列】令 h_n 表示 n 个元素 $\{1,2,\cdots,n\}$ 的全排列数，则得到一个全排列序列

$$h_0, h_1, h_2, h_3, \cdots, h_n, \cdots。$$

我们知道，n 元集的全排列数为 $n!$，从而得到序列 $\{h_0, h_1, h_2, h_3, \cdots, h_n, \cdots\}$ 的通项为 $h_n = n!$。事实上，如果将全排列的第一个元确定后，其他元的排列相当于 $n-1$ 个元的全排列，由乘法原理可知序列的前后项有关系式 $h_n = n h_{n-1}$。

例 5.2 【小麦数量】印度国王 Shirham 的故事。大臣 Sissa Ben Dahir 发明了国际象棋游戏，国王想要奖赏他，问大臣有何要求，这位大臣提出了一个要求：在象棋棋盘的第一个格子里放一粒小麦，第二个格子里放两粒小麦，第三个格子里放四粒小麦，第四粒格子里放八粒小麦，以此类推，直到所有格子都放完为止。国王感觉这个要求很容易满足，因此立即允诺。国王以为自己做了一件很聪明的事情，你认为呢？

分两步分析这一问题，首先设 t_k 是第 k 个格子所需要的小麦数量。显然有

$$t_k = 2 t_{k-1}。 \tag{5.1}$$

等式 (5.1) 是递推关系的一个例子，这样的关系式把一个数序列的后项值表示成前项值的公式。显然 $t_1 = 1$，称之为初始条件或初始值。

通过迭代使用递推关系，我们可以得到

$$t_k = 2 t_{k-1} = 2^2 t_{k-2} = \cdots = 2^{k-1} t_1,$$

加上初始条件，对于所有的 k，得到

$$t_k = 2^{k-1}。 \tag{5.2}$$

注意到,像式(5.1)这样的递推关系式一般有很多解,即有很多满足这一关系的序列。然而,如果给出足够多的初始条件,那么将存在唯一解。这里,序列 1,2,4,8,⋯ 是上面给定的初始条件下的唯一解。然而,如果忽视初始条件 $t_1 = 1$,则该序列的任何倍数都是式(5.1) 的一个解,如 3,6,12,24,⋯ 或 5,10,20,40,⋯ 均满足递推关系式(5.1)。

其次,我们设 s_k 是前 k 个格子放置的小麦数量,则有

$$s_k = s_{k-1} + t_k。 \tag{5.3}$$

将式(5.2) 代入式(5.3),得到 s_k 的一个递推关系,即

$$s_k = s_{k-1} + 2^{k-1}, \tag{5.4}$$

将式(5.4) 经多次迭代,可以得到

$$s_k = s_{k-1} + 2^{k-1} = s_{k-2} + 2^{k-2} + 2^{k-1} = \cdots = s_1 + 2 + 2^2 + \cdots + 2^{k-1},$$

由初始条件 $s_1 = 1$,解得

$$s_k = 1 + 2 + 2^2 + \cdots + 2^{k-1} = 2^k - 1。$$

国际象棋棋盘上有 64 个格子,因此大臣要求的小麦数量是 $2^{64} - 1$,实际上这是一个非常大的数字:18 446 744 073 709 551 615,折合小麦重量约为 2587 亿吨以上,即使把当时全国的粮食都加起来也远远不够。

5.1.2 递推关系的定义

定义 5.1 设 k 是给定的正整数,若对任何 $n \geq k$,数列 $\{f(0), f(1), \cdots, f(n), \cdots\}$ 的相邻 $k+1$ 项之间满足线性关系

$$f(n) = a_1(n)f(n-1) + a_2(n)f(n-2) + \cdots + a_k(n)f(n-k) + g(n), \tag{5.5}$$

其中 $a_k(n) \neq 0$,则称该关系为数列 $\{f(n)\}$ 的 **k 阶线性递推关系**。

如果 $g(n) = 0$,则称之为**齐次的**,否则称为**非齐次的**。

如果 $a_1(n), a_2(n), \cdots, a_k(n)$ 都是常数,则称之为 **k 阶常系数线性递推关系**。

如果有一个数列代入递推关系(5.5) 式,使其对任何 $n \geq k$ 都成立,则称这个数列是递推关系(5.5) 式的解。

例如,第 3 章中错位排列数列 $\{D_0, D_1, D_2, \cdots, D_n, \cdots\}$ 满足两个线性递推关系:

$$D_n = nD_{n-1} + (-1)^n \quad (n \geq 1),$$
$$D_n = (n-1)(D_{n-1} + D_{n-2}) \quad (n \geq 2)。$$

第一个递推关系的阶为 1,是非齐次的;第二个递推关系的阶为 2,是齐次的。

5.1.3 递推关系的建立

本节中我们通过几个实例来了解建立递推关系的一般方法。

例 5.3 【Hanoi 塔问题(也称汉诺塔问题)】这是组合数学的一个著名问题。n 个圆盘依其半径大小,从下而上套在 a 柱上,如图 5.1 所示。每次只允许取一个移到 b 柱或 c 柱上,但过程中不允许发生大盘放在小盘上方的情形。若要求把 a 柱上的 n 个盘全部移到 c 柱

上,请估算至少要移动多少盘次。

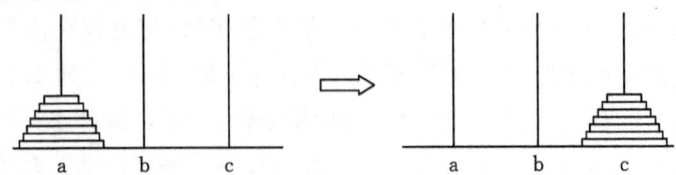

图 5.1　Hanoi 塔圆盘移动

读者可以先从简单情形如 $n=2,3,4$ 出发初步了解 Hanoi 塔问题的求解复杂程度。可以发现,直接计数的方法,对于 n 的任意取值,解决该问题几乎是不可能完成的事,同时容斥原理或生成函数的方法在此处也无用武之地,下面我们考虑利用基于计算机的递归算法分析,建立递推关系求解这个问题。

Hanoi 塔问题的递归算法:

(1) $n=2$ 时,先将小盘放在 b 柱上,大盘放在 c 柱上,最后把小盘转移到 c 柱上,转移完毕;

(2) 假定 $n-1$ 个盘子的转移算法已经确定。对于一般 n 个圆盘的问题,分三步完成:第一步,先把上面的 $n-1$ 个圆盘用已确定的算法经过 c 柱转移到 b 柱上。第二步,把 a 柱最下面的一个圆盘移到 c 柱上;第三步,把 b 柱上的 $n-1$ 个圆盘用已确定算法经过 a 柱转移到 c 柱上。

如果令 $h(n)$ 表示 n 个圆盘所需要的转移盘次,则根据算法得到如下递推关系:
$$h(n)=2h(n-1)+1。 \tag{5.6}$$

通过反复迭代式 (5.6) 可得到
$$h(n)=2h(n-1)+1=2[2h(n-2)+1]+1=2^2 h(n-2)+2+1$$
$$=\cdots=2^{n-1}h(1)+2^{n-2}+2^{n-3}+\cdots+2+1=2^n-1。$$

这个问题由法国数学家卢卡斯在 1883 年提出。在他的原问题中,有 64 个纯金圆盘,开始时所有 64 个纯金圆盘被放在单独的圆柱上,僧侣被指派任务,要他们按照如上所述规则把圆盘搬到另一柱子上。根据传说,当僧侣完成任务后,Hanoi 塔会崩塌而全世界末日到来! 所以卢卡斯的问题是:"给予足够的时间,僧侣能成功吗?"如果能成功的话,"什么时候是世界末日"?

事实上,这个问题的结果与例 5.2 中要求的小麦数量的结果类似,都是指数级的数字,因此根据 Hanoi 塔问题,世界末日似乎永远不会到来。

例 5.4【圆交叠区域】确定平面上一般位置的 n 个互相交叠的圆所形成的区域数 h_n。所谓互相交叠是指每两个圆相交在不同的两个点,一般位置指的是不存在交于一个公共点的三个圆。

图 5.2　四个互相交叠的圆

显然有 $h_0 = 1$(一个区域即整个平面),$h_1 = 2$(圆内区域和圆外区域),$h_2 = 4$ 以及 $h_3 = 8$,容易猜想 $h_4 = 16$,然而,图 5.2 显示了 $h_4 = 14$ 的情形。显然,对于更多圆的相交情形很难用图直观地显示出来,我们考虑用递归的思想。

设 $n \geq 2$ 及 $n-1$ 个一般位置上互相交叠的圆已经在平面上画出,它们形成 h_{n-1} 个区域。现在放进第 n 个圆,它与前 $n-1$ 个圆的每一个都相交于两点,所以得到 $2(n-1)$ 个不同的点 $P_1, P_2, \cdots, P_{2(n-1)}$。这 $2(n-1)$ 个点把第 n 个圆分成 $2(n-1)$ 条弧,即 $P_1 P_2$ 间的弧,$P_2 P_3$ 间的弧,$\cdots$,$P_{2(n-1)-1} P_{2(n-1)}$ 间以及 $P_{2(n-1)} P_1$ 间的弧,每一条弧把所在区域一分为二,从而增加了 $2(n-1)$ 个区域,而第 n 个圆未经过的区域未发生改变。因此,h_n 满足递推关系

$$h_n = h_{n-1} + 2(n-1) \quad (n \geq 2)。 \tag{5.7}$$

通过反复迭代可得到

$$\begin{aligned} h_n &= h_{n-1} + 2(n-1) \\ &= h_{n-2} + 2(n-2) + 2(n-1) \\ &= h_{n-3} + 2(n-3) + 2(n-2) + 2(n-1) \\ &\cdots\cdots\cdots\cdots \\ &= h_1 + 2 \cdot 1 + 2 \cdot 2 + \cdots + 2(n-2) + 2(n-1), \end{aligned}$$

由于 $h_1 = 2$,得到

$$h_n = 2 + 2 \cdot \frac{n(n-1)}{2} = n^2 - n + 2 \quad (n \geq 2)。$$

当然,这个公式虽然对于 $n = 0$ 不成立(因为 $h_0 = 1$),但是对于 $n = 1$ 还是有效的(因为 $h_1 = 2$)。

我们可以看到上面两例中的递推关系都把所求序列的后项值表示成前面一个前项值的公式,均为一阶递推关系,利用迭代的方法很容易求解一阶递推关系。

例 5.5 【区域着色】设 P 是平面上 n 个连通区域 $D_1, D_2, \cdots, D_n$ 的公共交界点,如图 5.3 所示。现用 k 种颜色对区域染色,确定有公共边界的相邻区域染不同颜色的染色方案数 $f(n)$。

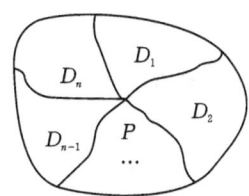

图 5.3 有公共交界点的区域

解 设 $n \geq 4$,将所有满足要求的染色方案分成两类:

(1) D_1 与 D_{n-1} 同色。此时,D_n 有 $k-1$ 种染色方案,可将 D_1 与 D_{n-2} 看成相邻区域,$D_1, D_2, \cdots, D_{n-2}$ 的染色方案数为 $f(n-2)$,故此类染色方案数为 $(k-1)f(n-2)$。

(2) D_1 与 D_{n-1} 异色。此时,D_n 有 $k-2$ 种染色方案,并可将 D_1 与 D_{n-1} 看成相邻区域,

$D_1, D_2, \cdots, D_{n-1}$ 的染色方案数为 $f(n-1)$。故此类染色方案数为 $(k-2)f(n-1)$。

从而有递推关系
$$f(n) = (k-1)f(n-2) + (k-2)f(n-1) \quad (n \geq 4)。 \tag{5.8}$$
同时容易求得初始条件 $f(2) = k(k-1), f(3) = k(k-1)(k-2)$。

递推关系式(5.8)把所求序列的后项值表示成前面两个前项值的公式,为二阶递推关系。显然其初始条件必须知道两个初始值才能确定唯一解。

对于二阶及以上递推关系的求解有很多方法,我们将在 5.2 节中给予介绍。下面再介绍几个不同类型的递推关系。

例 5.6 【子串单次末位】考虑 0-1 字符串序列中"010"子串出现的问题。例如在字符串 11 0101 010101 中,我们说"010"在第 5 位和第 9 位出现,而不是在第 7 位和第 11 位出现,所以在整个字符串中"010"共出现两次。求 n 位 0-1 序列中"010"数字串只出现 1 次且在第 n 位出现的序列数 $b_n (n \geq 3)$ 满足的递推关系。

解 易知 $b_3 = 1, b_4 = 2, b_5 = 3$,下设 $n \geq 6$。考虑最后 3 位是 010 的所有 0-1 序列,共有 2^{n-3} 个,其中,"010"串首次在第 n 位出现的有 b_n 个;首次在第 $n-2$ 位出现的有 b_{n-2} 个。一般地,"010"首次在第 j 位出现的有 $2^{n-j-3}b_j (3 \leq j \leq n-3)$ 个,他们形如

$$\underbrace{* \cdots *}^{j} 010 \underbrace{* \cdots *}_{n-j-3 \text{个}} 010,$$

故得递推关系
$$b_n + b_{n-2} + \sum_{j=3}^{n-3} 2^{n-j-3} b_j = 2^{n-3}, \tag{5.9}$$

这是一个无限阶递推关系。根据式(5.9)中系数的特点,可以用如下错位相减法化为有限阶递推关系。由式(5.9)知
$$b_{n-1} + b_{n-3} + \sum_{j=3}^{n-4} 2^{n-1-j-3} b_j = 2^{n-4}, \tag{5.10}$$

将式(5.9)减去式(5.10)的两倍得
$$b_n - 2b_{n-1} + b_{n-2} - b_{n-3} = 0,$$

这是一个 3 阶常系数齐次递推关系。

例 5.7 【含偶数个 5 的数】设 n 位十进制数中出现偶数个 5 的正整数的个数为 a_n,求序列 $\{a_n\}$ 满足的递推关系。

解 用 $p_1 p_2 \cdots p_{n-1} p_n$ 表示 n 位十进制数,则 $p_1 p_2 \cdots p_{n-1}$ 是 $n-1$ 位十进制数。若 $p_1 p_2 \cdots p_{n-1}$ 中含有偶数个 5,则 p_n 取 5 以外的 0,1,2,3,4,6,7,8,9 九个数中的一个;若 $p_1 p_2 \cdots p_{n-1}$ 只有奇数个 5,则 p_n 取 5,两者均使 $p_1 p_2 \cdots p_{n-1} p_n$ 成为出现偶数个 5 的十进制数。

若令 b_n 表示 n 位十进制数中出现奇数个 5 的数的个数,则由以上分析可知有如下递推关系组:

$$\begin{cases} a_n = 9a_{n-1} + b_{n-1}, \\ b_n = 9b_{n-1} + a_{n-1}. \end{cases} \tag{5.11}$$

类似有

$$\begin{cases} a_{n-1} = 9a_{n-2} + b_{n-2}, \\ b_{n-1} = 9b_{n-2} + a_{n-2}, \end{cases}$$

将上式代入式(5.11),可得 $a_n = 9a_{n-1} + (9b_{n-2} + a_{n-2}) = 9a_{n-1} + 9(a_{n-1} - 9a_{n-2}) + a_{n-2} = 18a_{n-1} - 80a_{n-2}$,为二阶递推关系。

此例中借助了一个与 $\{a_n\}$ 相对应的计数序列 $\{b_n\}$ 从而得到了所求递推关系。

练 习 5.1

1. 一条直线将平面分割成两个区域,两条直线将平面分割成四个区域。假设有 n 条直线处于"一般位置",即没有两条直线平行,也没有三条直线相交于同一点。问这 n 条直线可以把平面分割成多少个区域?

2. 一位实验员可以做两种不同的实验,其中实验 A 开支很高,将花去 6 万元,实验 B 开支不高,将花去 3 万元。如果现有 9 万元,则实验员可按下列序列进行实验:AB 或 BA 或 BBB。设 $g(n)$ 表示恰好花 n 万元的实验序列数量,即 $g(9) = 3$。试确定 $g(n)$ 的一个递推关系。

3. 设 n 位 0-1 字符串序列中"010"子串在第 n 位出现的字符串有 $h(n)$ 个,求 $h(n)$ 所满足的递推关系。

4. 在由 a, b, c 组成的 n 位符号串中要求不能出现 aa,试确定可以用于计算满足条件的长度为 n 的符号串个数的联立递推关系。

*5. 已知数列 $\{P_n\}$ 的常生成函数 $P(x) = \dfrac{x}{1 - 2x - x^2}$,求 P_0、P_1,以及 $\{P_n\}$ 满足的递推关系。

5.2 递推关系的求解

本节主要介绍常系数线性递推关系的求解方法,该类递推关系可分为齐次和非齐次两种。对于常系数齐次线性递推关系,通常用**特征根方法**求解;对于非齐次线性递推关系,没有普遍的解法,在某些比较简单的情况下,利用它和对应的齐次线性关系的解的关系,可结合**待定系数法**求解。

5.2.1 常系数线性齐次递推关系的求解

k 阶常系数线性齐次递推关系的一般形式为

$$f(n) = a_1 f(n-1) + a_2 f(n-2) + \cdots + a_k f(n-k) \quad (n \geqslant k, a_k \neq 0). \tag{5.12}$$

定义 5.2 方程
$$x^k - a_1 x^{k-1} - a_2 x^{k-2} - \cdots - a_k = 0 \qquad (5.13)$$
叫作 k 阶齐次递推关系(5.12)的**特征方程**。它的 k 个根 $q_1, q_2, \cdots, q_k$（可能有重根）叫作该递推关系的**特征根**，其中 $q_i (i = 1, 2, \cdots, k)$ 是复数。

引理 5.1 设 q 是非零复数，则 $f(n) = q^n$ 是齐次递推关系(5.12)的解当且仅当 q 是它的特征根。

证明 设 $f(n) = q^n$ 是齐次递推关系(5.12)的解，即
$$q^n = a_1 q^{n-1} + a_2 q^{n-2} + \cdots + a_k q^{n-k} \ (n \geqslant k),$$
因为 $q \neq 0$，所以
$$q^k = a_1 q^{k-1} + a_2 q^{k-2} + \cdots + a_k,$$
即 q 是齐次递推关系(5.12)的特征方程(5.13)的根。反之亦然。

实际上，特征根是否有重根，决定了递推关系的解的不同表达，下面我们分两种情况分别讨论。

1. 特征方程无重根的常系数线性齐次递推关系

引理 5.2 如果 $f_1(n), f_2(n)$ 都是齐次递推关系(5.12)的解，c_1, c_2 是常数，则 $c_1 f_1(n) + c_2 f_2(n)$ 也是齐次递推关系(5.12)的解。

证明 因为 $f_1(n), f_2(n)$ 都是递推关系(5.12)的解，所以，
$$\begin{aligned}c_1 f_1(n) + c_2 f_2(n) &= c_1[a_1 f_1(n-1) + \cdots + a_k f_1(n-k)] + c_2[a_1 f_2(n-1) + \cdots + \\ &\quad a_k f_2(n-k)] \\ &= a_1[c_1 f_1(n-1) + c_2 f_2(n-1)] + \cdots + a_k[c_1 f_1(n-k) + c_2 f_2(n-k)],\end{aligned}$$
从而 $c_1 f_1(n) + c_2 f_2(n)$ 也是递推关系(5.12)的解。

由引理 5.1 和引理 5.2 知，若 $q_1, q_2, \cdots, q_k$ 是齐次递推关系(5.12)的特征根，$c_1, c_2, \cdots, c_k$ 是常数，那么
$$f(n) = c_1 q_1^n + c_2 q_2^n + \cdots + c_k q_k^n$$
也是齐次递推关系(5.12)的解。

定义 5.3 如果对于齐次递推关系(5.12)每个解 $f(n)$，都可以选择一组常数 $c_1, c_2, \cdots, c_k$，使得
$$f(n) = c_1 q_1^n + c_2 q_2^n + \cdots + c_k q_k^n$$
成立，则称 $c_1 q_1^n + c_2 q_2^n + \cdots + c_k q_k^n$ 是 k 阶齐次递推关系(5.12)的通解，其中 $c_1, c_2, \cdots, c_k$ 为任意常数。

例 5.8 解递推关系
$$\begin{cases} h_n = 5h_{n-1} - 6h_{n-2} \ (n \geqslant 2), \\ h_0 = 7, h_1 = 18。\end{cases}$$

解 递推关系
$$h_n = 5h_{n-1} - 6h_{n-2}$$

的特征方程为 $x^2-5x+6=0$,特征根为 $x_1=2,x_2=3$,故其通解为
$$h_n = c_1 \cdot 2^n + c_2 \cdot 3^n,$$
其中 c_1,c_2 是待定常数。代入初始条件知
$$\begin{cases} h_0 = c_1 + c_2 = 7, \\ h_1 = 2c_1 + 3c_2 = 18, \end{cases}$$
解之得 $c_1=3,c_2=4$,所以满足初始条件的解为 $h_n = 3 \cdot 2^n + 4 \cdot 3^n$。

2. 特征方程有重根的常系数线性齐次递推关系

对于 k 阶常系数线性齐次递推关系,当特征根 $q_1,q_2,\cdots,q_k$ 互不相等时,我们已经给出了求通解的方法。但是,当 $q_1,q_2,\cdots,q_k$ 有重根时,这种方法就不再适用,换句话说,$c_1q_1^n + c_2q_2^n + \cdots + c_kq_k^n$ 就不再是原递推关系的通解。如下例。

例 5.9 求解递推关系
$$\begin{cases} f(n) = 4f(n-1) - 4f(n-2), \\ f(0) = 1, f(1) = 3。 \end{cases} \tag{5.14}$$

解 递推关系(5.14)的特征方程为 $x^2 - 4x + 4 = 0$,其特征根为 $x_1 = x_2 = 2$。

由引理 5.1,只可知 2^n 是递推关系(5.14)的解(不考虑初值)。为了确定另一个解,我们不妨试试 $n2^n$,把它代入式(5.14),得
$$n2^n - 4(n-1)2^{n-1} + 4(n-2)2^{n-2} = n2^n - (n-1)2^{n+1} + (n-2)2^n$$
$$= 2^n[n - 2(n-1) + (n-2)] = 0。$$

这说明 $n2^n$ 也是递推关系(5.14)的解,易知 $n2^n$ 与 2^n 线性无关,所以递推关系的通解为
$$f(n) = c_1 \cdot 2^n + c_2 \cdot n2^n,$$
代入初值 $f(0)=1, f(1)=3$,得
$$\begin{cases} c_1 = 1, \\ 2c_1 + 2c_2 = 3, \end{cases}$$
并求解得 $c_1 = 1, c_2 = \frac{1}{2}$。

所以,所求递推关系的解为 $f(n) = 2^n + n2^{n-1}$。

下面分析,当特征根有重根时,常系数线性齐次递推关系(5.12)的通解的一般形式。

设递推关系 $f(n) = a_1 f(n-1) + a_2 f(n-2) + \cdots + a_k f(n-k) (n \geqslant k, a_k \neq 0)$ 的特征方程为
$$x^k - a_1 x^{k-1} - a_2 x^{k-2} - \cdots - a_k = 0,$$
令
$$P(x) = x^k - a_1 x^{k-1} - a_2 x^{k-2} - \cdots - a_k,$$
$$P_n(x) = x^{n-k} \cdot P(x) = x^n - a_1 x^{n-1} - a_2 x^{n-2} - \cdots - a_k x^{n-k}。$$

如果 q 是 $P(x)=0$ 的二重根,则 q 也是 $P_n(x)=0$ 的二重根,那么 q 是 $P_n'(x)=0$ 的

根,其中 $P'_n(x)$ 是 $P_n(x)$ 的微商,即
$$P'_n(x) = nx^{n-1} - a_1(n-1)x^{n-2} - a_2(n-2)x^{n-3} - \cdots - a_k(n-k)x^{n-k-1},$$
则
$$xP'_n(x) = nx^n - a_1(n-1)x^{n-1} - a_2(n-2)x^{n-2} - \cdots - a_k(n-k)x^{n-k}。$$
代入 $x = q$,得
$$nq^n - a_1(n-1)q^{n-1} - a_2(n-2)q^{n-2} - \cdots - a_k(n-k)q^{n-k} = 0,$$
这说明 nq^n 是原递推关系(5.12)的解。

类似可以证明,如果 q 是特征方程 $P(x) = 0$ 的三重根,那么 q 就是 $P'_n(x) = 0$ 的二重根,也是 $P''_n(x) = 0$ 的根,从而可证明 nq^n, n^2q^n 都是原递推关系的解。

一般地,可以证明以下结论:如果 q 是 $P(x) = 0$ 的 s 重根,则 $nq^n, n^2q^n, \cdots, n^{s-1}q^n$ 都是递推关系的解,从而有以下定理描述有重根的齐次递推关系的通解(证明略)。

定理 5.1 设 $q_1, q_2, \cdots, q_t$ 是 k 阶齐次递推关系(5.12)的全部不同的特征根,其重数分别为 $s_1, s_2, \cdots, s_t (s_1 + s_2 + \cdots + s_t = k)$,那么齐次递推关系(5.12)的通解为
$$f(n) = f_1(n) + f_2(n) + \cdots + f_t(n),$$
其中 $f_i(n) = (c_{i1} + c_{i2}n + \cdots + c_{i,s_i}n^{s_i-1}) \cdot q_i^n (i = 1, 2, \cdots, t)$。

例 5.10 解递推关系:
$$\begin{cases} a_n = 8a_{n-1} - 22a_{n-2} + 24a_{n-3} - 9a_{n-4} (n \geq 4), \\ a_0 = -1, a_1 = -3, a_2 = -5, a_3 = 5。 \end{cases}$$

解 所给递推关系的特征方程为 $x^4 - 8x^3 + 22x^2 - 24x + 9 = 0$,其特征根为 $x_1 = x_2 = 1, x_3 = x_4 = 3$,所以通解为
$$a_n = c_1 + c_2 n + c_3 \cdot 3^n + c_4 \cdot n3^n (n = 0, 1, 2, \cdots),$$
其中 c_1, c_2, c_3, c_4 为待定常数。由初始条件知
$$\begin{cases} c_1 + c_3 = -1, \\ c_1 + c_2 + 3c_3 + 3c_4 = -3, \\ c_1 + 2c_2 + 9c_3 + 18c_4 = -5, \\ c_1 + 3c_2 + 27c_3 + 81c_4 = 5, \end{cases}$$
并解得 $c_1 = 2, c_2 = 1, c_3 = -3, c_4 = 1$,故所求递推关系的解为
$$a_n = 2 + n - 3^{n+1} + n \cdot 3^n。$$

5.2.2 常系数线性非齐次递推关系的求解

k 阶常系数线性非齐次递推关系的一般形式为
$$f(n) = a_1 f(n-1) + a_2 f(n-2) + \cdots + a_k f(n-k) + g(n) (n \geq k), \quad (5.15)$$
其中 $a_1, a_2, \cdots, a_k$ 为常数,$a_k \neq 0, g(n) \neq 0$。其对应的 k 阶齐次递推关系为
$$f(n) = a_1 f(n-1) + a_2 f(n-2) + \cdots + a_k f(n-k)。 \quad (5.16)$$

定理 5.2 k 阶常系数线性非齐次递推关系(5.15)的通解是递推关系(5.15)的特解加上其对应的齐次递推关系(5.16)的通解。

证明 设 $f_1(n)$ 是递推关系(5.15)的一个特解，$f_2(n)$ 是对应的齐次递推关系(5.16)的通解，则

$$\begin{aligned} f_1(n)+f_2(n) &= [a_1 f_1(n-1)+a_2 f_1(n-2)+\cdots+a_k f_1(n-k)+g(n)] \\ &\quad + [a_1 f_2(n-1)+a_2 f_2(n-2)+\cdots+a_k f_2(n-k)] \\ &= a_1[f_1(n-1)+f_2(n-1)]+\cdots+a_k[f_1(n-k)+f_2(n-k)]+g(n)。 \end{aligned}$$

可见 $f_1(n)+f_2(n)$ 仍是递推关系(5.15)的解。

反之，任给递推关系(5.15)的一个解 $f(n)$，类似可证明 $f(n)-f_1(n)$ 是齐次递推关系(5.16)的解，而 $f(n)=[f(n)-f_1(n)]+f_1(n)$，即 $f(n)$ 可以表示成递推关系(5.15)和(5.16)的解之和。

综合以上分析可知定理成立。

从定理5.2可以看出，求解非齐次递推关系，关键在于确定它的一个特解。而对于一般的 $g(n)$，非齐次递推关系(5.15)没有普遍的解法，只有在某些简单的情况下，可以用待定系数法求特解。

下面两个定理分别在 $g(n)$ 的两种特殊形式（多项式形式和指数形式）下，介绍特解的一般形式，这里证明略。

定理 5.3 设 $g(n)$ 是 n 的 m 次多项式。如果 1 是齐次递推关系(5.16)的 $i(i\geqslant 0)$ 重特征根，则递推关系(5.15)有形如 $u_n = n^i \cdot g_1(n)$ 的特解，其中 $g_1(n)$ 是 n 的一个 m 次多项式。

定理 5.4 设 $g(n)=b\cdot d^n$，其中 b 和 d 均为非零常数。如果 d 是递推关系(5.16)的 $i(i\geqslant 0)$ 重特征根，则递推关系(5.15)有形如 $u_n = A\cdot n^i \cdot d^n$ 的特解，其中 A 是待定系数。

例 5.11 用待定系数法求解 Hanoi 塔问题的递推关系 $\begin{cases} f(n)=2f(n-1)+1, \\ f(0)=0。\end{cases}$

解 对应的齐次递推关系的特征方程为 $x=2$，其齐次通解为 $c\cdot 2^n$。根据定理5.3，可设非齐次特解为 b，代入原递推关系，得 $b-2b=1$，所以特解为 $b=-1$，根据前面的分析，可知该递推关系的通解为 $f(n)=c\cdot 2^n -1$，代入初值 $f(0)=0$，得 $c=1$，所以 $f(n)=2^n-1$。

例 5.12 求解递推关系

$$\begin{cases} a_n = 3a_{n-1}-3a_{n-2}+a_{n-3}+24n-6 (n\geqslant 3), \\ a_0=-4, a_1=-2, a_2=2。\end{cases} \tag{5.17}$$

解 对应的齐次递推关系

$$a_n = 3a_{n-1}-3a_{n-2}+a_{n-3} (n\geqslant 3) \tag{5.18}$$

的特征方程为 $x^3-3x^2+3x-1=0$，特征根为 $x_1=x_2=x_3=1$，故其通解为

$$a_n = c_1+c_2 n+c_3 n^2。$$

因为 1 是(5.18)式的三重特征根，根据定理5.3，递推关系

$$a_n = 3a_{n-1}-3a_{n-2}+a_{n-3}+24n-6 (n\geqslant 3) \tag{5.19}$$

的特解可设为 $a_n = n^3(An+B) = An^4+Bn^3$，其中 A 和 B 为待定系数，代入(5.19)式，得

$$An^4 + Bn^3 = 3[A(n-1)^4 + B(n-1)^3] - 3[A(n-2)^4 + B(n-2)^3]$$
$$+ [A(n-3)^4 + B(n-3)^3] + 24n - 6,$$

化简得 $-24An + 36A - 6B = -24n + 6$,比较等式两端的系数得

$$\begin{cases} 24A = 24, \\ 36A - 6B = 6, \end{cases}$$

并解得 $A = 1, B = 5$,于是

$$a_n = c_1 + c_2 n + c_3 n^2 + n^4 + 5n^3,$$

其中 c_1, c_2, c_3 是待定常数,由初始条件得

$$\begin{cases} c_1 = -4, \\ c_1 + c_2 + c_3 + 6 = -2, \\ c_1 + 2c_2 + 4c_3 + 56 = 2, \end{cases}$$

并解得 $c_1 = -4, c_2 = 17, c_3 = -21$,所以递推关系(5.17)的通解为

$$a_n = -4 + 17n - 21n^2 + 5n^3 + n^4 \, (n \geqslant 0).$$

例 5.13 求解递推关系

$$\begin{cases} a_n = 4a_{n-1} - 3a_{n-2} + 2^n \, (n \geqslant 2), \\ a_0 = 2, a_1 = 8. \end{cases} \tag{5.20}$$

解 对应的齐次递推关系

$$a_n = 4a_{n-1} - 3a_{n-2} \, (n \geqslant 2) \tag{5.21}$$

的特征方程为 $x^2 - 4x + 3 = 0$,特征根为 $x_1 = 1, x_2 = 3$,故其通解为

$$a_n = c_1 + c_2 \cdot 3^n.$$

因为 2 不是(5.21)式的特征根,所以可设递推关系

$$a_n = 4a_{n-1} - 3a_{n-2} + 2^n \, (n \geqslant 2) \tag{5.22}$$

的特解为 $a_n = A \cdot 2^n$,其中 A 为待定系数,代入(5.22)式得

$$A \cdot 2^n = 4A \cdot 2^{n-1} - 3A \cdot 2^{n-2} + 2^n,$$

解得 $A = -4$。所以 $a_n = c_1 + c_2 \cdot 3^n - 4 \cdot 2^n$,其中 c_1, c_2 是待定常数,由初始条件得

$$\begin{cases} c_1 + c_2 - 4 = 2, \\ c_1 + 3c_2 - 8 = 8, \end{cases}$$

解得 $c_1 = 1, c_2 = 5$,所以递推关系(5.20)的通解为

$$a_n = 1 + 5 \cdot 3^n - 4 \cdot 2^n.$$

例 5.14 求解递推关系

$$\begin{cases} f(n) - 4f(n-1) + 4f(n-2) = n \cdot 2^n, \\ f(0) = 0, f(1) = 1. \end{cases}$$

解 由于 2 是特征方程的二重根,所以该递推关系的特解可设为

$$f(n) = n^2 (b_1 n + b_0) \cdot 2^n,$$

将它代入递推关系,并比较等号两边 n 的系数及常数项,得到 $\begin{cases} 6b_1 = 1, \\ -6b_1 + 2b_0 = 0, \end{cases}$ 解得 $b_0 = \frac{1}{2}, b_1 = \frac{1}{6}$。

又因为对应的齐次递推关系的通解为 $(c_1 n + c_0) \cdot 2^n$,故非齐次递推关系的通解为
$$f(n) = \left[(c_1 n + c_0) + n^2 \left(\frac{n}{6} + \frac{1}{2} \right) \right] \cdot 2^n。$$

再由初始条件 $f(0) = 0, f(1) = 1$,求得 $c_0 = 0, c_1 = -\frac{1}{6}$,故所求解为
$$f(n) = \frac{1}{6}(n^3 + 3n^2 - n) \cdot 2^n。$$

5.2.3 递推关系的生成函数解法

利用生成函数求解各类递推关系有广泛的适用性,下面我们通过几个简单的例子说明其基本步骤,在第 6 章中我们还会利用这种方法求解一些特殊的递推关系。

例 5.15 求解满足初始值 $h_0 = 1$ 和 $h_1 = -2$ 的递推关系
$$h_n = 5h_{n-1} - 6h_{n-2} \quad (n \geqslant 2)。$$

解 令 $g(x) = h_0 + h_1 x + h_2 x^2 + \cdots + h_n x^n + \cdots$ 为序列 $h_0, h_1, h_2, \cdots, h_n, \cdots$ 的生成函数,此时我们有下列三个方程
$$g(x) = h_0 + h_1 x + h_2 x^2 + \cdots + h_n x^n + \cdots,$$
$$-5x g(x) = -5h_0 x - 5h_1 x^2 - \cdots - 5h_{n-1} x^n + \cdots,$$
$$6x^2 g(x) = 6h_0 x^2 + \cdots + 6h_{n-2} x^n + \cdots,$$

将以上 3 个方程相加得到
$$(1 - 5x + 6x^2) g(x) = h_0 + (h_1 - 5h_0) x + (h_2 - 5h_1 + 6h_0) x^2$$
$$+ \cdots + (h_n - 5h_{n-1} + 6h_{n-2}) x^n + \cdots,$$

由于 $h_n - 5h_{n-1} + 6h_{n-2} = 0 (n \geqslant 2)$,以及 $h_0 = 1$ 和 $h_1 = -2$,我们有
$$(1 - 5x + 6x^2) g(x) = h_0 + (h_1 - 5h_0) x = 1 - 7x,$$
于是
$$g(x) = \frac{1 - 7x}{1 - 5x + 6x^2}。$$

我们希望能利用生成函数 $g(x)$ 的展开式确定 h_n 的表达式。利用部分分式法,由
$$1 - 5x + 6x^2 = (1 - 2x)(1 - 3x),$$
待定常数 c_1 和 c_2,设
$$\frac{1 - 7x}{1 - 5x + 6x^2} = \frac{c_1}{1 - 2x} + \frac{c_2}{1 - 3x}。$$

将等式右边通分并比较两边分子得到 $1 - 7x = (1 - 2x) c_2 + (1 - 3x) c_1$,因此
$$\begin{cases} c_1 + c_2 = 1, \\ -3c_1 - 2c_2 = -7, \end{cases}$$

解得 $c_1 = 5$ 和 $c_2 = -4$。于是
$$g(x) = \frac{1-7x}{1-5x+6x^2} = \frac{5}{1-2x} - \frac{4}{1-3x}。$$
又已知 $\frac{1}{1-2x} = 1 + 2x + 2^2x^2 + \cdots + 2^nx^n + \cdots$ 和 $\frac{1}{1-3x} = 1 + 3x + 3^2x^2 + \cdots + 3^nx^n + \cdots$，故得到
$$g(x) = 5(1 + 2x + 2^2x^2 + \cdots + 2^nx^n + \cdots) - 4(1 + 3x + 3^2x^2 + \cdots + 3^nx^n + \cdots)$$
$$= 1 + (-2)x + (-16)x^2 + \cdots + (5 \cdot 2^n - 4 \cdot 3^n)x^n + \cdots,$$
由于这是 $h_0, h_1, h_2, \cdots, h_n, \cdots$ 的生成函数，所以我们得到
$$h_n = 5 \cdot 2^n - 4 \cdot 3^n。$$

例 5.16 求解递推关系
$$\begin{cases} f(n) = 2f(n-1) + 4^{n-1} (n \geq 2), \\ f(1) = 3。 \end{cases}$$

解 设序列 $\{f(n)\}$ 的生成函数 $A(x) = \sum_{n=1}^{\infty} f(n)x^n$，将递推关系代入，得
$$A(x) = f(1)x + \sum_{n=2}^{\infty} [2f(n-1) + 4^{n-1}]x^n$$
$$= 3x + 2x\sum_{n=2}^{\infty} f(n-1)x^{n-1} + 4x^2 \sum_{n=0}^{\infty} 4^n x^n$$
$$= 3x + 2xA(x) + 4x^2 \cdot \frac{1}{1-4x},$$
移项整理得
$$A(x) = \frac{(3-8x)x}{(1-2x)(1-4x)} = x\left(\frac{1}{1-2x} + \frac{2}{1-4x}\right)$$
$$= x\left(\sum_{n=0}^{\infty} 2^n x^n + 2 \cdot \sum_{n=0}^{\infty} 4^n x^n\right) = \sum_{n=0}^{\infty} (2^n + 2 \cdot 4^n)x^{n+1}。$$
所以，x^n 的系数 $f(n) = \frac{1}{2}(2^n + 4^n)$。

综上，如果给定序列 $\{f(n)\}$ 的递推关系式，利用生成函数求解 $f(n)$ 的基本步骤是：

(1) 设序列 $\{f(n)\}$ 的生成函数 $A(x) = \sum_{n=0}^{\infty} f(n)x^n$；

(2) 利用 $f(n)$ 的递推关系式得到关于 $A(x)$ 的等式；

(3) 解出 $A(x)$ 并展开成形式幂级数，x^n 的系数即为 $f(n)$。

5.2.4 常系数线性递推关系组的求解

例 5.17 设有两个数列 $\{a_n\}, \{b_n\}$ 满足递推关系：$\begin{cases} a_n = 3a_{n-1} + 2b_{n-1}, \\ b_n = a_{n-1} + b_{n-1} \end{cases}$ $(n \geq 1)$，且其初始值为 $a_0 = 1, b_0 = 0$，试求数列 $\{a_n\}, \{b_n\}$ 的通项。

这种递推关系称为**联立递推关系组**(或**联立差分方程组**),通常可以利用生成函数求解,这里我们提供两种解法。

解法1 设两个数列的生成函数分别为

$$A(x) = \sum_{n=0}^{\infty} a_n x^n, B(x) = \sum_{n=0}^{\infty} b_n x^n,$$

则由题设递推关系组可得

$$\begin{cases} \sum_{n=1}^{\infty} a_n x^n = 3\sum_{n=1}^{\infty} a_{n-1} x^n + 2\sum_{n=1}^{\infty} b_{n-1} x^n, \\ \sum_{n=1}^{\infty} b_n x^n = \sum_{n=1}^{\infty} a_{n-1} x^n + \sum_{n=1}^{\infty} b_{n-1} x^n, \end{cases}$$

即

$$\begin{cases} A(x) - 1 = 3xA(x) + 2xB(x), \\ B(x) = xA(x) + xB(x), \end{cases}$$

由此方程组解出 $A(x), B(x)$ 得

$$A(x) = \frac{1-x}{1-4x+x^2} = \frac{(3+\sqrt{3})}{6[1-(2+\sqrt{3})x]} + \frac{(3-\sqrt{3})}{6[1-(2-\sqrt{3})x]},$$

$$B(x) = \frac{x}{1-4x+x^2} = \frac{\sqrt{3}}{6[1-(2+\sqrt{3})x]} + \frac{-\sqrt{3}}{6[1-(2-\sqrt{3})x]},$$

所以得到所求通项为

$$\begin{cases} a_n = \dfrac{3+\sqrt{3}}{6}(2+\sqrt{3})^n + \dfrac{3-\sqrt{3}}{6}(2-\sqrt{3})^n, \\ b_n = \dfrac{\sqrt{3}}{6}(2+\sqrt{3})^n - \dfrac{\sqrt{3}}{6}(2-\sqrt{3})^n. \end{cases}$$

解法2 设
$$\begin{cases} a_n = 3a_{n-1} + 2b_{n-1}, & (1) \\ b_n = a_{n-1} + b_{n-1}. & (2) \end{cases}$$

由(1)知 $a_{n-1} = 3a_{n-2} + 2b_{n-2}$,由(2)式得 $a_{n-1} = b_n - b_{n-1}$ 及 $a_{n-2} = b_{n-1} - b_{n-2}$,代入前式整理得

$$b_n - 4b_{n-1} + b_{n-2} = 0。$$

上式是一个线性齐次常系数二阶递推关系,故由特征方程法可求得通解为

$$b_n = c_1(2+\sqrt{3})^n + c_2(2-\sqrt{3})^n。$$

又由初值条件和递推关系组可知 $a_0 = 1, b_0 = 0, a_1 = 3, b_1 = 1$,代入以上通解,解得 $c_1 = \dfrac{\sqrt{3}}{6}, c_2 = -\dfrac{\sqrt{3}}{6}$,从而得到

$$b_n = \frac{\sqrt{3}}{6}(2+\sqrt{3})^n - \frac{\sqrt{3}}{6}(2-\sqrt{3})^n。$$

同理可得
$$a_n = \frac{3+\sqrt{3}}{6}(2+\sqrt{3})^n + \frac{3-\sqrt{3}}{6}(2-\sqrt{3})^n。$$

5.2.5 无限阶递推关系的求解

例 5.18 求解无限阶递推关系
$$u_n = \frac{2}{n}\sum_{j=0}^{n-1} u_j + f(n)(n \geqslant 1)。$$

解 由递推关系得到
$$\begin{cases} nu_n = 2\sum_{j=0}^{n-1} u_j + nf(n), \\ (n-1)u_{n-1} = 2\sum_{j=0}^{n-2} u_j + (n-1)f(n-1), \end{cases}$$

两式相减再化简即得一阶递推关系
$$u_n = \frac{n+1}{n}u_{n-1} + \frac{1}{n}[nf(n) - (n-1)f(n-1)](n \geqslant 1),$$

显然用迭代法可解之。

5.2.6 递推关系的应用

例 5.19 求证:$a_n = 11^{n+2} + 12^{2n+1}(n \geqslant 0)$ 能被 133 整除。

证明 因为 $a_n = 121 \cdot 11^n + 12 \cdot 144^n$,而
$$11 + 144 = 155,$$
$$11 \times 144 = 1584,$$

所以 $x_1 = 11, x_2 = 144$ 是方程 $x^2 - 155x + 1584 = 0$ 的两个根,从而 $u_n = a_n (n = 0, 1, 2, \cdots)$ 是递推关系
$$u_n = 155u_{n-1} - 1584u_{n-2}(n \geqslant 2)$$

的一个解,则 a_n 必满足递推关系
$$a_n = 155a_{n-1} - 1584a_{n-2}(n \geqslant 2)。$$

又因为
$$a_0 = 121 + 12 = 133,$$
$$a_1 = 121 \times 11 + 12 \times 144 = 3059 = 133 \times 23,$$

即 a_0 与 a_1 都能被 133 整除,故由递推关系知 $a_n(n = 0, 1, 2, \cdots)$ 必能被 133 整除。

例 5.20 【第 21 届加拿大数学奥林匹克试题】将 n 个整数 $1, 2, \cdots, n$ 进行全排列,要求:每个数或者大于它前面的所有的数,或者小于它前面的所有的数。试问有多少个这样的排列?

解 记所求排列的个数为 a_n。

当 $n = 1$ 时,只有数 1,显然 $a_1 = 1$。

当 $n=2$ 时,显然两个排列 12 和 21 均满足条件,所以 $a_2=2$。

对于 $n \geqslant 3$,考虑 n 在第 i 个位置的排列 $(i=1,2,\cdots,n)$,根据题设要求,第 i 个位置之后的每个数都小于它前面的所有数,所以后面 $n-i$ 个数的位置唯一确定,依次是 $n-i$, $n-i-1,\cdots,2,1$,而它前面的 $i-1$ 个数有 a_{i-1} 种排列法(约定 $a_0=1$),故由加法原理知
$$a_n = 1 + a_1 + \cdots + a_{n-2} + a_{n-1}.$$

同理有 $a_{n-1}=1+a_1+\cdots+a_{n-2}$,两式相减得 $a_n-a_{n-1}=a_{n-1}$,即 $a_n=2a_{n-1}$,解得 $a_n=2^{n-1}(n \geqslant 3)$。经检验 $a_1=1, a_2=2$ 满足 $a_n=2^{n-1}$,即所求排列个数为 2^{n-1}。

练 习 5.2

1. 用迭代法解递推关系:$a_n-4a_{n-1}=4^n, a_0=0$。

2. 用特征方程法求下列递推关系的通解:
(1) $a_n=5a_{n-1}-6a_{n-2}$; (2) $a_n-4a_{n-1}=5^n$;
(3) $a_n-4a_{n-1}=4^n$; (4) $a_n-4a_{n-1}=7 \cdot 4^n - 6 \cdot 5^n$。

3. 求解二阶非齐次递推关系:
$$\begin{cases} a_n = 5a_{n-1} - 6a_{n-2} + n + 2 (n \geqslant 2), \\ a_0 = \frac{27}{4}, a_1 = \frac{49}{4}. \end{cases}$$

4. 用对数法或数列替换法求下列递推关系的通解:
(1) $a_n = a_{n-1}^3 a_{n-2}^{10}$;
(2) $a_n = (2\sqrt{a_{n-1}} + 3\sqrt{a_{n-2}})^2, a_0=1, a_1=4$;(提示:令 $\sqrt{a_n}=b_n$)
(3) $a_n = \frac{n-1}{n} a_{n-1} + \frac{1}{n}, a_1=5$。$\left(\text{提示:令 } a_n = \frac{b_n}{n}\right)$

5. 用生成函数法求解递推关系:$a_n - a_{n-1} = \binom{n+2}{2}, a_0=0$。

6. 已知 $u_0=a, v_0=b$,求解递推关系组 $\begin{cases} u_{n+1} - u_n + v_n = n, \\ u_n + 2v_{n+1} - v_n = 2 \end{cases}$。

*7. 设序列 $\{a_n\}$ 满足递推关系 $a_n-a_{n-1}-a_{n-2}=0$,序列 $\{b_n\}$ 满足 $b_n-2b_{n-1}-b_{n-2}=0$,数列 $\{c_n\}$ 的通项 $c_n=a_n+b_n$。试证序列 $\{c_n\}$ 满足四阶常系数齐次线性递推关系。

8. 设有 $n(n \geqslant 3)$ 个箱子 $A_1, A_2, \cdots, A_n$,每个箱子都安上一把锁,且 n 把锁各不相同。现在把 n 把钥匙随意地放入 n 个箱子中,每个箱子放一把钥匙,锁上全部箱子之后撬开 A_1, A_2,然后取出 A_1, A_2 内的钥匙去开别的箱子。如果能开出别的箱子,则把该箱子内的钥匙拿出来再去开别的箱子,如果最终能把箱子全部打开,则称这 n 把钥匙的放法是一种好放法。求 n 把钥匙的好放法的种数 a_n。

第 6 章

特殊计数序列

本章将介绍组合数学中一些著名并且重要的计数问题,比如 Fibonacci 数(也叫斐波那契数)、Catalan 数(也叫卡特兰数)、Stirling 数(也叫斯特林数)等数列,以及正整数的分拆、棋盘多项式和相异代表系等典型的组合问题,它们不仅是组合数学中常见的问题,而且在数学、计算机等其他分支和学科中都有十分广泛的应用。

6.1 Fibonacci 数

Fibonacci 数列(斐波那契数列)是由意大利数学家莱昂纳多·斐波那契(Leonardo Fibonacci,1170—1250)于 1202 年在他的书《算盘宝典》(*Liber Abaci*)中提出的,其中的算术方法一直沿用至今。他提出的问题是:在一年之初,把一对兔子(雌、雄各一只)放到围栏中,从第二个月开始,每个月这对兔子都生出一对新兔子,其中雌、雄各一只,每对新兔子也从它们第二个月大开始,每月生出一对新兔子,也是雌、雄各一只。问一年后围栏中有多少对兔子?

最初的一对兔子在第一个月期间成熟,因此在第二个月开始时围栏中还是只有一对兔子,在第二个月期间这对兔子生出小兔,于是在第三个月开始时有两对兔子,第三个月期间新生的一对兔子正在成熟,只有原先的一对兔子生小兔,因此第四个月开始时围栏内将有 2+1 对兔子。依此类推。

对于 $n=1,2,\cdots$,令 F_n 表示第 n 个月月初围栏中的兔子对数。显然有 $F_1=1, F_2=1$。在第 n 个月月初,围栏内的兔子可以分为两类:第 $n-1$ 个月月初已经在围栏中的兔子和第 $n-1$ 个月月期间生出的新兔子,而由于一个月的成熟过程,后者数目与在第 $n-2$ 个月月初就存在的兔子数相同,于是得到递推关系

$$F_n = F_{n-1} + F_{n-2} \quad (n \geqslant 3)。 \tag{6.1}$$

如果补充规定 $F_0=0$,则 Fibonacci 问题满足以下带有初值的递推关系:

$$\begin{cases} F_n = F_{n-1} + F_{n-2} & (n \geqslant 2), \\ F_0 = 0, F_1 = 1。 \end{cases} \tag{6.2}$$

我们称递推关系(6.1)为 **Fibonacci 递推关系**,满足递推关系(6.2)的数列为 **Fibonacci 数列**,它的项称为 **Fibonacci 数**。

6.1.1 Fibonacci 数的性质

根据递推关系(6.2)我们可以写出 Fibonacci 数列:

$$0,1,1,2,3,5,8,13,21,34,55,89,144,\cdots。$$

Fibonacci 数列是一个非常神奇的数列,它有许多显著性质,下面介绍其中几个主要性质。

性质 6.1 Fibonacci 数列的部分和 $F_1 + F_2 + \cdots + F_n = F_{n+2} - 1$。

证明 由递推关系得
$$F_1 = F_3 - F_2,$$
$$F_2 = F_4 - F_3,$$
$$\cdots\cdots\cdots\cdots$$
$$F_n = F_{n+2} - F_{n+1}。$$

把以上各式的左边和右边分别相加,得
$$F_1 + F_2 + \cdots + F_n = F_{n+2} - F_2 = F_{n+2} - 1。$$

性质 6.2 沿帕斯卡三角形(见图 2.3)左下到右上对角线上的二项式系数的和是 Fibonacci 数,即
$$F_n = \binom{n}{0} + \binom{n-1}{1} + \cdots + \binom{n-k}{k},$$

其中,$k = \left[\dfrac{n}{2}\right]$。

证明 当 $k > \left[\dfrac{n}{2}\right]$ 时,有 $n-k-1 < k+1$,即 $\binom{n-k-1}{k+1} = 0$。所以,我们只需证明下面等式成立
$$F_n = \binom{n}{0} + \binom{n-1}{1} + \cdots + \binom{n-k}{k} + \binom{n-k-1}{k+1} + \cdots + \binom{0}{n}。$$

用归纳法证明。

当 $n = 0, 1$ 时,有 $F_0 = \binom{0}{0} = 0$,$F_1 = \binom{1}{0} = 1$,等式成立。

假设对 $1, 2, \cdots, n (n \geq 1)$,结论成立,则有
$$F_{n+1} = F_n + F_{n-1}$$
$$= \left[\binom{n}{0} + \binom{n-1}{1} + \cdots + \binom{0}{n}\right] + \left[\binom{n-1}{0} + \binom{n-2}{1} + \cdots + \binom{0}{n-1}\right]$$
$$= \binom{n}{0} + \left[\binom{n-1}{1} + \binom{n-1}{0}\right] + \left[\binom{n-2}{2} + \binom{n-2}{1}\right] + \cdots + \left[\binom{0}{n} + \binom{0}{n-1}\right]$$
$$= \binom{n+1}{0} + \binom{n}{1} + \binom{n-1}{2} + \cdots + \binom{1}{n} + \binom{0}{n+1}。$$

故由归纳法,命题成立。

性质 6.3 $F_{n+m} = F_n F_{m+1} + F_{n-1} F_m \quad (n, m \geq 1)$。

证明 对 m 进行归纳。

当 $m=1$ 时,有 $F_{n+1}=F_n+F_{n-1}=F_nF_2+F_{n-1}F_1$,等式成立。

当 $m=2$ 时,$F_{n+2}=F_{n+1}+F_n=2F_n+F_{n-1}=F_nF_3+F_{n-1}F_2$,等式成立。

假设对一切 $m\leqslant k(k\geqslant 2)$,等式成立,那么
$$\begin{aligned}F_{n+k+1}&=F_{n+k}+F_{n+k-1}\\&=(F_nF_{k+1}+F_{n-1}F_k)+(F_nF_k+F_{n-1}F_{k-1})\\&=F_n(F_{k+1}+F_k)+F_{n-1}(F_k+F_{k-1})\\&=F_nF_{k+2}+F_{n-1}F_{k+1}。\end{aligned}$$

由归纳法知,命题成立。

利用性质 6.3,我们可以将比较大的 Fibonacci 数化成比较小 Fibonacci 数的运算,从而使计算 Fibonacci 数更为方便。

例如,$F_{10}=F(5+5)=F_5F_6+F_4F_5=5\times 8+3\times 5=55$。

6.1.2 Fibonacci 数列的通项

现在需要了解的是,已知递推关系和初始条件,如何求 Fibonacci 数列的通项?

事实上,求解的方法有很多,这里我们用特征方程法和矩阵的幂运算法求解,生成函数法留待读者自行练习。

1. 特征方程法

递推关系 $F_n=F_{n-1}+F_{n-2}$ 的特征方程为 $x^2-x-1=0$,其特征根为
$$x_1=\frac{1+\sqrt{5}}{2},x_2=\frac{1-\sqrt{5}}{2}。$$

所以,通解为
$$F_n=c_1\left(\frac{1+\sqrt{5}}{2}\right)^n+c_2\left(\frac{1-\sqrt{5}}{2}\right)^n。$$

代入初值来确定 c_1 和 c_2,得到方程组
$$\begin{cases}c_1+c_2=0,\\ \dfrac{1+\sqrt{5}}{2}c_1+\dfrac{1-\sqrt{5}}{2}c_2=1。\end{cases}$$

解这个方程组,得
$$c_1=\frac{1}{\sqrt{5}},c_2=-\frac{1}{\sqrt{5}}。$$

所以,原递推关系的解为
$$F_n=\frac{1}{\sqrt{5}}\left(\frac{1+\sqrt{5}}{2}\right)^n-\frac{1}{\sqrt{5}}\left(\frac{1-\sqrt{5}}{2}\right)^n\quad(n=0,1,2,\cdots)。$$

2. 矩阵的幂运算法

由递推关系式 $\begin{cases}F_{n+1}=F_n+F_{n-1},\\ F_n=F_n\end{cases}$ 及 $F_0=0,F_1=1$,如果记

$$\alpha_n = \begin{pmatrix} F_{n+1} \\ F_n \end{pmatrix}, A = \begin{pmatrix} 1 & 1 \\ 1 & 0 \end{pmatrix}, \alpha_0 = \begin{pmatrix} F_1 \\ F_0 \end{pmatrix} = \begin{pmatrix} 1 \\ 0 \end{pmatrix},$$

则可知

$$\alpha_n = A\alpha_{n-1} = A^2\alpha_{n-2} = \cdots = A^n\alpha_0。$$

矩阵 A 的特征多项式为

$$|\lambda I - A| = \begin{vmatrix} \lambda - 1 & -1 \\ -1 & \lambda \end{vmatrix} = \lambda^2 - \lambda - 1,$$

令其等于 0，则解得它有两个不等的特征根 $\lambda_1 = \dfrac{1+\sqrt{5}}{2}, \lambda_2 = \dfrac{1-\sqrt{5}}{2}$。解得它们对应的特征向量分别为 $\begin{pmatrix} \lambda_1 \\ 1 \end{pmatrix}, \begin{pmatrix} \lambda_2 \\ 1 \end{pmatrix}$。令 $P = \begin{pmatrix} \lambda_1 & \lambda_2 \\ 1 & 1 \end{pmatrix}$，则 $A = P \begin{pmatrix} \lambda_1 & 0 \\ 0 & \lambda_2 \end{pmatrix} P^{-1}$。于是

$$A^n = \frac{1}{\lambda_1 - \lambda_2} \begin{pmatrix} \lambda_1 & \lambda_2 \\ 1 & 1 \end{pmatrix} \begin{pmatrix} \lambda_1^n & 0 \\ 0 & \lambda_2^n \end{pmatrix} \begin{pmatrix} 1 & -\lambda_2 \\ -1 & \lambda_1 \end{pmatrix} = \frac{1}{\lambda_1 - \lambda_2} \begin{pmatrix} * & * \\ \lambda_1^n - \lambda_2^n & * \end{pmatrix},$$

所以

$$\alpha_n = \begin{pmatrix} F_{n+1} \\ F_n \end{pmatrix} = \frac{1}{\lambda_1 - \lambda_2} \begin{pmatrix} * \\ \lambda_1^n - \lambda_2^n \end{pmatrix},$$

其中 $*$ 表示对我们的结果不重要的数。于是

$$F_n = \frac{1}{\sqrt{5}} \left[\left(\frac{1+\sqrt{5}}{2} \right)^n - \left(\frac{1-\sqrt{5}}{2} \right)^n \right] (n = 0, 1, 2, \cdots)。$$

注 虽然 Fibonacci 数都是整数，可通项中却包含无理数 $\sqrt{5}$，但是当用到通项中的 n 次幂的时候，所有这些 $\sqrt{5}$ 又都奇迹般地消失了。同时，若令 $\alpha = \dfrac{1+\sqrt{5}}{2}, \beta = \dfrac{1-\sqrt{5}}{2}$，则 Fibonacci 数列的通项可表示为 $F_n = \dfrac{1}{\sqrt{5}}\alpha^n - \dfrac{1}{\sqrt{5}}\beta^n$。注意到 $\alpha \approx 1.618, \beta \approx -0.618$，故当 n 充分大时，$\dfrac{1}{\sqrt{5}}\beta^n$ 很小，从而 $F_n = \left[\dfrac{1}{\sqrt{5}}\alpha^n\right]$ 是距离 $\dfrac{1}{\sqrt{5}}\alpha^n$ 最近的整数。

6.1.3 Fibonacci 数列的应用

例 6.1 【多米诺骨牌覆盖】用 n 块多米诺骨牌完美覆盖 $2 \times n$ 的棋盘，求其方法数。

解 记这个数为 $h(n)$。最后面的骨牌有横、竖两种放法：当最后一块竖着放的时候，前面有 $h(n-1)$ 种覆盖方法；当最后两块横着放的时候，前面有 $h(n-2)$ 种覆盖方法。显然，两类计数无重复，于是有递推关系

$$h(n) = h(n-1) + h(n-2),$$

且初值为 $h(1) = 1, h(2) = 2$。显然有 $h(n) = F_{n+1}$。

注意 对于 $h(n) = F_{n+1}$ 的证明，通常我们会使用通用的方法：两个数列的通项 $r(n)$ 和 $s(n)$ 相等当且仅当它们的递推关系和初值都相同。

例 6.2 【有限制的 0-1 序列】求长为 n 的既不包含"010"子串也不包含"101"子串的 0-1 序列的个数。

解 记这个数为 $u(n)$。满足条件的以 0 或 1 结尾的序列个数分别记为 $u_0(n)$ 或 $u_1(n)$，显然有 $u(n) = u_0(n) + u_1(n)$。

先考虑以 0 结尾的 0-1 序列，倒数第二位有 0 和 1 两种可能。当倒数第二位为 0 时，只需它前面 $n-1$ 位（包括这个 0）没有 010 和 101 即可，故此时有 $u_0(n-1)$ 个；当倒数第二位为 1 时，倒数第三位必须为 1，此时需前面 $n-2$ 位没有 010 和 101，故有 $u_1(n-2)$ 个。于是有递推关系

$$u_0(n) = u_0(n-1) + u_1(n-2)。$$

同理，由"010"和"101"形式上的对称关系知

$$u_1(n) = u_1(n-1) + u_0(n-2)，$$

两式相加得

$$u(n) = u(n-1) + u(n-2)，$$

且初值 $u(1) = 2, u(2) = 4$，故

$$u(n) = 2F_{n+1}。$$

例 6.3 【"热手效应"】通常篮球比赛中存在所谓的"热手效应"现象：一名队员一旦投中一个球，那么他投中下一个球的几率高于平均几率。假设一名队员投 n 个球，求无连续投中的方法数 b_n。

解 当 $n=1$ 时，有投中和未投中两种可能，故 $b_1 = 2$；当 $n=2$ 时，或者两次均没有投中，或者第一次投中而第二次失利，或反之，因此 $b_2 = 3$。下设 $n \geqslant 3$。

为了确定 b_n，考虑将所有满足条件的投球方法根据第 n 次投球结果分为两类：第 n 次若未投中，则只需前面 $n-1$ 次没有连续投中即可，有 b_{n-1} 种可能；第 n 次若投中，则第 $n-1$ 次一定未投中，则只需前面 $n-2$ 次都没有连续投中即可，共有 b_{n-2} 种可能。因此有

$$b_n = b_{n-1} + b_{n-2}，$$

即为 Fibonacci 递推关系。

加上初始条件，可以看到 $b_n = F_{n+2} = F_{n+1} + F_n$。

由上面的几个应用我们发现，无论初值是多少，任意序列 $\{h(n)\}$ 只要满足 Fibonacci 递推关系 $h(n) = h(n-1) + h(n-2)$，我们就能找到合适的数 α 和 β，使得 $h(n)$ 可以用 Fibonacci 数表示成 $h(n) = \alpha F_{n+1} + \beta F_n$。证明留给读者。

例 6.4 【黄金比例】Fibonacci 数列 $\{F_n\}$ 在 n 时刻的生长率定义如下：

$$G_n = \frac{F_{n+1}}{F_n},$$

于是我们有

$$G_1 = \frac{1}{1} = 1, G_2 = \frac{2}{1} = 2, G_3 = \frac{3}{2} = 1.5, G_4 = \frac{5}{3} = 1.66\cdots, G_5 = \frac{8}{5} = 1.60,$$

$$G_6 = \frac{13}{8} = 1.625, G_7 = \frac{21}{13} = 1.615\cdots, G_8 = \frac{34}{21} = 1.619\cdots,$$

$$G_9 = \frac{55}{34} = 1.6176\cdots, G_{10} = \frac{89}{55} = 1.61818\cdots。$$

增长率 $\{G_n\}$ 似乎收敛于 1.60 与 1.62 之间的一个数。事实上,利用 Fabonacci 数列的通项我们可以证明这个数的精确值是

$$\alpha = \frac{1}{2}(1+\sqrt{5}) = 1.618034\cdots。$$

这个数称为黄金比例(Golden Ratio),几个世纪以来,这个数让无数数学家、科学家和艺术家都非常着迷。

值得一提的是,Fibonacci 数在数值分析中也有着重要的应用,特别是对寻找函数 $f(x)$ 在区间 (a,b) 内的最大值有重要的应用。计算机算法中使用的最大值斐波那契搜索就是利用 Fibonacci 数来确定在什么地方评估函数以使得最大值位置的评估越来越好。

练 习 6.1

1. 证明 Fibonacci 数列满足以下性质:
(1) $F_1 + F_3 + \cdots + F_{2n-1} = F_{2n}$;
(2) $F_2 + F_4 + \cdots + F_{2n} = F_{2n+1} - 1$;
(3) $F_1^2 + F_2^2 + \cdots + F_n^2 = F_n F_{n+1}$。

2. 用生成函数法求 Fibonacci 数列的通项。

3. 某人爬 n 个台阶的楼梯,一步可以迈一个台阶或两个台阶,求此人爬完楼梯的方法数。

4. 在长为 n 的 0-1 序列中,没有相邻的 1 的序列有多少个?

5. 证明任意正整数 N 可以表示为不同的不相邻 Fibonacci 数之和,并将数 100 表示为 Fibonacci 数的和。

*6. 证明:无论初值是多少,任意序列 $\{h(n)\}$ 只要满足 Fibonacci 递推关系 $h(n) = h(n-1) + h(n-2)$,必存在数 α 和 β,使得 $h(n) = \alpha F_{n+1} + \beta F_n$。

6.2 Catalan 数

Catalan 数列(卡特兰数列,又称卡塔兰数列)是一个常出现在各种组合计数问题中的数列,它以比利时数学家卡特兰(Catalan,1814—1894)的名字来命名。事实上早在 1730 年,中国清代数学家明安图(1692—1765)在研究三角函数幂级数的推导过程中就发现了该数列,成果发表于 1774 年出版的《割圜密率捷法》中。

Catalan 数列 $\{C_n\}$ ($n = 0,1,2,3,\cdots$) 的通项由组合数给出:

$$C_n = \frac{1}{n+1}\binom{2n}{n},$$

并称 C_n 为第 n 个 **Catalan 数**。

根据通项公式计算出 Catalan 数列的前若干项为

1,1,2,5,14,42,132,429,1430,4862,16796,58786,208012,742900,2674440,9694845,35357670,129644790,477638700,1767263190,6564120420,⋯。

Catalan 数最早是由欧拉在 1753 年解决凸多边形的三角剖分时推出的。所谓凸多边形，即任意两顶点间的连线线段都在内部的多边形。

例 6.5【凸多边形的三角剖分问题】将凸 $n+2$ 边形用不相交的对角线对其进行三角剖分，求所有不同的三角剖分方案数 h_n。

例如，凸五边形有如图 6.1 所示的 5 种三角剖分方案，即 $h_3 = 5$。

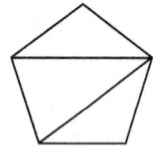  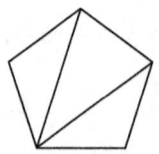 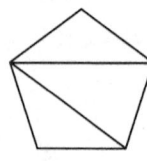 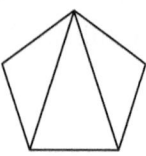

图 6.1 凸五边形的三角剖分

解 首先，我们用两种方法分别建立 $\{h_n\}$ 满足的不同递推关系。当 $n=1$ 时，三角形内已经是三角剖分，故 $h_1=1$。当 $n=2$ 时，凸四边形有两种方法进行三角剖分，故 $h_2=2$。我们约定 $h_0=1$。现设 $n \geqslant 3$。

分析一：以边为基准，建立递推关系。

考虑具有 $n+2$ 条边的凸多边形，设其顶点依次为 $V_1, V_2, \cdots, V_{n+2}$。

固定边 V_1V_{n+2}，再另取一个顶点 $V_k (k=2,3,4,\cdots,n+1)$，作 $\triangle V_1V_kV_{n+2}$，它分凸 $n+2$ 边形为两个较小的凸多边形。一个是凸 k 边形，其三角剖分数为 h_{k-2}，另一个是 $n-k+3$ 边形，其剖分数为 h_{n-k+1}（如图 6.2(a) 所示）。由乘法原理和加法原理得到如下卷积型递推关系

$$h_n = \sum_{k=2}^{n+1} h_{k-2}h_{n-k+1} = h_0h_{n-1} + h_1h_{n-2} + \cdots + h_{n-2}h_1 + h_{n-1}h_0 \text{。} \tag{6.3}$$

(a) (b)

图 6.2 凸多边形的三角剖分图示

分析二：以对角线为基准，建立递推关系。

考虑具有 $n+1$ 条边的凸多边形，设其顶点依次为 $V_1, V_2, \cdots, V_{n+1}$。从 V_1 点向其余

$n-2$ 个顶点 $V_3,V_4,\cdots,V_n$ 可引出 $n-2$ 条对角线,对角线 V_1V_k ($k=3,4,\cdots,n$) 把 $n+1$ 边形分割成两个较小的凸多边形(如图 6.2(b) 所示)。一个是凸 k 边形,其剖分数为 h_{k-2},另一个是 $n-k+3$ 边形,其剖分数为 h_{n-k+1},故此时三角剖分数为 $h_{k-2}h_{n-k+1}$。又因为 V_k 可以是 $V_3,V_4,\cdots,V_n$ 点中任意一点,故所有剖分数之和为 $h_1h_{n-2}+h_2h_{n-3}+\cdots+h_{n-2}h_1$。

再将 V_1 换成其他的顶点,则总的剖分数为 $(n+1)\cdot(h_1h_{n-2}+h_2h_{n-3}+\cdots+h_{n-2}h_1)$。注意,这里有重复计数出现。一方面,同一对角线在其两个端点处分别被计算了一次,故总数应除以 2;另一方面,由于一个凸 $n+1$ 边形的任意三角剖分均有 $n-2$ 条对角线,在对其每一条对角线计数时该剖分都被计数了一次,故重复了 $n-2$ 次,故总数应再除以 $n-2$。于是得到递推关系

$$h_{n-1} = \frac{1}{2(n-2)}\cdot(n+1)\cdot(h_1h_{n-2}+h_2h_{n-3}+\cdots+h_{n-2}h_1)。 \qquad (6.4)$$

其次,联立数列 $\{h_n\}$ 满足的以上两个递推关系求通项。

因为 $h_0=1$,故由 (6.3) 知 $h_n-2h_{n-1}=h_1h_{n-2}+\cdots+h_{n-2}h_1$,代入 (6.4) 式等号右边可得

$$h_n = \frac{2(2n-1)}{n+1}h_{n-1}。 \qquad (6.5)$$

用迭代法解得数列 $\{h_n\}$ 的通项为

$$\begin{aligned}h_n &= \frac{2(2n-1)}{n+1}h_{n-1}\\ &= \frac{2(2n-1)}{n+1}\cdot\frac{2(2n-3)}{n}\cdot h_{n-2}\\ &= \cdots\\ &= \frac{2(2n-1)}{n+1}\cdot\frac{2(2n-3)}{n}\cdot\cdots\cdot\frac{2\cdot 5}{4}\cdot\frac{2\cdot 3}{3}\cdot h_1\\ &= \frac{2(2n-1)}{n+1}\cdot\frac{2(2n-3)}{n}\cdot\cdots\cdot\frac{2\cdot 5}{4}\cdot\frac{2\cdot 3}{3}\cdot\frac{2\cdot 1}{2}\\ &= \frac{2^n(2n-1)\cdot(2n-3)\cdot\cdots\cdot 3\cdot 1}{(n+1)!}\cdot\frac{2n\cdot(2n-2)\cdot\cdots\cdot 4\cdot 2}{2^n\cdot n\cdot(n-1)\cdot\cdots\cdot 2\cdot 1}\\ &= \frac{(2n)!}{(n+1)!n!}\\ &= \frac{1}{n+1}\binom{2n}{n},\end{aligned}$$

即 $h_n=C_n$。

1838 年比利时数学家卡特兰在研究 Hanoi 塔问题时,研究了"字的连乘积问题"(或称"加括号问题"),使 Catalan 数列广为人知。

例 6.6 【字的连乘积问题】设集合 S 上有一种满足结合律的二元运算"$*$",对 $x,y\in S$,$x*y$ 简记为 xy,称为元 x 与 y 的乘积。若 $x_1,x_2,\cdots,x_n,x_{n+1}$ 是 S 中 $n+1$ 个相异元,则通过加括号的方式,可以表示不同的二元运算的顺序而得到 $x_1x_2\cdots x_nx_{n+1}$ 的"连乘积"。

例如，$n=1$ 时连乘积（即加 1 对括号）的方法仅 1 种：(x_1x_2)；$n=2$ 时连乘积（即加 2 对括号）的方法有两种：$((x_1x_2)x_3)$ 和 $(x_1(x_2x_3))$；$n=3$ 时有 5 种方法：$(x_1(x_2(x_3x_4)))$，$(x_1((x_2x_3)x_4))$，$((x_1x_2)(x_3x_4))$，$((x_1(x_2x_3))x_4)$，$(((x_1x_2)x_3)x_4)$。求得到 $x_1x_2\cdots x_nx_{n+1}$ 的"连乘积"（即加 n 对括号）的可能方法数 p_n。

解 设最后一次二元运算为 $(x_1\cdots x_j)(x_{j+1}\cdots x_{n+1})$ $(j=1,2,\cdots,n+1)$。因为得出 $x_1\cdots x_j$ 和 $x_{j+1}\cdots x_{n+1}$ 分别有 p_{j-1} 和 p_{n-j} 种可能方法，故所求可能方法总数 p_n 满足（卷积型）递推关系：

$$p_n = p_0p_{n-1} + p_1p_{n-2} + \cdots + p_{n-1}p_0 \quad (n \geqslant 2), \tag{6.6}$$

其中初始值 $p_0=1, p_1=1$。

比较例 6.5 中的递推关系式 (6.3) 和式 (6.6)，以及它们的初始条件，可以发现数列 $\{h_n\}$ 和 $\{p_n\}$ 实际上是同一个数列。

下面我们考虑用生成函数求递推关系 (6.6) 的通项。

设数列 $\{p_n\}$ 的生成函数为

$$P(x) = p_0 + p_1x + p_2x^2 + \cdots + p_nx^n + \cdots, \tag{6.7}$$

将 $P(x)$ 自乘并由递推关系式 (6.6) 得

$$\begin{aligned}
P(x)P(x) &= p_0p_0 + (p_0p_1 + p_1p_0)x + (p_0p_2 + p_1p_1 + p_2p_0)x^2 + \cdots + \\
&\quad (p_0p_n + p_1p_{n-1} + \cdots + p_np_0)x^n + \cdots \\
&= p_1 + p_2x + p_3x^2 + p_4x^3 + \cdots + p_{n+1}x^n + \cdots \\
&= \frac{1}{x}(p_0 + p_1x + p_2x^2 + p_3x^3 + p_4x^4 + \cdots + p_nx^n + \cdots) - \frac{1}{x}p_0 \\
&= \frac{1}{x}P(x) - \frac{1}{x},
\end{aligned}$$

即

$$xP^2(x) - P(x) + 1 = 0,$$

解得

$$P(x) = \frac{1+\sqrt{1-4x}}{2x} \text{ 或 } P(x) = \frac{1-\sqrt{1-4x}}{2x}。$$

由第 4 章式 (4.2) 知

$$\begin{aligned}
(1-4x)^{\frac{1}{2}} &= 1 + \sum_{n=1}^{\infty} \frac{\frac{1}{2}\left(\frac{1}{2}-1\right)\left(\frac{1}{2}-2\right)\cdots\left(\frac{1}{2}-n+1\right)}{n!} \cdot (-4)^n x^n \\
&= 1 + \sum_{n=1}^{\infty} (-1)^{n-1} \cdot \frac{1}{2^n} \cdot \frac{1\cdot 3\cdot 5\cdots(2n-3)}{n!} \cdot (-4)^n x^n \\
&= 1 + \sum_{n=1}^{\infty} -\frac{1}{2^n} \cdot \frac{1\cdot 2\cdot 3\cdot 4\cdot 5\cdots(2n-3)\cdot(2n-2)}{2^{n-1}\cdot(n-1)!\,n!} \cdot 4^n x^n \\
&= 1 + \sum_{n=1}^{\infty} \left(-\frac{2}{n}\right)\binom{2n-2}{n-1} \cdot x^n。
\end{aligned}$$

根据上式中 x^n 的系数符号发现应舍去 $P(x) = \frac{1+\sqrt{1-4x}}{2x}$，从而得到

$$P(x) = \frac{1}{2x} - \frac{1}{2x}(1-4x)^{\frac{1}{2}} = \sum_{n=1}^{\infty} \frac{1}{n}\binom{2n-2}{n-1}x^{n-1} = \sum_{n=0}^{\infty} \frac{1}{n+1}\binom{2n}{n}x^n,$$

因此 $p_n = \dfrac{1}{n+1}\dbinom{2n}{n}$,即 $p_n = C_n$。

Catalan 数还出现在许多计数问题中,比如在计算机算法研究中常涉及计数问题的二叉树。

例 6.7 【完全二叉树】具有 $n+1$ 个叶子节点的完全二叉树的个数是 Catalan 数 C_n。

证明 将完全二叉树的 $n+1$ 个叶子按顺序分别用 $n+1$ 个元 $a_1,a_2,\cdots,a_{n+1}$ 来标记,若 a_i,a_j 具有同一个母节点,则将该母节点标记为 (a_ia_j),依此类推,将二叉树的所有节点均作标记,从而使完全二叉树的根 a_0 的标记对应于 $n+1$ 个元 $a_1,a_2,\cdots,a_{n+1}$ 的连乘积;同时若将凸 $n+2$ 边形的 $n+2$ 条边按顺序分别标记为 $a_0,a_1,a_2,\cdots,a_{n+1}$,若在完全二叉树中 a_i,a_j 具有同一个母节点,则使节点 (a_ia_j) 在一个三角形中,从而得到凸 $n+2$ 边形的三角剖分。

因此例 6.5,例 6.6,例 6.7 中的三个研究对象之间构成一一对应关系。例如,$n=3$ 时的对应关系如图 6.3 所示。故结论成立。

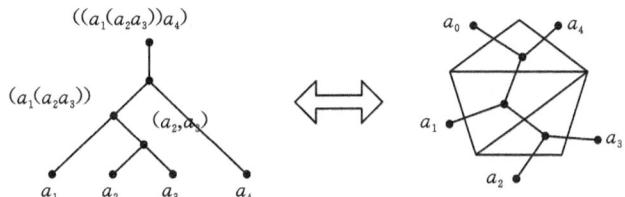

图 6.3 4 点完全二叉树、4 元连乘积与凸 5 边形三角剖分的对应关系图

例 6.8 【+1 优于 −1 的排列】证明由 n 个 +1 和 n 个 −1 构成的所有序列 $a_1a_2\cdots a_{2n}$ 中部分和始终满足 $a_1+a_2+\cdots+a_k \geqslant 0 (k=1,2,\cdots,2n)$ 的序列的个数等于第 n 个 Catalan 数 C_n。

证明 显然 n 个 +1 和 n 个 −1 的序列的总个数为 $\dbinom{2n}{n} = \dfrac{(2n)!}{n!n!}$。若设满足题意条件的序列的个数为 A_n,否则为 B_n,则有 $A_n + B_n = \dbinom{2n}{n}$。

下面先计算 B_n。

考虑 n 个 +1 和 n 个 −1 组成的不满足题意条件的序列,则存在一个最小的正整数 k 使得部分和 $a_1 + a_2 + \cdots + a_k < 0$。

因为 k 是最小的,所以在 a_k 前面的 +1 和 −1 的个数相等,即 $a_1 + a_2 + \cdots + a_{k-1} = 0$,并且有 $a_k = -1$,特别地,k 是一个奇数。

现在把此类序列中前 k 项中的每一项的符号都反过来,其余的项不变,得到有 $n+1$ 个 +1 和 $n-1$ 个 −1 的新序列。这个过程是可逆的:给定 $n+1$ 个 +1 和 $n-1$ 个 −1 的序列,从第 1 项开始,一旦出现 +1 的个数超过 −1 的个数(因为 +1 的总个数多于 −1 的总个数,这种情况一定存在),就把这项及之前项中所有 +1 和 −1 的符号倒过来,其余项不变,结果就得到 n 个 $+1$ 和 n 个 -1 不满足题意条件的序列。从而不满足题意条件的序列与 $n+1$ 个 $+1$ 和 $n-1$ 个 -1 构成的序列一一对应,因此

$$B_n = \binom{2n}{n-1}.$$

从而所求为

$$A_n = \binom{2n}{n} - \binom{2n}{n-1} = \frac{1}{n+1}\binom{2n}{n},$$

即满足条件的序列个数等于第 n 个 Catalan 数 C_n。

注 从以上例子中我们可以发现,Catalan 数列 $\{C_n\}$ 满足以下两个递推关系:

$$C_n = \sum_{k=0}^{n-1} C_k C_{n-1-k} = C_0 C_{n-1} + C_1 C_{n-2} + \cdots + C_{n-2} C_1 + C_{n-1} C_0,$$

$$C_n = \frac{2(2n-1)}{n+1} C_{n-1}.$$

反之,只要满足以上递推关系之一和初始条件 $C_0 = 1$ 的数列 $\{C_n\}$ 一定是 Catalan 数列。

同时,根据例 6.8,Catalan 数还有另外一种组合意义如下:

$$C_n = \frac{1}{n+1}\binom{2n}{n} = \binom{2n}{n} - \binom{2n}{n-1},$$

即 Catalan 数可看作 n 个 $+1$ 和 n 个 -1 组成的序列个数减去 $n+1$ 个 $+1$ 和 $n-1$ 个 -1 组成的序列个数。

最后来看几个实际问题中的例子,它们都可以归结于例 6.8 的形式,我们可用同样的方法求解,当然也可直接利用例 6.8 的结论,用 Catalan 数表示。

例 6.9 【排队买票】有 $2n$ 个人进剧场看戏,票价 5 角。问这 $2n$ 个人中有 n 个人每人都拿 1 元纸币,另外 n 个人每人都拿 5 角硬币。问有多少种排队买票的方法,使得售票员根本就不需要准备零钱?

解 若将 5 角硬币记为 $+1$,1 元纸币记为 -1,则只需要排成例 6.8 中所要求序列即可,故有 C_n 种方法。

当然,这种排队方法只是考虑了找回零钱的问题,因此相当于把人都看成一样的。若把人看成是不同的,则应有

$$n!n!C_n = n!n!\frac{1}{n+1}\binom{2n}{n} = \frac{(2n)!}{n+1}$$

种不同的排队方法。

例 6.10 【不穿越对角线】一位律师的工作地点在自己的家往北 n 个街区往东 n 个街区,但沿他家到单位的对角线位置刚好是一条没有桥的河。问这名律师从家到办公室有多少种不同的走法?

解 显然在河的西北和东南两边的走法是一样多的。下面只考虑东南边走法。若将向东走一个街区记为 $+1$,向北走一个街区记为 -1,则任一种走法都与一个由 n 个 $+1$ 和 n 个 -1 组成的长为 $2n$ 的序列相对应。由于不能穿过对角线,所以这个序列的所有部分和均为非负的,于是这样的走法就有 C_n 种。总共有 $2C_n = \dfrac{2}{n+1}\dbinom{2n}{n}$ 种走法。

例 6.11 【乒乓球比赛】甲乙两人比赛乒乓球,最后结果为 20∶20,问比赛过程中甲始终领先乙的计分情形的种数。

解 由题意即甲在得到 1 分到 19 分的过程中始终领先乙,其种数是 Catalan 数

$$C_{19} = \dfrac{1}{19+1} \cdot \dbinom{38}{19} = 1767263190。$$

练 习 6.2

1. 证明卡特兰数 C_n 是整数。

2. 证明:卡特兰数 $C_n = \dfrac{1}{n+1}\sum_{i=0}^{n}\dbinom{n}{i}^2$。

3. 证明:圆周上有标号为 $1,2,3,4,\cdots,2n$ 的共计 $2n$ 个点,将这 $2n$ 个点配对连 n 条弦,其中这些弦两两不相交的方式数为卡特兰数 C_n。

4. 【腾讯实习招聘笔试题】在图书馆一共 6 个人在排队,3 人还《面试宝典》一书,3 人借《面试宝典》一书,图书馆此时馆藏没有《面试宝典》了,求他们均能如愿排队的方法数。

5. 【阿里巴巴招聘笔试题】有 16 个人排队买烧饼,其中 8 个人每人身上只有一张 5 元钱,另外 8 个人每人身上只有一张 10 元钱。烧饼 5 元一个,每人只买一个,而烧饼店老板身上没有零钱。问这 16 个人共有多少种排队方法能避免找不开钱的情况出现。

6.3 两类 Stirling 数

组合数学中,Stirling 数包括两类数:第一类 Stirling 数和第二类 Stirling 数,它们自 18 世纪以来一直吸引许多数学家的兴趣,如欧拉、柯西、西尔沃斯特和凯莱等。后来哥本哈根大学的尼尔森(Nielsen,1865—1931) 提出了 "Stirlingschen Zahlen erster Art(第一类 Stirling 数)" 和 "Stirlingschen Zahlen zweiter Art(第二类 Stirling 数)",首次把这两类数冠以 "Stirling 数" 之名,因为苏格兰数学家斯特林(Stirling,1692—1770) 首次发现这些数并说明了它们的重要性。

斯特林在研究实变元 x 的 n 次降阶乘积 $(x)_n = x(x-1)(x-2)\cdots(x-n+1)$ 问题时发现了这些数。

一方面,将实变元 x 的 n 次降阶乘积 $(x)_n = x(x-1)(x-2)\cdots(x-n+1)$ 展开成 x 的 n 次多项式,称 x^k 的系数为第一类 Stirling 数。另一方面,x^n 也可以用 $(x)_0,(x)_1,(x)_2,\cdots,(x)_n$ 线性表示,例如:

$x^1 = (x)_1$;

$x^2 = x(x-1) + x = (x)_2 + (x)_1$;

$x^3 = x(x-1)(x-2) + 3x(x-1) + x = (x)_3 + 3(x)_2 + (x)_1$;

$x^4 = x(x-1)(x-2)(x-3) + 6x(x-1)(x-2) + 7x(x-1) + x = (x)_4 + 6(x)_3 + 7(x)_2 + (x)_1$;

……

称这些表达式中 $(x)_k$ 的系数为第二类 Stirling 数。

总体来说，第一类 Stirling 数指出如何用 $x^0, x^1, x^2, \cdots, x^n$ 线性表出 $(x)_n$，第二类 Stirling 数的作用则相反，它告诉我们如何用 $(x)_0, (x)_1, (x)_2, \cdots, (x)_n$ 线性表出 x^n。根据代数学中向量空间的有关理论，具有实系数的最高为 n 次的多项式的全体形成一个 $n+1$ 维的向量空间，向量组 $x^0, x^1, x^2, \cdots, x^n$ 和向量组 $(x)_0, (x)_1, (x)_2, \cdots, (x)_n$ 都是该空间的基，它们可以互相线性表示，且表示法唯一。这是两类 Stirling 数的存在性与表示法唯一的理论基础。

下面对这两类 Stirling 数进行详细介绍。

6.3.1 第一类 Stirling 数

定义 6.1 设 x 为实变元，令 $(x)_0 = 1$，

$$(x)_n = x(x-1)(x-2)\cdots(x-n+1) \quad (n = 1, 2, \cdots), \tag{6.8}$$

称 $(x)_n$ 为实变元 x 的 n 次降阶乘。以 $S_1(n,k)$ 表示 $(x)_n$ 的展开式中的 x^k 系数，$S_1(n,k)$ 称为第一类 **Stirling** 数。

例如，$n=3$ 时，$(x)_3 = x(x-1)(x-2) = x^3 - 3x^2 + 2x$，其中 $S_1(3,3) = 1$，$S_1(3,2) = -3$，$S_1(3,1) = 2$，$S_1(3,0) = 0$。

由定义知当 $k > n$ 时，$S_1(n,k) = 0$，且 $(x)_n = \sum_{k=0}^{n} S_1(n,k) x^k$。容易得到以下结果：

$$S_1(n,0) = 0, \quad S_1(n,n) = 1,$$

$$S_1(n,1) = (-1)(-2)\cdots(-n+1) = (-1)^{n-1}(n-1)!,$$

$$S_1(n,n-1) = -[1 + 2 + \cdots + (n-1)] = -\binom{n}{2}.$$

我们约定 $S_1(0,0) = 1$。

定理 6.1 （第一类 Stirling 数递推公式）

$$S_1(n+1, k) = S_1(n, k-1) - n \cdot S_1(n, k) \quad (n \geqslant k \geqslant 1).$$

证明 由 $(x)_{n+1} = x(x-1)(x-2)\cdots(x-n+1)(x-n) = (x)_n(x-n) = x(x)_n - n(x)_n$，知

$$\sum_{k=1}^{n+1} S_1(n+1, k) x^k = x \sum_{k=0}^{n} S_1(n, k) x^k - n \sum_{k=1}^{n} S_1(n, k) x^k$$

$$= \sum_{k=1}^{n+1} S_1(n, k-1) x^k - \sum_{k=1}^{n} n S_1(n, k) x^k$$

$$= \sum_{k=1}^{n+1} [S_1(n, k-1) - n \cdot S_1(n, k)] x^k,$$

根据线性表示的唯一性,比较等式两端 x^k 的系数可知递推公式成立。

第一类 Stirling 数的组合意义

n 元集 $A = \{1,2,\cdots,n\}$ 到其自身上的一一映射也称为 n 元置换。由代数学的有关理论我们知道:任一个 n 元置换可表示成若干个互不相交的轮换的乘积,且在不考虑轮换的次序时,表示法唯一(注:在每个轮换中,通常将最小元放在首位)。

例如,6 元置换 $f = \begin{pmatrix} 123456 \\ 214365 \end{pmatrix}$ 表示满足 $f(1)=2, f(2)=1, f(3)=4, f(4)=3,$ $f(5)=6, f(6)=5$ 的映射,可表示为 3 个互不相交的 2- 轮换乘积 $(12)(34)(56)$。

定理 6.2 恰可表示成 k 个互不相交的轮换乘积的 n 元置换共有 $(-1)^{n+k}S_1(n,k)$ 个,即第一类 Stirling 数 $S_1(n,k)$ 的绝对值是恰可表示为 k 个互不相交的轮换乘积的 n 元置换的个数。

证明 设恰可表示成 k 个互不相交的轮换乘积的 n 元置换共有 $g(n,k)$ 个,则有 $g(n,0)=0$。当 $n > k \geqslant 1$ 时,所有 n 元置换可分成如下两类:

(1) n 所在的轮换是 1- 轮换的 n 元置换:共有 $g(n-1,k-1)$ 个;

(2) n 所在的轮换不是 1- 轮换的 n 元置换:依如下两个步骤构造此类置换。

先作恰可表示成 k 个互不相交的轮换乘积的 $n-1$ 元置换,有 $g(n-1,k)$ 种方法;再把 n 放到这个 $n-1$ 元置换的一个轮换中,使得最小元仍排在轮换的首位,有 $n-1$ 种方法。于是由乘法原理,第(2)类 n 元置换有 $(n-1)g(n-1,k)$ 个。

由加法原理,得到 $g(n,k) = g(n-1,k-1) + (n-1)g(n-1,k)$,于是

$(-1)^{n+k}g(n,k) = (-1)^{n-1+k-1}g(n-1,k-1) - (n-1)(-1)^{n-1+k}g(n-1,k)$。

若令 $h(n,k) = (-1)^{n+k}g(n,k)$,则 $h(n,k) = h(n-1,k-1) - (n-1)h(n-1,k)$,即 $h(n+1,k) = h(n,k-1) - nh(n,k)$ $(n \geqslant k \geqslant 1)$。

易知 $h(1,1) = (-1)^{1+1}g(1,1) = 1, h(n,0) = (-1)^{n+0}g(n,0) = 0 (n \geqslant 1)$。

于是 $h(n,k)$ 和第一类 Stirling 数 $S_1(n,k)$ 有相同的递推关系和相同的初始值,故 $h(n,k) = S_1(n,k)$,即 $(-1)^{n+k}g(n,k) = S_1(n,k)$ 或 $g(n,k) = (-1)^{n+k}S_1(n,k)$。

注 由 $g(n,k)$ 的定义知 $g(n,k) > 0 (n \geqslant k \geqslant 1)$,于是 $(-1)^{n+k}S_1(n,k) \geqslant 0$ $(n \geqslant k \geqslant 1)$,这说明 $S_1(n,1), S_1(n,2), S_1(n,3), \cdots, S_1(n,n)$ 是正负相间的数列。

6.3.2 第二类 Stirling 数

定义 6.2 将 x^n 用 $(x)_0, (x)_1, (x)_2, \cdots, (x)_n$ 线性表示,其中 $(x)_k$ 的系数称为**第二类 Stirling 数**,记作 $S_2(n,k)$,即 $x^n = \sum_{k=0}^{n} S_2(n,k) \cdot (x)_k$ $(n=0,1,2,\cdots)$。

易知: $S_2(n,0) = 0, S_2(n,n) = 1, S_2(n,1) = 1$。我们约定 $S_2(0,0) = 1$。

定理 6.3 (第二类 Stirling 数递推公式)

$$S_2(n+1,k) = S_2(n,k-1) + k \cdot S_2(n,k) \quad (n+1 \geqslant k \geqslant 1)。$$

证明 $x^{n+1} = \sum_{k=0}^{n+1} S_2(n+1,k) \cdot (x)_k = \sum_{k=1}^{n+1} S_2(n+1,k) \cdot (x)_k$，又有

$$x^{n+1} = x \cdot x^n = x\sum_{k=0}^{n} S_2(n,k) \cdot (x)_k = \sum_{k=0}^{n} S_2(n,k) \cdot (x-k+k) \cdot (x)_k$$

$$= \sum_{k=0}^{n} S_2(n,k) \cdot (x)_{k+1} + \sum_{k=0}^{n} kS_2(n,k) \cdot (x)_k$$

$$= \sum_{k=1}^{n+1} S_2(n,k-1) \cdot (x)_k + \sum_{k=1}^{n+1} kS_2(n,k) \cdot (x)_k$$

$$= \sum_{k=1}^{n+1} [S_2(n,k-1) + kS_2(n,k)](x)_k 。$$

比较上面两式中$(x)_k$的系数即得证。

根据 $S_2(0,0)=1, S_2(n,0)=0$ 及递推公式，我们可以得到关于第二类 Stirling 数的类帕斯卡三角形，见表 6.1。

表 6.1 第二类 Stirling 数的类帕斯卡三角形

n \ k	0	1	2	3	4	5	6	7	8
0	1								
1	0	1							
2	0	1	1						
3	0	1	3	1					
4	0	1	7	6	1				
5	0	1	15	25	10	1			
6	0	1	31	90	65	15	1		
7	0	1	63	301	350	140	21	1	
8	0	1	127	966	1701	1050	266	28	1

事实上，第二类 Stirling 数还有另外一种组合定义，它与集合的分划有关。

定义 6.3 设 $A_1, A_2, \cdots, A_k$ 是集合 A 的 k 个子集，若它们满足：(1) $A_i \neq \emptyset (i=1,2,\cdots,k)$；(2) $A_i \cap A_j = \emptyset (1 \leqslant i \neq j \leqslant k)$；(3) $A_1 \cup A_2 \cup \cdots \cup A_k = A$，则称 $A_1, A_2, \cdots, A_k$ 是 A 的一个 **k 分划**，并记为 $A = A_1 \cup A_2 \cup \cdots \cup A_k$，且称 $A_i (i=1,2,\cdots,k)$ 是 k 分划的一个块。

定义 6.4 n 元集的全部 k 分划的个数叫作**第二类 Stirling 数**，记作 $S_2(n,k)$。

下面证明两种定义的一致性。

设 n 元集 $A = \{a_1, a_2, \cdots, a_n\}$ 的全部 k 分划的个数为 $h(n,k)$，易知 $h(n,0) = 0$，$h(n,1) = 1, h(n,n) = 1$。

当 $1 \leqslant k \leqslant n-1$ 时，全部 k 分划可分成如下两类：

(1) a_n 单独在分划的一个块中,这样的分划共有 $h(n-1,k-1)$ 个;

(2) a_n 不单独在一个块中,则它所在块至少还包含一个其他元,依如下两个步骤构造此类分划:先作除 a_n 以外的 $n-1$ 元集合的全部 k 分划,有 $h(n-1,k)$ 种方法;再把 a_n 放到这个 k 分划中,有 k 种方法。于是由乘法原理,这样的分划有 $k \cdot h(n-1,k)$ 个。

由加法原理,得到 $h(n,k) = h(n-1,k-1) + kh(n-1,k)$ $(1 \leqslant k \leqslant n-1)$。

加上 $h(n,k)$ 的初值条件,可见 $h(n,k)$ 与 $S_2(n,k)$ 有相同的递推关系和初值条件,证明完成。

第二类 Stirling 数的组合意义

根据两种定义的一致性,如果将 n 元集考虑成 n 件相异物,其任一个 k 分划相当于把 n 件相异物放到 k 个相同盒子的放法,则第二类 Stirling 数有如下组合意义。

定理 6.4 把 n 件相异物放到 k 个相同盒中使得无一盒空的不同方法共有 $S_2(n,k)$ 种。

根据定理 6.4,用容斥原理我们可以得到如下关于第二类 Stirling 数的计算公式。

定理 6.5 对每个满足 $1 \leqslant k \leqslant n$ 的整数 k,都有 $S_2(n,k) = \dfrac{1}{k!} \sum\limits_{j=0}^{k} (-1)^j \cdot \begin{bmatrix} k \\ j \end{bmatrix} \cdot (k-j)^n$。

证明 设将 n 件相异物放到 k 个不同盒子中使得无一盒空的不同方法数为 $S^*(n,k)$,则由第二类 Stirling 数的组合意义可知 $S^*(n,k) = k!S_2(n,k)$。下面我们确定 $S^*(n,k)$。

设 k 个不同盒子分别为 $B_1, B_2, \cdots, B_k$,S 是将 n 件相异物放到这 k 个不同盒子的所有方法的集合,令 $A_i (i=1,2,\cdots,k)$ 表示将 n 件相异物放到 k 个不同盒子且 B_i 为空的方法的集合,则有 $|S| = k^n$ 且 $S^*(n,k) = |\overline{A_1} \cap \overline{A_2} \cap \cdots \cap \overline{A_k}|$。

对于 $\{1,2,\cdots,k\}$ 的任一个 j-组合 $\{i_1, i_2, \cdots, i_j\}$,有 $|A_{i_1} \cap A_{i_2} \cap \cdots \cap A_{i_j}| = (k-j)^n$,故由容斥原理得到

$$S^*(n,k) = |\overline{A_1} \cap \overline{A_2} \cap \cdots \cap \overline{A_k}| = |S - \bigcup_{i=1}^{k} A_i|$$

$$= |S| + \sum_{j=1}^{k} (-1)^j \sum_{1 \leqslant i_1 < i_2 < \cdots i_j \leqslant n} |A_{i_1} \cap A_{i_2} \cap \cdots \cap A_{i_j}|$$

$$= \sum_{j=0}^{k} (-1)^j \cdot \begin{bmatrix} k \\ j \end{bmatrix} \cdot (k-j)^n。$$

故

$$S_2(n,k) = \frac{1}{k!} \sum_{j=0}^{k} (-1)^j \cdot \begin{bmatrix} k \\ j \end{bmatrix} \cdot (k-j)^n。$$

例 6.12 求把 4 元集 $A = \{a,b,c,d\}$ 分划成 2 个非空集合的方法数。

解法 1 (枚举法)列出 $A = \{a,b,c,d\}$ 的所有 2 分划如下:

$$A = \{a\} \cup \{b,c,d\} = \{b\} \cup \{a,c,d\} = \{c\} \cup \{a,b,d\} = \{d\} \cup \{a,b,c\}$$
$$= \{a,b\} \cup \{c,d\} = \{a,c\} \cup \{b,d\} = \{a,d\} \cup \{b,c\}。$$

解法 2 根据第二类 Stirling 数的组合定义,把 4 元集分划成 2 个非空集合的方法数为

$$S_2(4,2) = \frac{1}{2!} \sum_{j=0}^{2} (-1)^j \cdot \binom{2}{j} \cdot (2-j)^4 = \frac{1}{2!} \cdot (2^4 - 2 \cdot 1^4) = 7。$$

实际上,由定理 6.5 易知

$$S_2(n,2) = \frac{1}{2!} \sum_{j=0}^{2} (-1)^j \cdot \binom{2}{j} \cdot (2-j)^n = \frac{1}{2!} \cdot (2^n - 2) = 2^{n-1} - 1,$$

即 n 元集的 2 分划有 $2^{n-1} - 1$ 个。

同理,有 $S_2(n,3) = \frac{1}{3!} \sum_{j=0}^{3} (-1)^j \cdot \binom{3}{j} \cdot (3-j)^n = \frac{1}{3!} \cdot (3^n - 3 \cdot 2^n + 3) = \frac{1}{2}(3^{n-1} + 1) - 2^{n-1}$。

6.3.3 两类 Stirling 数的指数型生成函数

如果固定两类 Stirling 数中的整数 k,我们可以得到两个数列 $\{S_1(n,k)\}$ 和 $\{S_2(n,k)\}$,并研究它们的生成函数。本节主要介绍它们的指数型生成函数。

定理 6.6 $\sum_{n=k}^{\infty} S_1(n,k) \frac{x^n}{n!} = \frac{1}{k!} (\ln(1+x))^k$。

证明 考虑 $(1+x)^z$ 的展开式。

$$(1+x)^z = \sum_{n=0}^{\infty} \binom{z}{n} x^n = \sum_{n=0}^{\infty} \frac{1}{n!} (z)_n x^n = \sum_{n=0}^{\infty} \frac{x^n}{n!} \sum_{k=0}^{n} S_1(n,k) z^k = \sum_{k=0}^{\infty} z^k \sum_{n=k}^{\infty} S_1(n,k) \frac{x^n}{n!},$$

另一方面,

$$(1+x)^z = e^{z \ln(1+x)} = \sum_{k=0}^{\infty} \frac{1}{k!} (\ln(1+x))^k z^k,$$ 比较两个展开式中 z^k 的系数,即可得定理结论。

定理 6.7 $\sum_{n=k}^{\infty} S_2(n,k) \frac{x^n}{n!} = \frac{1}{k!} (e^x - 1)^k$。

证明 设 $F_k(x) = \sum_{n=k}^{\infty} S_2(n,k) \frac{x^n}{n!}$,则有 $F'_k(x) = \sum_{n=k}^{\infty} S_2(n,k) \frac{x^{n-1}}{(n-1)!}$。

根据定理 6.3 中的递推公式可知

$$F'_k(x) = \sum_{n=k}^{\infty} [S_2(n-1,k-1) + k S_2(n-1,k)] \frac{x^{n-1}}{(n-1)!}$$

$$= \sum_{n=k}^{\infty} S_2(n-1,k-1) \frac{x^{n-1}}{(n-1)!} + \sum_{n=k}^{\infty} k S_2(n-1,k) \frac{x^{n-1}}{(n-1)!}$$

$$= \sum_{n=k-1}^{\infty} S_2(n,k-1) \frac{x^n}{n!} + k \sum_{n=k}^{\infty} S_2(n,k) \frac{x^n}{n!}$$

即
$$F'_k(x) = F_{k-1}(x) + kF_k(x)。$$

对 k 用归纳法。

当 $k=1$ 时,由 $S_2(n,1)=1$ 知 $\sum_{n=1}^{\infty} S_2(n,1) \frac{x^n}{n!} = \sum_{n=1}^{\infty} \frac{x^n}{n!} = e^x - 1$,结论成立。

下设 $k \geqslant 2$。假设 $k-1$ 时结论成立,即 $F_{k-1}(x) = \frac{1}{(k-1)!}(e^x - 1)^{k-1}$。

考虑关于 $F_k(x)$ 的一阶线性微分方程 $F_k'(x) - kF_k(x) = \frac{1}{(k-1)!}(e^x - 1)^{k-1}$,解得

$$\begin{aligned}
F_k(x) &= e^{\int k\mathrm{d}x} \cdot \left[\int \frac{1}{(k-1)!}(e^x - 1)^{k-1} \cdot e^{-\int k\mathrm{d}x} \mathrm{d}x + C\right] \\
&= Ce^{kx} + e^{kx} \cdot \frac{1}{(k-1)!} \int (e^x - 1)^{k-1} \cdot e^{-kx} \mathrm{d}x \\
&= Ce^{kx} + e^{kx} \cdot \frac{1}{(k-1)!} \int (1 - e^{-x})^{k-1} \cdot \mathrm{d}(1 - e^{-x}) \\
&= Ce^{kx} + e^{kx} \cdot \frac{1}{(k-1)!} \cdot \frac{(1 - e^{-x})^k}{k} \\
&= Ce^{kx} + \frac{(e^x - 1)^k}{k!}。
\end{aligned}$$

由初始条件 $F_k(0) = 0$ 可知 $C = 0$,故 $F_k(x) = \frac{1}{k!}(e^x - 1)^k$。定理得证。

第一类 Stirling 数和第二类 Stirling 数出现在数学的许多领域里,例如,在许多插值公式以及有限差分计算中,它们都起着重要作用。在一些数学教材中的数学函数表里也列出了这些数。

练 习 6.3

1. 证明第一类 Stirling 数满足以下关系式:

(1) $\sum_{k=1}^{n} S_1(n,k) = 0$;

(2) $S_1(n,2) = (-1)^n (n-1)! \sum_{k=1}^{n-1} \frac{1}{k}$ $(n \geqslant 2)$。

2. 利用递推关系式计算直到 $n=7$ 的第一类 Stirling 数 $S_1(n,k)$ 并用类帕斯卡三角形列出来。

3. 用组合分析或递推公式证明第二类 Stirling 数满足如下关系式:

(1) $S_2(n, n-1) = \begin{bmatrix} n \\ 2 \end{bmatrix}$ $(n \geqslant 2)$;

(2) $S_2(n, n-2) = \begin{bmatrix} n \\ 3 \end{bmatrix} + 3\begin{bmatrix} n \\ 4 \end{bmatrix}$ $(n \geqslant 4)$;

(3) $S_2(n, n-3) = \begin{bmatrix} n \\ 4 \end{bmatrix} + 10\begin{bmatrix} n \\ 5 \end{bmatrix} + 15\begin{bmatrix} n \\ 6 \end{bmatrix}$ $(n \geqslant 6)$。

4. 试对以下公式进行组合解释:
$$S_2(n+1,m) = \sum_{k=m-1}^{n} \begin{bmatrix} n \\ k \end{bmatrix} S_2(k,m-1)。$$

*5. 利用定理 6.5 的结论求第二类 Stirling 数的指数型生成函数。

6.4　正整数的分拆

正整数 n 的一个分拆,是把 n 表示成若干正整数的和:$n = n_1 + n_2 + \cdots + n_k$;如果考虑 $n_1, n_2, \cdots, n_k$ 的次序,称为有序分拆;如果不考虑次序,则称为无序分拆,简称为分拆。

显然,正整数 n 的任一个有序分拆均对应一个数组 $(n_1, n_2, \cdots, n_k)$,它满足条件 $n = n_1 + n_2 + \cdots + n_k$ 且 $n_i \geqslant 1 (i=1,2,\cdots,k)$,与不定方程的正整数解相对应。本节只介绍无序分拆。

6.4.1　正整数的分拆

定义 6.5　设 n, k 为正整数,且 $k \leqslant n$,若有正整数 $n_1, n_2, \cdots, n_k$ 满足:

(1) $n = n_1 + n_2 + \cdots + n_k$;

(2) $n_1 \geqslant n_2 \geqslant \cdots \geqslant n_k \geqslant 1$,

则称 $n_1, n_2, \cdots, n_k$ 为正整数 n 的一个 **k 分拆**,其中 $n_i (1 \leqslant i \leqslant k)$ 称为该 k 分拆的第 i 个分量。n 的所有 k 分拆的个数称为 **n 的 k 分拆数**,记为 $P_k(n)$;n 的所有分拆(k 取遍所有可能的值)的个数称为 **n 的分拆数**,记为 $P(n)$。

例如,正整数 5 有如下 7 种分拆,故 $P(5) = 7$。

$5 = 4+1 = 3+2 = 3+1+1 = 2+2+1 = 2+1+1+1 = 1+1+1+1+1$。

显然,$P_1(n) = 1, P_n(n) = 1, P_{n-1}(n) = 1$,并有以下结论。

定理 6.8　$P_2(n) = \left[\dfrac{n}{2}\right]$。

证明　设 $n = n_1 + n_2 (n_1 \geqslant n_2 \geqslant 1)$ 是 n 的一个 2 分拆,则 $1 \leqslant n_2 \leqslant \left[\dfrac{n}{2}\right]$。又对任一个不大于 $\left[\dfrac{n}{2}\right]$ 的正整数 n_2,令 $n_1 = n - n_2$,则 $n = n_1 + n_2$ 是 n 的一个 2 分拆,所以 $P_2(n) = \left[\dfrac{n}{2}\right]$。

当 k 为较大正整数时,确定 n 的 k 分拆数是一个非常难的计数问题,下面考虑建立适当的递推关系,使该计数问题简化。

定理 6.9　$P_k(n) = \sum_{r=1}^{k} P_r(n-k) \quad (n > k)$。

证明　设 $A = \{\alpha \mid \alpha$ 为正整数 n 的 k 分拆$\}$。显然 $|A| = P_k(n)$。设 $\alpha \in A$,若在分拆

α 中,大于 1 的分量有 r 个,则称 α 是 A 的一个第 r 类元($r=1,2,\cdots,k$)。将第 r 类分拆中大于 1 的分量均减去 1,等于 1 的分量全部删掉,就得到 $n-k$ 的一个 r 分拆。反之,将 $n-k$ 的一个 r 分拆全部分量加上 1,再增加 $k-r$ 个"1"分量,就得到 A 的一个第 r 类元。即 A 的第 r 类元的个数等于 $n-k$ 的 r 分拆个数。因此 A 的第 $r(r=1,2,\cdots,k)$ 类元共有 $P_r(n-k)$ 个。

由加法原理,知 $|A| = \sum_{r=1}^{k} P_r(n-k)$,即 $P_k(n) = \sum_{r=1}^{k} P_r(n-k)$。

例 6.13 求 9 的 5 分拆数 $P_5(9)$。

解 根据定理 6.9 知

$$P_5(9) = \sum_{k=1}^{5} P_k(9-5)$$
$$= P_1(4) + P_2(4) + P_3(4) + P_4(4) + P_5(4)$$
$$= 1 + \left[\frac{4}{2}\right] + 1 + 1 + 0 = 5。$$

定理 6.10 $P_k(n) = \sum_{r=1}^{\left[\frac{n}{k}\right]} P_{k-1}(n-kr+k-1)$ ($2 \leqslant k \leqslant n$)。

证明 设 $A = \{\alpha \mid \alpha \text{ 是正整数 } n \text{ 的 } k \text{ 分拆}\}$,显然 $|A| = P_k(n)$。设 $\alpha \in A$,若在分拆 α 中,最小分量等于 r,则称 α 是 A 的一个第 r 类元 $\left(r=1,2,\cdots,\left[\frac{n}{k}\right]\right)$。设 α 是 A 的一个第 r 类元,去掉 α 中的一个等于 r 的分量,其余分量均减少 $r-1$,就得到正整数 m 的一个 $k-1$ 分拆,其中

$$m = n - r - (k-1)(r-1) = n - kr + k - 1,$$

且两个不同的第 r 类元对应正整数 m 的不同的 $k-1$ 分拆。所以 A 的第 r 类元共有 $P_{k-1}(n-kr+k-1)$ 个。由加法原理,有

$$P_k(n) = \sum_{r=1}^{\left[\frac{n}{k}\right]} P_{k-1}(n-kr+k-1)。$$

例如,

$$P_5(9) = \sum_{r=1}^{\left[\frac{9}{5}\right]} P_{5-1}(9-5r+5-1) = P_4(8) = \sum_{r=1}^{\left[\frac{8}{4}\right]} P_{4-1}(8-4r+4-1)$$
$$= P_3(7) + P_3(3) = \sum_{r=1}^{\left[\frac{7}{3}\right]} P_{3-1}(7-3r+3-1) + 1$$
$$= P_2(6) + P_2(3) + P_3(3) = 3 + 1 + 1 = 5。$$

6.4.2 正整数的分拆与 Ferrers 图

Ferrers 图是研究整数分拆的一种直观、有效的工具。

如果正整数 n 的一个 k 分拆为 $n = n_1 + n_2 + \cdots + n_k (n_1 \geqslant n_2 \geqslant \cdots \geqslant n_k)$,则在第一

条水平线上画 n_1 个点,第二条水平线上画 n_2 个点,$\cdots$,第 k 条水平线上画 n_k 个点,且这 k 条水平线上的第一个点均在同一竖线上,其余各点依次与上行各点对齐,这样得到的点阵图叫作**正整数 n 的 k 分拆的 Ferrers 图**。

例如,16 的 5 分拆 $16 = 6+4+3+2+1$ 的 Ferrers 图如图 6.4 所示。

图 6.4　数 16 的一个 5 分拆的 Ferrers 图 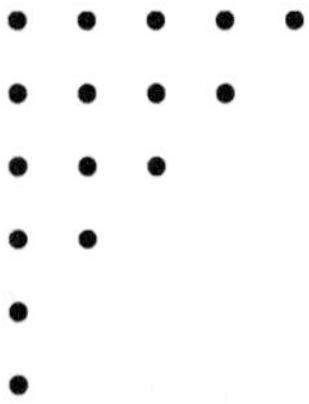　　　图 6.5　图 6.4 中 Ferrers 图的共轭图

另一方面,对于一个有 n 个点的 Ferrers 图,可按照上述规则对应 n 的一个唯一分拆。所以正整数 n 的分拆和 n 点 Ferrers 图之间是一一对应的。

把一个 Ferrers 图的行列互换,并保持其相对位置不变,这样又得到一个新的 Ferrers 图,叫作原 Ferrers 图的**共轭图**。例如,图 6.4 中 Ferrers 图所对应的共轭图如图 6.5 所示。

共轭 Ferrers 图所对应的分拆叫作原分拆的**共轭分拆**。例如,图 6.5 所对应的 16 的分拆 $16 = 5+4+3+2+1+1$ 是图 6.4 所对应的 16 的分拆 $16 = 6+4+3+2+1$ 的共轭分拆。

若 n 的一个分拆与其共轭分拆相同,则该分拆称为 n 的**自共轭分拆**。例如,$15 = 5+4+3+2+1$ 即为 15 的一个自共轭分拆,它的 Ferrers 图与其共轭图相同。

利用 Ferrers 图研究正整数的分拆可以导出以下定理。

定理 6.11　n 的 k 分拆的个数等于 n 的最大分量为 k 的分拆数。

证明　n 的 k 分拆的共轭分拆即是最大分量为 k 的分拆,而 n 的 k 分拆与其共轭分拆一一对应,因此两者的数目相等。

如果用 $P^k(n)$ 表示 n 的最大分量为 k 的分拆的个数,则定理 6.11 可以表示为:
$P_k(n) = P^k(n)$。

有时候我们用 $P_{\leqslant k}(n)$ 表示 n 的分量数不超过 k 的所有分拆的个数,则显然有 $P_{\leqslant n}(n) = P(n)$。

定理 6.12　n 的自共轭分拆的个数等于 n 的各分量均为奇数且两两不等的分拆的个数。

证明　设 n 的分量均为奇数且两两不相等的分拆为
$$n = (2n_1+1) + (2n_2+1) + \cdots + (2n_k+1),$$
其中,$n_1 > n_2 > \cdots > n_k \geqslant 0$。

由该分拆,我们构造 n 的一个自共轭分拆的 Ferrers 图:从左上角第一个点开始,在第一行与第一列各画 n_1+1 个点,共 $2n_1+1$ 个点;接着在第二行与第二列各画 n_2+1 个点,共 $2n_2+1$ 个点,此时,第二行与第二列加上第一行与第一列已画的点,都已有 n_2+2 个点;$\cdots$;

在第 k 行与第 k 列各画 n_k+1 个点,共 $2n_k+1$ 个点。因 $n_1 > n_2 > \cdots > n_k$,所以如此画出的 n 个点的点阵图的每一行都不比下一行的点数少,因而是 n 的一个分拆 Ferrers 图。且由上面的构造法知,该 Ferrers 图是关于行列对称的,所以其对应一个自共轭分拆。反之,已知 n 的一个自共轭分拆,作出对应的 Ferrers 图,根据自共轭 Ferrers 图的对称性,如果将每一行与对称列的点数之和作为分量,全部相加,就得到各分量都是奇数且两两不等的 n 的分拆。

显然,上面建立的 n 的分量为奇数且两两不等的分拆与 n 的自共轭分拆一一对应,因此两者数目相等。

例如,用上述方法由分拆
$$20 = 9+7+3+1 = (2\times 4+1)+(2\times 3+1)+(2\times 1+1)+(2\times 0+1)$$
构造的 Ferrers 图如图 6.6 所示,对应的自共轭分拆为 $20 = 5+5+4+4+2$。

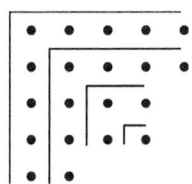

图 6.6　数 20 的一个自共轭分拆 Ferrers 图

定理 6.13　n 的各分量都是奇数的分拆的个数等于 n 的各分量两两不等的分拆的个数。

证明　在 n 的各分量都是奇数的一个分拆中,假设奇数 $2k+1$ 出现 p 次,我们将 p 写成 2 的幂次和的形式
$$p = 2^{t_1} + 2^{t_2} + \cdots + 2^{t_m} \quad (t_1 > t_2 > \cdots > t_m \geq 0)。$$
显然,这种表示法是唯一的。我们将 n 的这个分拆对应着一个新的分拆:原分拆中的 p 个 $2k+1$ 分量对应新分拆中的 m 个不同分量
$$2^{t_1} \cdot (2k+1), 2^{t_2} \cdot (2k+1), \cdots, 2^{t_m} \cdot (2k+1),$$
依此类推,所有奇分量均可对应若干形如 $2^i \cdot (2j+1)$ 的形式的新分拆的分量,且在新分拆中,任意两个分量的参数 i 和 j 不会同时相等,故新分拆中各分量互不相同。

显然,上述方法建立的两类分拆是一一对应的,因而两者的数目相等。

例如,已知 $36 = 11+11+9+5$ 是 36 的一个奇数分拆,其中
$$11+11 = 2^1 \times 11, 9 = 2^0 \times 9, 5 = 2^0 \times 5,$$
根据上述对应方法,可以得到一个各分量互不相同的新分拆:
$$36 = (2^1 \times 11) + (2^0 \times 9) + (2^0 \times 5) = 22+9+5。$$
再比如,已知分拆 $36 = 5+5+3+3+3+3+3+3+1+1+1+1+1+1+1+1$,其中
$$2\times 5 = 2^1 \times 5, 6\times 3 = (2^2+2^1)\times 3, 8\times 1 = 2^3 \times 1,$$
故得到新分拆

$$36 = (2^1 \times 5) + (2^2 \times 3) + (2^1 \times 3) + (2^3 \times 1) = 10 + 12 + 6 + 8.$$

除了以上介绍的几种特殊分拆,在实际生活中还会遇到其他类似整数分拆的计数问题。

例 6.14 设有 1 克,2 克,3 克和 4 克的砝码各一枚,问最多能称出几种重量?

解 设 a_n 表示用所给砝码称出 n 克重量的方案数,则 a_n 的常生成函数为
$$g(x) = (1+x)(1+x^2)(1+x^3)(1+x^4)$$
$$= 1 + x + x^2 + 2x^3 + 2x^4 + 2x^5 + 2x^6 + 2x^7 + x^8 + x^9 + x^{10}.$$

生成函数的展开式显示可以称出 1 至 10 克的所有重量,且各项系数分别表示对应的方法数。

此问题相当于在整数的分拆中,要求各分量只能取 $\{1,2,3,4\}$ 中的数字最多一次。比如,称 6 克重量有两种方法,分别是 $6 = 4 + 2$ 和 $6 = 3 + 2 + 1$。

练 习 6.4

1. 写出下面各种情况的所有分拆,并用分拆数有关公式检验答案:
(1) 把 9 分拆成 4 个或更少部分;(2) 把 11 分拆成 3 个或更少部分。
2. 如果在分拆中考虑顺序,即 $2+3$ 不同于 $3+2$,即有序分拆。
(1) 依一定规律写出 5 的全部有序分拆;
(2) 证明 n 分拆成 k 个部分的有序分拆的个数为组合数 $C(n-1, k-1)$。
3. 确定下列每个分拆的共轭分拆:
(1) $12 = 5+4+2+1$; (2) $20 = 6+6+4+4$; (3) $29 = 8+6+6+4+3+2$。
4. 分别求出 12 和 15 的所有自共轭分拆。
5. 以奇数分拆 $5+5+3+3+3+3+3+1+1+1$ 为例,用 Ferrers 图演示定理 6.13 中所述两种分拆的对应关系。
6. 证明 $P(n) = P_n(2n)$。
7. 用 $P^{>k}(n)$ 表示 n 的各分量都大于 k 的分拆的个数,证明:
$$P^{>1}(n) = P(n) - P(n-1),$$
再据此证明 $P(n+2) + P(n) \geqslant 2P(n+1)$。

6.5 禁位排列与车多项式

在第 3 章中我们已经介绍了用容斥原理求解某些有限制排列的计数问题,本节我们将例 3.4 作为引例,介绍有限制排列问题的另一种计数方法 —— 车多项式法,这种方法包括棋盘上车的布局和序列的生成函数两个内容,能有效解决工作分配等实际问题。

引例 6.1 给定 5 个字母 a_1, a_2, a_3, a_4, a_5,求由它们组成的全排列的个数,要求 a_1 不能排在第 1、5 位置,a_2 不能排在第 2、3 位置,a_3 不能排在 3、4 位置,a_4 不能排在第 2 位,a_5 不能排在第 5 位。

我们将这类排列称为**禁位排列**。显然，这个问题同第 2 章中错位排列问题类似，但是因为禁位要求更复杂，所以直接用容斥原理求解较繁琐（见例 3.4 的解法）。注意到如果 a_1 排在第 2 位置，则任何其他字母均不能放在第 2 位置，所以我们考虑另外一种思路，将它同棋盘上"车"的布局联系起来。

6.5.1 禁位排列与棋盘上车的布局

我们从国际象棋中的一个规定说起：两个车能够互相攻击当且仅当它们位于棋盘的同一行或同一列。受这个规定启发，我们考虑在棋盘上放置若干个车时，要求没有两个车位于同一行或同一列上。

比如，求 8×8 棋盘上放置 8 个车的方案数是多少？

我们这样考虑这个问题：给棋盘上的每个方格一对坐标 (i,j)，其中 i 表示所在行数，j 表示所在列数，在 8×8 棋盘上放置 8 个车，所以每行上必然恰有一个车。因此这些车必然占据 8 个方块且坐标分别为 $(1,j_1),(2,j_2),\cdots,(8,j_8)$，而且还必须在每一列上恰好一个车，所以 $j_1 j_2 \cdots j_8$ 实际上是 $\{1,2,\cdots,8\}$ 的一个全排列。

反过来，如果 $j_1 j_2 \cdots j_8$ 是 $\{1,2,\cdots,8\}$ 的一个全排列，则将车分别放在坐标为 $(1,j_1)$，$(2,j_2),\cdots,(8,j_8)$ 的方格上，就得到一个满足条件的方案。

由此可见，在 8×8 棋盘上放置 8 个车与 $\{1,2,\cdots,8\}$ 的全排列之间存在一一对应关系，所以答案显然是 $8!$。

同理，我们考虑将引例 6.1 中 5 个元素的有禁位的全排列与 5 个车在 5×5 的棋盘上的一种布局之间建立一一对应关系。如图 6.7(a) 所示，其中的小圆圈显示这 5 个车的一种布局，带阴影线的格子表示禁区，它们形象地表现了 5 个元素的禁位要求。显然，图中车的布局 $(1,2),(2,1),(3,5),(4,4),(5,3)$，对应一个满足禁位条件的排列 $a_2 a_1 a_5 a_4 a_3$。

显然，有禁位的 n 元排列与 n 个车在带有对应禁区的 $n\times n$ 棋盘上的布局一一对应。

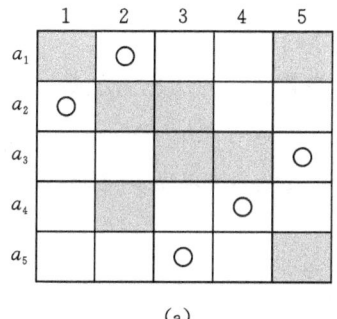 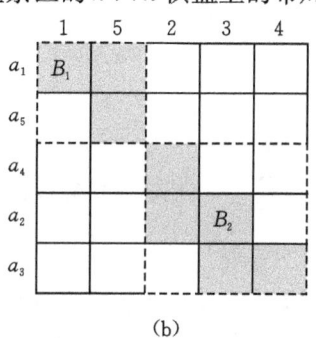

(a)   (b)

图 6.7 (a) 棋盘 B，(b) 棋盘 B 重排后的分离

为方便起见，这里我们考虑 n 个数字 $1,2,\cdots,n$ 的禁位排列。

设 $X_1, X_2, \cdots, X_n$ 是 $\{1,2,\cdots,n\}$ 的 n 个子集，分别表示数字 $1,2,\cdots,n$ 的禁位集合，用 $P(X_1, X_2, \cdots, X_n)$ 表示满足所有禁位条件的全排列的集合。

例如，如果 $X_1=\{1\}, X_2=\{2\},\cdots,X_n=\{n\}$，则 $P(X_1,X_2,\cdots,X_n)$ 表示所有错位排列的集合，故此时 $|P(X_1,X_2,\cdots,X_n)|=D_n$。

令 S 为 $n \times n$ 棋盘上 n 个车的所有放置方法的集合，用 $A_i(i=1,2,\cdots,n)$ 表示在第 i 行的车恰好放在属于 X_i 的列上，从而有

$$|P(X_1,X_2,\cdots,X_n)| = |\overline{A_1} \cap \overline{A_2} \cap \cdots \cap \overline{A_n}|$$

$$= \left| S - \bigcup_{i=1}^n A_i \right|$$

$$= |S| - \sum_{i=1}^n |A_i| + \sum_{1 \leqslant i_1 < i_2 \leqslant n} |A_{i_1} \cap A_{i_2}|$$

$$- \sum_{1 \leqslant i_1 < i_2 < i_3 \leqslant n} |A_{i_1} \cap A_{i_2} \cap A_{i_3}| + \cdots$$

$$+ (-1)^n |A_1 \cap A_2 \cap \cdots \cap A_n|。$$

首先我们计算 A_1 中布局的个数。它是把 n 个车放到棋盘上的方法数，其中第一行上的车位于 X_1 的某个列中，有 $|X_1|$ 种可能的方式，然后以 $(n-1)!$ 种方式放置其余 $n-1$ 个车，所以 $|A_1| = |X_1|(n-1)!$。故一般地，$|A_i| = |X_i|(n-1)!(i=1,2,\cdots,n)$。因此，

$$\sum_{i=1}^n |A_i| = (|X_1| + |X_2| + \cdots + |X_n|)(n-1)!,$$

若令 $r_1 = \sum_{i=1}^n |X_i|$，则得到 $\sum_{k=0}^{n-1} |A_i| = r_1(n-1)!$，其中 r_1 等于棋盘上禁止放车的方格的个数，也可以看作 r_1 等于将一个车放到棋盘上的禁止位置的方法数。

其次我们计算 $|A_1 \cap A_2|$。分两步把 n 个车放到棋盘上：首先在第一行和第二行的禁止位置上各放置一个车（即分别位于 X_1、X_2 的列中），然后以 $(n-2)!$ 种方式放置其余 $n-2$ 个车。类似的考虑对于任意的 $|A_i \cap A_j|$ 都成立。所以如果令 r_2 等于将两个车放到棋盘上的禁止位置的方法数，则 $\sum_{1 \leqslant i_1 < i_2 \leqslant n} |A_{i_1} \cap A_{i_2}| = r_2(n-2)!$。

推广到一般，我们定义 $r_k(k=1,2,\cdots,n)$ 如下：

令 r_k 是将 k 个车放到 $n \times n$ 棋盘上且每个都在禁止位置上的方法数。

于是我们得到

$$\sum_{1 \leqslant i_1 < i_2 < \cdots < i_k \leqslant n} |A_{i_1} \cap A_{i_2} \cap \cdots \cap A_{i_k}| = r_k(n-k)!(k=1,2,\cdots,n),$$

因此，得到以下定理。

定理 6.14 将 n 个车放到带有禁止位置的 $n \times n$ 棋盘上的方法数为

$$n! - r_1(n-1)! + r_2(n-2)! - \cdots + (-1)^n r_n。$$

从以上分析可以看出，对禁位排列问题的计数，转化为对带有禁止位置的棋盘上车的布局的计数，而由定理 6.14 可以看到，其关键是求出将 k 个车放在禁止位置上的方法数 $r_k(k=1,2,\cdots,n)$。下面我们利用生成函数的思想来研究如何确定 r_k。

6.5.2 禁位棋盘的车多项式

定义 6.6 设 B 是带有禁止位置的 $n \times n$ 棋盘，$r_k(B)(k=0,1,\cdots,n)$ 是将 k 个车

放到棋盘 B 上禁止位置的方法数(规定 $r_0(B) = 1$),则称数列$\{r_k(B)\}$的生成函数
$$R(x,B) = r_0(B) + r_1(B)x + r_2(B)x^2 + \cdots + r_n(B)x^n$$
为禁位棋盘 B 的**车多项式**,也记为 $R_B(x)$。

因为当 $k > n$ 时,$r_k(B) = 0$,所以这里数列$\{r_k(B)\}$的生成函数是不超过 n 次的多项式。

我们可以看到,计算 $r_k(B)$ 时,棋盘 B 中的禁止位置即小阴影方块的位置是关键,在这些禁止位置放置 k 个车,相当于在棋盘 B 中找 k 个不同行不同列的小阴影方块。为方便起见,可把棋盘 B 的行和列进行适当交换,使得小阴影方块相对集中。

定义 6.7 若带有阴影方块的棋盘 B 可分为两个小棋盘 B_1 和 B_2,且 B_1 中的任一小阴影方块与 B_2 中任一小阴影方块都不在同一行,也不在同一列,这样的两个子棋盘 B_1 和 B_2 称为是**不相交**的,也称为**分离**的。

如对图 6.7(a) 所示棋盘 B,进行行列适当交换后,可分离为如图 6.7(b) 所示的两个不相交的子棋盘 B_1 和 B_2。

引理 6.1 设带有阴影方块的 $n \times n$ 棋盘 B 可分离为两个小棋盘 B_1 和 B_2,则
$$r_k(B) = r_k(B_1)r_0(B_2) + r_{k-1}(B_1)r_1(B_2) + \cdots + r_0(B_1)r_k(B_2) \quad (k = 0,1,2,\cdots,n)。$$

证明 从棋盘 B 中不同行不同列取 k 个小阴影方块可按如下步骤完成:先从棋盘 B_1 中不同行不同列取 $t(t=0,1,\cdots,k)$ 个小阴影方块,有 $r_t(B_1)$ 种取法;再从棋盘 B_2 中不同行不同列取 $k-t$ 个小阴影方块,有 $r_{k-t}(B_2)$ 种取法,由乘法原理和加法原理知
$$r_k(B) = r_k(B_1)r_0(B_2) + r_{k-1}(B_1)r_1(B_2) + \cdots + r_0(B_1)r_k(B_2) \quad (k = 0,1,2,\cdots,n)。$$

定理 6.15 设带有禁止位置的 $n \times n$ 棋盘 B 可分离成两个不相交的子棋盘 B_1 和 B_2,则
$$R(x,B) = R(x,B_1)R(x,B_2)。$$

证明 由引理 6.1 与多项式乘法直接得证。

推论 6.1 设带有禁止位置的 $n \times n$ 棋盘 B 可分成 m 个两两不相交的子棋盘 B_1, $B_2,\cdots,B_m$,则
$$R(x,B) = R(x,B_1)R(x,B_2)\cdots R(x,B_m)。$$

另一方面,如果带有禁止位置的 $n \times n$ 棋盘 B 不可分离,取定棋盘 B 中某个小阴影方块 s,做子棋盘 B_s 和 B_s^*。其中,B_s:从 B 中删去小阴影方块 s;B_s^*:从 B_s 中删去 s 所在行与所在列的各个小阴影方块。

例如,对图 6.8(a) 所示棋盘 B,做子棋盘 B_s 和 B_s^*,如图 6.8(b)、(c) 所示。

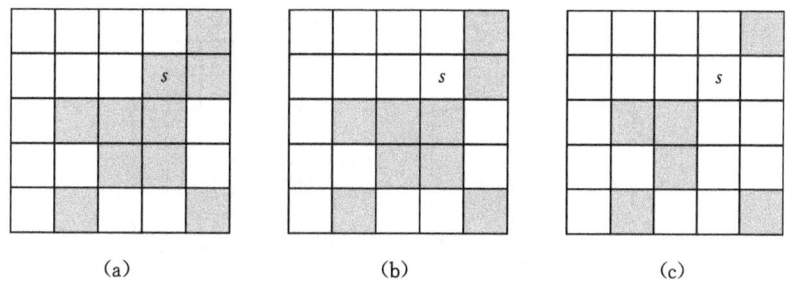

图 6.8 (a) 棋盘 B,(b) 子棋盘 B_s,(c) 子棋盘 B_s^*

定理 6.16 设 B 为带有禁止位置的 $n \times n$ 棋盘,s 为棋盘 B 中某个小阴影方块,子棋盘 B_s 和 B_s^* 如前所述,则

(1) $r_k(B) = r_k(B_s) + r_{k-1}(B_s^*)$;

(2) $R(x,B) = R(x,B_s) + xR(x,B_s^*)$。

证明 (1) 从棋盘 B 的不同行不同列取 k 个小阴影方块,可分为两种情况:第一种,这 k 个小阴影方块不含 s,此时从子棋盘 B_s 中不同行不同列取 k 个小阴影方块,有 $r_k(B_s)$ 种取法;第二种,这 k 个小阴影方块含 s,则从子棋盘 B_s^* 中不同行不同列取另外 $k-1$ 个小阴影方块,有 $r_{k-1}(B_s^*)$ 种取法,由加法原则,有

$$r_k(B) = r_k(B_s) + r_{k-1}(B_s^*)。$$

(2) 根据车多项式的定义及(1)的结果,可得

$$R(x,B) = \sum_{k=0}^n r_k(B)x^k = \sum_{k=0}^n [r_k(B_s) + r_{k-1}(B_s^*)]x^k$$

$$= \sum_{k=0}^n r_k(B_s)x^k + x\sum_{k=1}^n r_{k-1}(B_s^*)x^{k-1} = R(x,B_s) + xR(x,B_s^*)。$$

例 6.15 【工作分配】有 6 名教师 a_1,a_2,a_3,a_4,a_5,a_6,另有 6 门课程 b_1,b_2,b_3,b_4,b_5,b_6,要分配每名老师承担一门课程,且 a_1 不能胜任 b_1 和 b_4;a_2 不能胜任 b_2 和 b_3;a_3 不能胜任 b_3;a_4 不能胜任 b_2 和 b_5;a_5 不能胜任 b_1 和 b_4;a_6 不能胜任 b_6。问满足这些条件的工作分配方法有几种?

解 这是一个 6 元禁位排列问题,其对应棋盘 B 如图 6.9(a) 所示,把棋盘 B 做行或列的适当交换,让小阴影方块相对集中,并选定小阴影方块 s,如图 6.9(b) 所示。做图 6.9(b) 所示棋盘的子棋盘 B_s 和 B_s^*,关于 B_s 再做不相交的子棋盘 B_1,B_2,B_3,B_4,如图 6.10(a) 所示,关于 B_s^* 做不相交子棋盘 B_1^* 和 B_2^*,如图 6.10(b) 所示。

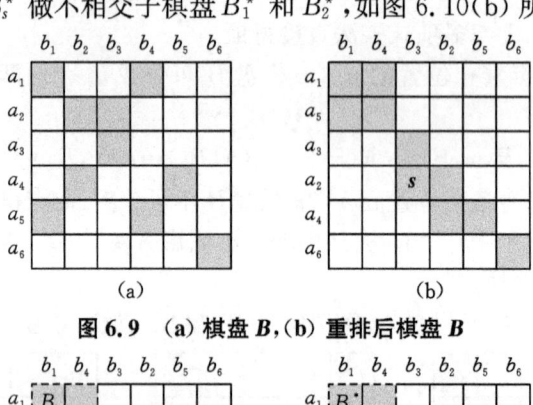

图 6.9 (a) 棋盘 B,(b) 重排后棋盘 B

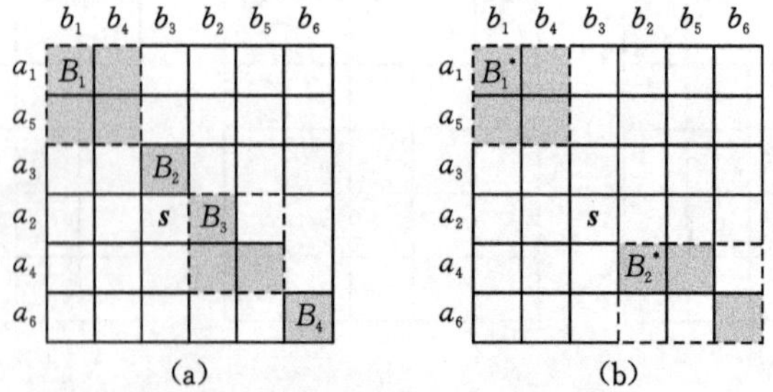

图 6.10 (a) 棋盘 B_s,(b) 棋盘 B_s^*

关于 B_s 有

(1) $r_1(B_1) = 4, r_2(B_1) = 2, r_3(B_1) = r_4(B_1) = 0, R(x, B_1) = 1 + 4x + 2x^2$;

(2) $r_1(B_2) = 1, R(x, B_2) = 1 + x$;

(3) $r_1(B_3) = 3, r_2(B_3) = 1, r_3(B_3) = 0, R(x, B_3) = 1 + 3x + x^2$;

(4) $r_1(B_4) = 1, R(x, B_4) = 1 + x$。

所以由推论 6.1 知

$$\begin{aligned} R(x, B_s) &= R(x, B_1)R(x, B_2)R(x, B_3)R(x, B_4) \\ &= (1 + 4x + 2x^2)(1 + x)(1 + 3x + x^2)(1 + x) \\ &= 1 + 9x + 30x^2 + 47x^3 + 37x^4 + 14x^5 + 2x^6。 \end{aligned}$$

同理,关于 B_s^* 有

$$\begin{aligned} R(x, B_s^*) &= R(x, B_1^*)R(x, B_2^*) \\ &= (1 + 4x + 2x^2)(1 + 3x + 2x^2) \\ &= 1 + 7x + 16x^2 + 14x^3 + 4x^4。 \end{aligned}$$

于是,由定理 6.16 知

$$\begin{aligned} R(x, B) &= R(x, B_s) + xR(x, B_s^*) \\ &= 1 + 10x + 37x^2 + 63x^3 + 51x^4 + 18x^5 + 2x^6, \end{aligned}$$

因此,再由定理 6.14 知,满足题意的工作分配方法数为

$$6! - 10 \times 5! + 37 \times 4! - 63 \times 3! + 51 \times 2! - 18 \times 1! + 2 \times 0! = 116。$$

练 习 6.5

1. 有 1 个 6×6 棋盘(禁区如图 6.11 所示)和 1 个 4×4 棋盘(禁区如图 6.12 所示),分别求两棋盘的车多项式。

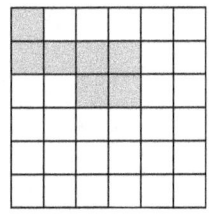
图 6.11

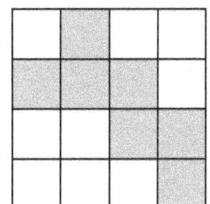
图 6.12

2. 设有 5 间房间,要安排 5 个人住宿,每人住一间,其中甲不住 5 号房,乙不住 4、5 号房,丙不住 3 号房,丁不住 2 号房,戊不住 1、2 号房。问有多少种安排住宿的方法?

6.6 分装问题

在组合数学和概率论的发展史中,把球放入盒子的问题起着非常重要的作用。这样的问题称为分装问题(Occupancy Problems),有着广泛的应用。比如,概率统计中,根据偶然事件在一周内发生的日期对所有偶然事件分类时,可以把这一周的日期看作是盒子,所有偶然事件看作球。在宇宙射线的实验中,把盖格计数器看作盒子,到达计数器的粒子看作球。在编码理论中,可以通过对以代码字为盒子,以误差为球的研究,得到代码字上的传输误差的可能分布。在生物学的照射研究中,撞击视网膜的光粒子对应于小球,视网膜的细胞对应于盒子。在学校课外活动的分组中,小球对应于所有的学生,而盒子对应于不同的课外小组等。实际上大部分离散计数问题均可转化为球入盒子问题。

本节我们将对分装问题进行分类讨论,分别确定它们的计数结果,并介绍几个应用实例。

6.6.1 分装问题的类型

在球入盒子的分装问题中,球是否可区分(即球是否不一样),以及盒子是否可区分,会使问题产生很大的不同。同时,允许盒子为空的分装问题也很常见。

表 6.2 概括了把 n 个球放入 k 个盒子的分装问题的所有可能情况。下面逐一分情况介绍。

表 6.2 分装问题分类

情况分类	是否可区分球	是否可区分盒子	盒子是否可空	把 n 个球放入 k 个盒子的方法数
情况 1				
1a	是	是	是	k^n
1b	是	是	否	$k!S_2(n,k)$
情况 2				
2a	否	是	是	$C(k+n-1,k-1)$
2b	否	是	否	$C(n-1,k-1)$
情况 3				
3a	是	否	是	$S_2(n,1)+S_2(n,2)+\cdots+S_2(n,k)$
3b	是	否	否	$S_2(n,k)$

续表

情况分类	是否可区分球	是否可区分盒子	盒子是否可空	把 n 个球放入 k 个盒子的方法数
情况 4				
4a	否	否	是	把 n 分拆成 k 或更少个部分的分拆数
4b	否	否	否	把 n 恰好分拆成 k 个部分的分拆数

情况 1   可区分球和可区分盒子

情况 1a 适合乘法规则：每个球可以选择 k 个盒子。我们在情况 3 中讨论情况 1b。

情况 2   不可区分球和可区分盒子

相当于求解不定方程 $x_1 + x_2 + \cdots + x_k = n$ 的非负整数解或正整数解的个数。

情况 3   可区分球和不可区分盒子

先考虑情况 3b。由定理 6.4 可知，把 n 个可区分球分配到 k 个不可区分盒子里，且没有空盒子的方法的数量即为第二类 Stirling 数 $S_2(n,k)$。

根据加法规则，现在从情况 3b 的结果可得到情况 3a 的结果。为了把 n 个可区分球分配到 k 个不可区分盒子中且没有盒子是空的，或者一个盒子不是空的，或者两个盒子不是空的或者……

现在，考虑情况 1b。因为把 n 个可区分球分配到 k 个可区分盒子中且没有空盒子可以这样实现：先把 n 个可区分的球放入 k 个不可区分盒子且没有空盒子（可以用 $S_2(n,k)$ 种方法实现），然后再为这些盒子加标签（可以用 $k!$ 种方法实现）。

情况 4   不可区分球和不可区分盒子

先考虑情况 4b。把 n 个不可区分球分配到 k 个不可区分盒子中且没有空盒子的方法数，显然与把整数 n 正好分拆成 k 个部分的方法数相同。同理，n 个不可区分球分配到 k 个不可区分盒子中且盒子可空的方法数与把整数 n 分拆成至多 k 个部分的方法数相同。这就给出表 6.2 中情况 4a 的结果。

6.6.2 分装问题的应用

现在，我们给出运用表 6.2 的结果的几个实例。显然在考虑计数分类时判断球或盒子是否可区分是关键，这取决于我们对问题的解释和关注的对象。

例 6.16 【日期记录表】 假设一家医院 9 月份有 80 名婴儿出生，用日历表记录每天出生的婴儿数，有多少种可能的记录结果？

分析   将婴儿视为球而日期视为盒子，即 $n=80, k=30$。

如果考虑详细的记录结果，即将婴儿视为不同的球而日期视为不同的盒子，则处于情况 1a，共有 30^{80} 种可能性。

如果只考虑每天出生的婴儿数目，即将婴儿视为相同的球而日期视为不同的盒子，即 $n=80, k=30$，那么处于情况 2。一般情况下处于情况 2a，有 $C(109,29)$ 种可能的记录结果;如果已知9月份每天都有婴儿出生,则相当于盒子不能为空,处于情况2b,记录结果有$C(79,29)$种可能。

如果只考虑有2名婴儿出生、有3名婴儿出生的天数等,而不关心具体的日期,则处于情况4,相当于考虑把整数80分拆成30个或更少部分。

例6.17 【编码理论】在编码理论中,信息首先被编码成代码字,然后通过传输通道发送,传输通道可能是电话线,也可能是无线电波,最后接收的代码字需要被解码成原来的信息。由于传输通道中存在噪声或弱信号,在接收的代码字中可能发生错误。

在监测传输通道的可靠性过程中,发生错误的记录将会被保留。假设通过一条传输通道传输了100个代码字,已知传输的整个过程中共发生了20次错误,但不知道错误发生在哪些代码字符上或者一个字符被传错了几次,请问错误产生的可能性有多少种?

分析 此处,错误是球而代码字是盒子,$n=20, k=100$。

如果考虑到代码字的不同和错误的差异,则处于情况1a,共有100^{20}种可能性。

如果忽视错误间的差异而主要关注传输的某个时间段,由于外部因素,导致在某个代码字传输过程中,是否有更多的错误发生,即只关心每个代码字可能发生错误的次数,于是,只有代码字被区分开来。因此,我们处于情况2a,答案为$C(119,20)$。

例6.18 【映射的个数】设f是从n元集合$A=\{a_1,a_2,\cdots,a_n\}$到m元集合$B=\{b_1,b_2,\cdots,b_m\}$的映射,考虑不同情况下映射的个数。

分析 此处A中元素是球而B中元素是盒子。

如果A中元素相异且B中元素也相异,则为情况1a,映射的个数为m^n。如果要求f是满射,则为情况1b,即共有$m!S_2(n,m)$个满射。如果要求f是单射,则有$(m)_n = m(m-1)\cdots(m-n+1)$个不同的映射。

如果A中元素均相同而B中元素相异,则为情况2,若要求f为满射,则有$C(n-1, m-1)$个不同的映射,否则有$C(m+n-1, n)$个不同的映射。

如果A是多重集$A=\{n_1 \cdot a_1, n_2 \cdot a_2, \cdots, n_k \cdot a_k\}$,其中$n_1+n_2+\cdots+n_k=n$,则可分步骤分别将子集$A_i = \{n_i \cdot a_i\}$ $(i=1,2,\cdots,k)$映射到集合B,从而得到映射f,由乘法原理知,共有$\prod_{i=1}^{k}\binom{m+n_i-1}{n_i}$个不同的映射。

练 习 6.6

1. 枚举出下面各种情形的所有分配情况(允许盒子是空的):
   (1) 把3个可区分球a,b,c分配到2个可区分盒子1,2;
   (2) 把4个可区分球a,b,c,d分配到2个可区分盒子1,2;
   (3) 把2个可区分球a,b分配到4个可区分盒子1,2,3,4;
   (4) 把3个不可区分球a,a,a分配到2个可区分盒子1,2;
   (5) 把4个不可区分球a,a,a,a分配到2个可区分盒子1,2;
   (6) 把2个不可区分球a,a分配到4个可区分盒子1,2,3,4。

2. 如果在第 1 题中,盒子都是不可区分的,那么哪些分配是不同的?

3. 如果在第 1 题中,要求没有盒子是空的,那么分配方案如何?

4. 运用表 6.2 的结果,计算以上三题中每种情况的分配数量,并通过比较得出的结果,检查你的答案。

5. 有 $k(k \geq 2)$ 种相异物件,其中第 i $(i=1,2,\cdots,k)$ 个物件有 n_i 件,现把这 $\sum_{i=1}^{k} n_i$ 个物件分给 m 个人,有多少种不同的分法?

6. 证明:由一个 n 元集合 X 到一个 k 元集合 Y 的满射的个数是 $k!S_2(n,k)$。

7. 把 $n+1$ 个相异的小球放到 n 个相异的盒子中,使得不出现空盒,有多少种不同的放法?

*6.7 相异代表系

在本章第 5 节中将引例 6.1【禁位排列】和例 6.15【工作分配】的问题转化为带禁区的棋盘车布局问题,用容斥原理和车多项式得以解决。本节我们将从另一个角度来分析这类问题,从而引出组合数学中一个重要的概念 —— 相异代表系。

6.7.1 相异代表系

以引例 6.1 为例。首先分别将 a_1,a_2,a_3,a_4,a_5 的所有允许位置表示出来,即
$$X_1=\{2,3,4\}, X_2=\{1,4,5\}, X_3=\{1,2,5\}, X_4=\{1,3,4,5\}, X_5=\{1,2,3,4\},$$
则一个满足条件的全排列就是在这些集合中各选取一个数作为"代表",条件就是每个数字都要选取到,即"代表"不能相同。例如,图 6.7(a) 中所对应的排列 $a_2a_1a_5a_4a_3$,相当于分别在 X_1 中选取数字"2",X_2 中选取"1",X_3 中选"5",X_4 中选"4",X_5 中选"3" 作为各集合的代表,这些代表彼此不同。我们把这 5 个代表一起称为集合 X_1,X_2,X_3,X_4,X_5 的一个相异代表系。

反之,任取 X_1,X_2,X_3,X_4,X_5 的一个相异代表系,就可以得到一个满足禁位条件的 5-排列。故二者之间存在一一对应关系。

定义 6.8 设 $X_1,X_2,\cdots,X_m$ 是 n 元集 $X=\{x_1,x_2,\cdots,x_n\}$ 的 m 个子集,如果 X 中有 m 个元 $x_{j_1},x_{j_2},\cdots,x_{j_m}$ 使得 $x_{j_i} \in X_i (i=1,2,\cdots,m)$,则序列 $(x_{j_1},x_{j_2},\cdots,x_{j_m})$ 称为子集族 $(X_1,X_2,\cdots,X_m)$ 的一个**代表系**,称 x_{j_i} 是子集 X_i 的代表元。如果这 m 个元彼此互异,则称这个代表系为**相异代表系**(System of Distinct Representatives),简记成 SDR。

例如,在集合族 $A_1=\{a,b,c\}, A_2=\{c,d\}, A_3=\{b,d\}, A_4=\{c,d\}$ 中,(a,d,d,d) 就是一个代表系,但不是相异代表系,而 (a,d,b,c) 和 (a,c,b,d) 是仅有的两个 SDR。

例 6.19 【相异代表系】确定下列集族的 SDR:

(1) 4 元集 $X=\{x_1,x_2,x_3,x_4\}$ 的子集族 $X_1=\{x_1,x_2\}, X_2=\{x_2,x_3,x_4\}, X_3=\{x_1,x_2\}, X_4=\{x_1,x_3,x_4\}$;

(2) 5 元集 $X=\{x_1,x_2,x_3,x_4,x_5\}$ 的子集族 $X_1=\{x_1,x_4\}, X_2=X_3=X_4=$

$\{x_1, x_4\}$。

解 (1) 共有 4 个 SDR：$(x_1, x_3, x_2, x_4), (x_1, x_4, x_2, x_3), (x_2, x_3, x_1, x_4), (x_2, x_4, x_1, x_3)$。

(2) 没有 SDR，因为 X_1、X_3 和 X_4 都恰含 2 个相同元，故它们不可能有三个互异的代表元。

由此可见，相异代表系不仅仅涉及计数问题，更重要的是它涉及存在性问题，所以，判断给定的子集族有没有 SDR，以及有多少个 SDR 是典型的组合学问题。

6.7.2 相异代表系存在的条件

对于给定子集族，有时并不是一眼可以看出答案是什么，如果用枚举法尝试所有可能，它可能浪费我们一个小时，而最后终于得到的答案是：不存在一个相异代表系。事实上有时我们可能不必花费这一小时就能得到否定的答案。比如例 6.19 第(2)题，找到其中 3 个集合 X_1, X_3, X_4，他们的并集为 $\{x_1, x_4\}$，只含 2 个元素，则显然不可能找到相异代表系。

这个例子告诉我们，如果有限集 X 的子集族 $(X_1, X_2, \cdots, X_m)$ 具有相异代表系，则随便拿出 k 个子集，其并集最少包含 k 个元素；换言之，如果要证明 X 没有相异代表系，只要找到 k 个子集，它们的并集的阶数小于 k 即可。所以容易得到有限集 X 的子集族 $(X_1, X_2, \cdots, X_m)$ 具有 SDR 的一个必要条件：

对任一正整数 $r \leqslant m$，集族 $(X_1, X_2, \cdots, X_m)$ 中任意 r 个子集的并至少含有 r 个元。

英国数学家 Hall 在 1935 年证明了这个看起来很显然的必要条件事实上也是充分条件，这个杰出的结果称为 Hall 定理，将这个条件称为 Hall 条件(简称(H)条件)。

定理 6.17 【Hall 定理】有限集 X 的子集族 $(X_1, X_2, \cdots, X_m)$ 具有 SDR 的充分必要条件是(H)条件成立。

为了让读者对 Hall 定理的推广和应用有一个整体的认识，我们先给出其他已有结果，而将这个定理的证明放到本节的最后。

推论 6.2 设有正整数 a 使得有限集 X 的子集族 $(X_1, X_2, \cdots, X_m)$ 中每个子集至少有 a 个元而 X 的每个元属于 $X_1, X_2, \cdots, X_m$ 中至多 a 个子集，则 $(X_1, X_2, \cdots, X_m)$ 有 SDR。

定理的推广和证明 关于相异代表系的判定方法有很多，甚至已专门出版了几本书，这里只讲三个易于证明的结果。

首先讨论当(H)条件不成立从而 $X_1, X_2, \cdots, X_m$ 没有 m 个相异的代表元时，它是否有 $m-d$ 个相异的代表元？用任务分派的语言来说，就是问有没有一种任务分派方案使得除了 d 个人外其他人都从事其胜任的任务。一个明显的必要条件是：

对任一正整数 $r \leqslant m$，子集族 $(X_1, X_2, \cdots, X_m)$ 中任意 r 个子集的并至少含有 $r-d$ 个元。

利用 Hall 定理不难证明这个必要条件也是充分的，这就是下述形式的 Hall 定理：

定理 6.18 设 d 为正整数，$1 \leqslant d < r \leqslant m$，则有限集 X 的子集族 $(X_1, X_2, \cdots, X_m)$ 具

有至少 $m-d$ 个相异的代表元的充分必要条件是对任一正整数 $r \leqslant m$,子集族 $(x_1, x_2, \cdots, x_m)$ 中任意 r 个子集的并至少含有 $r-d$ 个元。

定理 6.19 设有 X 的两个分划 $X = A_1 \bigcup A_2 \bigcup \cdots \bigcup A_m = B_1 \bigcup B_2 \bigcup \cdots \bigcup B_m$,则存在 $[m] = \{1, 2, \cdots, m\}$ 上的置换 σ 以及 X 中 m 个互异的元 $x_1, x_2, \cdots, x_m$,使得 $(x_1, x_2, \cdots, x_m)$ 既是 $(A_1, A_2, \cdots, A_m)$ 的 SDR,又是 $(B_{\sigma(1)}, B_{\sigma(2)}, \cdots, B_{\sigma(m)})$ 的 SDR 的充要条件是下述条件成立:

对任一正整数 $r \leqslant m$,子集 $A_1, A_2, \cdots, A_m$ 中任意 r 个集合的并至多含有子集 $B_1, B_2, \cdots, B_m$ 中的 r 个。

定理 6.19 中所说的序列 $(x_1, x_2, \cdots, x_m)$ 通常称为 $(A_1, A_2, \cdots, A_m)$ 和 $(B_1, B_2, \cdots, B_m)$ 的公共相异代表系(System of Common Distinct Representatives),简记为 SCDR。

推论 6.3 设集合 X 的两个分划 $X = A_1 \bigcup A_2 \bigcup \cdots \bigcup A_m = B_1 \bigcup B_2 \bigcup \cdots \bigcup B_m$,满足 $|A_1| = |A_2| = \cdots = |A_m| = |B_1| = |B_2| = \cdots = |B_m|$,则 $(A_1, A_2, \cdots, A_m)$ 和 $(B_1, B_2, \cdots, B_m)$ 有 SCDR。

Hall 定理有许多有趣的应用,例如它可以用来证明下面两个定理,参阅文献[4]。

斯伯纳定理(Sperner's Theorem) 集合 E 恰含 n 个元素,F 是 E 的子集合族,其元素两两互相不包含,则 F 最多只有 $n / \left[\dfrac{n}{2}\right]$ 个元素。

伯考夫-冯纽曼定理(Birkhoff-Von Neumann Theorem) 若 D 是双重随机矩阵,则存在排列矩阵 $P_1, P_2, \cdots, P_m$ 及和为 1 的正实数 $c_1, c_2, \cdots, c_m$,使得
$$D = c_1 P_1 + c_2 P_2 + \cdots + c_m P_m。$$

其中,双重随机矩阵是 $n \times n$ 的非负实数矩阵,其任一行或列的元素和恰为 1;若其元素均为 0 或 1,则称为排列矩阵,因为它恰和一个 $\{1, 2, \cdots, n\}$ 上的排列相对应。

例如,

$$\begin{pmatrix} 0.3 & 0.1 & 0.3 & 0.3 \\ 0.1 & 0.5 & 0.2 & 0.2 \\ 0.3 & 0.2 & 0.4 & 0.1 \\ 0.3 & 0.2 & 0.1 & 0.4 \end{pmatrix} = 0.3 \times \begin{pmatrix} 1 & 0 & 0 & 0 \\ 0 & 1 & 0 & 0 \\ 0 & 0 & 1 & 0 \\ 0 & 0 & 0 & 1 \end{pmatrix} + 0.1 \times \begin{pmatrix} 0 & 1 & 0 & 0 \\ 1 & 0 & 0 & 0 \\ 0 & 0 & 0 & 1 \\ 0 & 0 & 1 & 0 \end{pmatrix} + 0.2 \times$$

$$\begin{pmatrix} 0 & 0 & 1 & 0 \\ 0 & 0 & 0 & 1 \\ 1 & 0 & 0 & 0 \\ 0 & 1 & 0 & 0 \end{pmatrix} + 0.1 \times \begin{pmatrix} 0 & 0 & 1 & 0 \\ 0 & 1 & 0 & 0 \\ 1 & 0 & 0 & 0 \\ 0 & 0 & 0 & 1 \end{pmatrix} + 0.2 \times \begin{pmatrix} 0 & 0 & 0 & 1 \\ 0 & 0 & 1 & 0 \\ 0 & 1 & 0 & 0 \\ 1 & 0 & 0 & 0 \end{pmatrix} + 0.1 \times \begin{pmatrix} 0 & 0 & 0 & 1 \\ 0 & 1 & 0 & 0 \\ 0 & 0 & 1 & 0 \\ 1 & 0 & 0 & 0 \end{pmatrix}。$$

Hall 定理的另一个重要应用就是关于拉丁矩阵的结果。

元素取自 n 元集 $X = (x_1, x_2, \cdots, x_n)$ 的一个 $p \times q$ 矩阵 L,如果其每行(列)上的元素互异,则称 L 为 X 上的一个 $p \times q$ 拉丁矩阵。n 元集上的 $n \times n$ 拉丁矩阵简称为 n 阶**拉丁方**。

下面是关于小的拉丁矩阵一定可以扩充成大的拉丁方的一个结果,其证明由于用了

Hall 定理而变得很简明。

定理 6.20 n 元集 X 上的任一 $p \times n (1 \leqslant p < n)$ 拉丁矩阵一定可以添加 $n-p$ 行扩充成 X 上的一个 n 阶拉丁方。

证明 设 $X = \{x_1, x_2, \cdots, x_n\}$,$L$ 是 X 上的 $p \times n$ 拉丁矩阵,$p < n$,令 X_j 为 X 中不属于 L 的第 j 列的元素的集,$j = 1, 2, \cdots, n$。显然有 $|X_1| = |X_2| = \cdots = |X_n| = n - p$。

另一方面,X 的每个元 x_i 在 L 的每一行上各出现一次、每一列上至多出现一次,从而 x_i 属于子集族 $(X_1, X_2, \cdots, X_n)$ 中恰好 $n - p$ 个子集。

根据定理 6.17 的推论 6.2,$(X_1, X_2, \cdots, X_n)$ 有 SDR$(x_{j_1}, x_{j_2}, \cdots, x_{j_n})$,把它作为第 $p+1$ 行添加到 L 上去所得的一定是 $(p+1) \times n$ 拉丁矩阵,这个添加过程可以一直进行,直到扩充成一个 n 阶拉丁方。

最后我们给出 Hall 定理的另外一种表达并且用最小原理来证明它:

$A = (A_1, A_2, \cdots, A_n)$ 存在一个相异代表系的充要条件是对所有 $I \subseteq \{1, 2, \cdots, n\}$ 恒有 $\left| \bigcup_{i \in I} A_i \right| \geqslant |I|$。

证明 必要条件的证明已如上所述,现证充分性。如果对所有 $I \subseteq (1, 2, \cdots, n)$ 恒有 $\left| \bigcup_{i \in I} A_i \right| \geqslant |I|$,我们可以假设 A 是满足这个条件的最小集合族,也就是,从任何一个 A_i 中去掉任一元素所得的新集合族不再满足上述条件。

首先证所有 A_i 恰含一个元素。否则不妨假设 A_1 含有 x 及 y 但 $x \neq y$,则 $(A_1 \backslash \{x\}, A_2, \cdots, A_n)$ 和 $(A_1 \backslash \{y\}, A_2, \cdots, A_n)$ 都不满足上述条件,因此存在子集 $I, J \subseteq \{2, 3, \cdots, n\}$ 分别使得 $|X| \leqslant |I|$ 且 $|Y| \leqslant |J|$,其中

$$X = \left(\bigcup_{i \in I} A_i \right) \cup (A_1 \backslash \{x\}), \quad Y = \left(\bigcup_{i \in J} A_i \right) \cup (A_1 \backslash \{y\})。$$

所以

$$|I| + |J| \geqslant |X| + |Y| = |X \cup Y| + |X \cap Y|$$
$$\geqslant \left| \left(\bigcup_{i \in I \cup J} A_i \right) \cup A_1 \right| + \left| \bigcup_{i \in I \cap J} A_i \right|$$
$$\geqslant |I \cup J| + 1 + |I \cap J|$$
$$= 1 + |I| + |J|,$$

得到矛盾,所以每一个集合 $A_i = \{a_i\}$ 恰含一个元素,但因为 Hall 定理的条件,所以这些 $a_1, a_2, \cdots, a_n$ 都不相同,因此就得到一个相异代表系 $(a_1, a_2, \cdots, a_n)$。

例 6.20 【委员会选派代表问题】设有若干委员会,每个委员会都有若干成员,同时每个成员都可能在好几个不同的委员会里,问题就是要在每个委员会里找到一位代表,但是同一人不能代表一个以上的委员会。显然这就是一个 SDR 问题。

例 6.21 【阵列的相异代表系】给出如下数字阵列 Ⅰ:

$$\begin{array}{ccccccc} 1 & 2 & 3 & 4 & \cdots & n-3 & n-2 & n-1 \\ 1 & 2 & 3 & 4 & 5 & \cdots & n-2 & n-1 & n \quad (n \geqslant 2) \\ 2 & 3 & 4 & 5 & 6 & \cdots & n-1 & n \end{array}$$

从第 $k(k=1,2,\cdots,n)$ 列中选一个数,记为 a_k。如果 $a_1, a_2, \cdots, a_n$ 彼此相异,则称有序 n 元组 $(a_1, a_2, \cdots, a_n)$ 是阵列 I 的一个相异代表系(SDR),a_k 称为第 k 列的代表元。以 u_n 表示阵列 I 的 SDR 的个数,求 u_n。

解 易知 $u_2 = 2, u_3 = 3$,当 $n \geqslant 4$ 时,根据第 n 列数字取 n 或 $n-1$ 可将阵列 I 的 u_n 个 SDR 分成如下两类:

(1) 第 n 列的代表为 n 的 SDR。

属于此类的 SDR 的个数等于阵列 II:

$$
\begin{array}{ccccccc}
1 & 2 & 3 & 4 & \cdots & n-3 & n-2 \\
1 & 2 & 3 & 4 & 5 & \cdots & n-2 & n-1 \\
2 & 3 & 4 & 5 & 6 & \cdots & n-1
\end{array}
$$

的 SDR 的个数,即 u_{n-1}。

(2) 第 n 列的代表为 $n-1$ 的 SDR。

属于此类的 SDR 的第 $n-1$ 列的代表必为 n,所以属于此类的 SDR 的个数等于阵列 III:

$$
\begin{array}{ccccccc}
1 & 2 & 3 & 4 & \cdots & n-4 & n-3 \\
1 & 2 & 3 & 4 & 5 & \cdots & n-3 & n-2 \\
2 & 3 & 4 & 5 & 6 & \cdots & n-2
\end{array}
$$

的 SDR 的个数,即 u_{n-2}。由加法原则,有

$$u_n = u_{n-1} + u_{n-2} \quad (n \geqslant 4)。$$

若补充 $u_0 = 1, u_1 = 1$,则上式对 $n \geqslant 2$ 均成立。所以 u_n 就是 Fibonacci 数 F_n,从而

$$u_n = \frac{1}{\sqrt{5}} \left(\frac{1+\sqrt{5}}{2} \right)^{n+1} - \frac{1}{\sqrt{5}} \left(\frac{1-\sqrt{5}}{2} \right)^{n+1}。$$

最后,对于不存在相异代表系的集族,我们不加证明,给出其子集有相异代表系的充要条件。

定理 6.21 集族 $\{A_1, A_2, \cdots, A_n\}$ 中存在着 r 元子集有相异代表系,当且仅当对每个 $k = 1, 2, \cdots, n$ 和每种选择 $i_1, i_2, \cdots, i_k (1 \leqslant i_1 < i_2 < \cdots < i_k \leqslant n)$,集族满足 $|A_{i_1} \cup A_{i_2} \cup \cdots \cup A_{i_k}| \geqslant k - (n-r)$。

推论 6.4 集族 $\{A_1, A_2, \cdots, A_n\}$ 有相异代表系的最大子集数等于 $|A_{i_1} \cup A_{i_2} \cup \cdots \cup A_{i_k}| + (n-k)$ 的最小值,其中,$k = 1, 2, \cdots, n$ 以及所有选择 $i_1, i_2, \cdots, i_k (1 \leqslant i_1 < i_2 < \cdots < i_k \leqslant n)$。

例 6.22 已知 $A_1 = \{1,6\}, A_2 = \{4,5,6\}, A_3 = \{2,6\}, A_4 = \{1,2\}, A_5 = \{1,2,4,6\}, A_6 = \{1\}, A_7 = \{1,2,6\}$,则有 $|A_1 \cup A_3 \cup A_4 \cup A_6 \cup A_7| + (7-5) = |\{1,2,6\}| + 2 = 5$ 为最小值,于是,$\{A_1, A_2, A_3, A_4, A_5, A_6, A_7\}$ 有相异代表系的子集数最大为 5,且 6, 5, 2, 1, 4 是子集族 $\{A_1, A_2, A_3, A_4, A_5\}$ 的相异代表系。

练 习 6.7

1. 确定下列集族中有相异代表系的最大子集数：

(1) $A_1 = \{1,2\}, A_2 = \{3,4\}, A_3 = \{1,2\}, A_4 = \{1\}, A_5 = \{1,2,3,4,5\}, A_6 = \{1,2\}$；

(2) $A_1 = \{1,2\}, A_2 = \{2,3\}, A_3 = \{4,5\}, A_4 = \{2,3,4\}, A_5 = \{1,2,3\}, A_6 = \{1,3\}$；

(3) $A_1 = \{1,2,3\}, A_2 = \{1,2,3\}, A_3 = \{1,2,3\}, A_4 = \{1,2,3\}, A_5 = \{1,2,3,4,5,6\}, A_6 = \{1,2,3,4,5,6\}$；

(4) $A_1 = \{1,2,3\}, A_2 = \{2,3\}, A_3 = \{2\}, A_4 = \{2,5,6\}, A_5 = \{1,5\}, A_6 = \{3,6\}$。

2. 设集族 $\{A_1, A_2, \cdots, A_n\}$ 有相异代表系，元素 $x \in A_1 \bigcup A_2 \bigcup \cdots \bigcup A_n$，则该集族必有包含 x 的相异代表系。

第 7 章

鸽笼原理和 Ramsey 定理

在组合数学中,证明某种排列或模式存在的一个应用最广泛的工具是鸽笼原理(或称鸽巢原理)(**Pigeonhole Principle**)。

通俗地说,这一原理叙述如下:如果存在"很多"鸽子和"少数"鸽笼,那么必定有两个或更多只鸽子占据同一个鸽笼。

例如,367 人中至少有两人的生日相同,或者这样的智力问答题:"从 10 双鞋子中随便拿几只能保证有一双相配的鞋?"答案是至少拿 11 只。根据同样的原理读者不难编出很多新问题。

因为 19 世纪德国数学家狄利克雷(Dirichlet,1805—1859)在证明一个数学命题时用到这个原理,并形象地表述为:"把多于 n 个东西任意放进 n 个抽屉,那么一定有一个抽屉放进了不止一个东西。"所以又称之为狄利克雷抽屉原理(**Dirichlet Drawer Pinciple**),或者简称抽屉原理(**Drawer Principle**)。

7.1 鸽笼原理

鸽笼原理本身看起来很简单,但利用它可以证明很多并不简单的结论。下面介绍几种不同形式的鸽笼原理。

7.1.1 鸽笼原理的简单形式

引例 7.1 如果不少于 $n+1$ 只鸽子飞进 n 个笼子,则必有一个笼子,该笼子里至少有 2 只鸽子。

用数学语言叙述如下。

定理 7.1 (鸽笼原理的简单形式)设 $t_1, t_2, \cdots, t_n$ 是 n ($n \geqslant 2$) 个非负整数,如果
$$t_1 + t_2 + \cdots + t_n \geqslant n+1, \tag{7.1}$$
则必存在某个 $t_k \geqslant 2 (1 \leqslant k \leqslant n)$。

证明 用反证法。

假设 $t_i \leqslant 1 (i=1,2,\cdots,n)$,则 $t_1 + t_2 + \cdots + t_n \leqslant n$,这与(7.1)式矛盾,所以必存在整数 k ($1 \leqslant k \leqslant n$),有 $t_k \geqslant 2$。

鸽笼原理的集合形式如下:

设 A 是有限集,如果 $A_i \subseteq A (i=1,2,\cdots,n)$,$A = \bigcup_{i=1}^{n} A_i$,且 $|A| \geqslant n+1$,则必存在整

数 k ($1 \leqslant k \leqslant n$),使得 $|A_k| \geqslant 2$。

例 7.1 【Dirichlet 逼近定理】对任意给定的实数 x 和正整数 q,一定有正整数 $p(p \leqslant q)$ 和整数 h,使得

$$|px - h| < 1/q。$$

证明 首先把实数区间 $[0,1)$ 等分成 q 个小区间 $I_k = \left[\dfrac{k-1}{q}, \dfrac{k}{q}\right)$ ($k=1,2,\cdots,q$)。再考察 $[0,1)$ 中的 $q+1$ 个实数 $px - [px]$ ($p=0,1,\cdots,q$)。根据鸽笼原理,这 $q+1$ 个数中一定有两个属于同一区间,不妨设为 I_k,即存在整数 p', p'' 满足 $0 \leqslant p' < p'' \leqslant q$,使得 $p'x - [p'x]$ 和 $p''x - [p''x]$ 都属于 I_k,从而有

$$|(p'' - p')x - ([p''x] - [p'x])| < 1/q,$$

令 $p = p'' - p', h = [p''x] - [p'x]$ 即得结论。

上例的结论就是前面所说的狄利克雷用鸽笼原理证明的数学命题。

例 7.2 【点的距离】证明:如果在一个边长为 1 的等边三角形内任取 5 个点,则必有 2 个点,它们的距离不大于 $\dfrac{1}{2}$。

证明 用三角形各边中点的连线把边长为 1 的等边三角形分成 4 个边长为 $\dfrac{1}{2}$ 的小等边三角形,并给他们编上号码 1,2,3,4。设在第 i ($i=1,2,3,4$) 个三角形内(包括边界)共有 t_i 个所取点,则 $t_1 + t_2 + t_3 + t_4 \geqslant 5$。由鸽笼原理的简单形式,必有正整数 k ($1 \leqslant k \leqslant 4$),使得 $t_k \geqslant 2$。这表明所取的 5 个点中必有 2 个点落在同一个小三角形内,它们的距离显然不大于小三角形的边长,即不大于 $\dfrac{1}{2}$。

例 7.3 【两数整除】证明:从 $[1, 2n]$ 中任取 $n+1$ 个整数,则其中必有一个数整除另一个数。

证明 任一正整数 m 一定可以写成 $m = 2^r \cdot q$ 的形式,这里 r 是非负整数,q 是正奇数。显然 r 和 q 由 m 唯一确定,例如,$12 = 2^2 \cdot 3, 15 = 2^0 \cdot 15$ 等。我们把 q 称为 m 的奇因数。对 $m \in [0, 2n]$,它的奇因数显然不超过 $2n-1$。故任取的 $n+1$ 个数的奇因数(鸽子)必属于这 n 个正奇数的集合 $\{1, 3, 5, \cdots, 2n-1\}$(鸽笼)。根据鸽笼原理,这 $n+1$ 个数中一定有两个数的奇因数相同,记这两个数分别是 $a = 2^s \cdot q$ 和 $b = 2^t \cdot q$,不妨设 $0 \leqslant s < t$,则必有 a 整除 b。

注 需要补充的是,如果在例 7.3 中把"任取 $n+1$ 个数"改成"任取 n 个数",则结论不再成立。读者可给出反例。

例 7.4 【部分和整除】设 $a_1, a_2, \cdots, a_n$ 是正整数序列,则至少存在整数 k 和 l ($0 \leqslant k < l \leqslant n$),使得和 $a_{k+1} + a_{k+2} + \cdots + a_l$ 是 n 的倍数。

证明 对于 $j = 1, 2, \cdots, n$,取部分和 $s_j = a_1 + a_2 + \cdots + a_j$ 并设 $A = \{s_1, s_2, \cdots, s_n\}$。令 $A_i = \{s \mid s \equiv i \pmod{n}, s \in A\}, i = 0, 1, 2, \cdots, n-1$。显然 $A = \bigcup\limits_{i=0}^{n-1} A_i$。

若 $A_0 \neq \varnothing$,则存在正整数 l,使得 $s_l \equiv 0 \pmod{n}$,即命题成立。

若 $A_0 = \varnothing$,则由鸽笼原理,必存在正整数 t,使得 $|A_t| \geq 2$。任取其中两个元,设为 s_k, s_l(不妨设 $k < l$),由 $s_k \equiv s_l \pmod{n}$ 知
$$s_l - s_k = a_{k+1} + a_{k+2} + \cdots + a_l \equiv 0 \pmod{n}.$$

例 7.5 【棋手集训】某棋手参加了一次为期 11 周共 77 天的集训,已知他每天至少下一盘棋,而且每周至多下 12 盘棋。证明:在集训期间必有连续的若干天,在这几天里该棋手共下 21 盘棋。

证明 设该棋手从第 1 天开始到第 $i(i=1,2,\cdots,77)$ 天共下 a_i 盘棋。因为该棋手每周至多下 12 盘棋,所以棋手在 77 天里至多下 $12 \times 11 = 132$ 盘棋,又因为每天至少下 1 盘棋,所以有 $1 \leq a_1 < a_2 < \cdots < a_{77} \leq 132$,进而有
$$22 \leq a_1 + 21 < a_2 + 21 < \cdots < a_{77} + 21 \leq 153.$$

令 $A = \{a_1, a_2, \cdots, a_{77}\}$,$B = \{b_1, b_2, \cdots, b_{77}\}$,其中 $b_i = a_i + 21 (i=1,2,\cdots,77)$。设 m $(m=1,2,\cdots,153)$ 在 A 和 B 中共出现 t_m 次,则 $t_1 + t_2 + \cdots + t_{153} = 77 + 77 = 154$,由鸽笼原理的简单形式,必存在 $t_j \geq 2 (1 \leq j \leq 153)$,即存在 $a_k \in A, b_l \in B$,满足 $a_k = j = b_l$,于是 $a_k = a_l + 21$,这表明该棋手由第 $l+1$ 天到第 k 天连续的 $k-l$ 天里共下 21 盘棋。

思考:根据此例论证过程,你可以设计出更多同类问题吗?

7.1.2 鸽笼原理的一般形式

引例 7.2 如果不少于 m 只鸽子飞进 n 个笼子($m > n$),则必有一个笼子里,至少有 $\left[\dfrac{m}{n}\right]$ 或 $\left[\dfrac{m-1}{n}\right] + 1$ 只鸽子。

定理 7.2 (鸽笼原理的一般形式)设 $t_1, t_2, \cdots, t_n$ 是 n $(n \geq 2)$ 个非负整数,$m(m \geq n+1)$ 是正整数,如果
$$t_1 + t_2 + \cdots + t_n \geq m, \tag{7.2}$$
则必存在整数 k $(1 \leq k \leq n)$,使得 $t_k \geq \left[\dfrac{m-1}{n}\right] + 1$。

证明 用反证法。

假设 $t_i \leq \left[\dfrac{m-1}{n}\right] (i=1,2,\cdots,n)$,则 $t_i \leq \dfrac{m-1}{n}$,从而
$$t_1 + t_2 + \cdots + t_n \leq n \cdot \dfrac{m-1}{n} = m-1,$$
这与式(7.2)矛盾,所以必存在某个 $t_k \geq \left[\dfrac{m-1}{n}\right] + 1$。

显然,当 $m = n+1$ 时,定理 7.2 即为鸽笼原理的简单形式。

例 7.6 【单调子列】任一 $n^2 + 1$ 项实数列中必有 $n+1$ 项的单调子数列。

证法 1 设实数列为 $a_1, a_2, \cdots, a_{n^2+1}$。现从头开始考察项数最多的单调子数列。记以 a_i 为首项的最长递增子数列中所含项数为 $l_i (i=1,2,\cdots,n^2+1)$,如有某个 $l_i \geq n+1$,则

已得结论。否则,若不存在至少含 $n+1$ 项的递增子序列,即这 n^2+1 个正整数 $l_1,l_2,\cdots,l_{n^2+1}$ 都不超过 n。根据鸽笼原理的一般形式,这 n^2+1 个数中一定有 $n+1$ 个彼此相等,记它们是 $l_{i_1}=l_{i_2}=\cdots=l_{i_{n+1}}$,其中 $i_1<i_2<\cdots<i_{n+1}$。此时若有 $a_{i_1}\leqslant a_{i_2}$,则可推出 $l_{i_1}\geqslant l_{i_2}+1$,矛盾,故必有 $a_{i_1}>a_{i_2}$。同理可证 $a_{i_2}>a_{i_3},\cdots,a_{i_n}>a_{i_{n+1}}$,也就是说,$a_{i_1},a_{i_2},a_{i_3},\cdots,a_{i_{n+1}}$ 是 $n+1$ 项递减子数列。

证法 2 设实数列为 $a_1,a_2,\cdots,a_{n^2+1}$。现从 $a_i(i=1,2,\cdots,n^2+1)$ 向后取以 a_i 为首项的最长递增子数列和最长递减子数列,设长度(即包含的项数)分别为 l_i 和 l'_i,记作数对 (l_i,l'_i)。

假设对任意 $i(1\leqslant i\leqslant n^2+1)$,都有 $1\leqslant l_i\leqslant n,1\leqslant l'_i\leqslant n$,则不同数对的个数不超过 n^2 种,故一定存在相同数对,不妨设 $j<k$,使得 $(l_j,l'_j)=(l_k,l'_k)$。

此时,若有 $a_j\leqslant a_k$,则显然有 $l_j>l_k$;若 $a_j>a_k$,则显然有 $l'_j>l'_k$,均导致矛盾。假设不成立,故命题得证。

例如,$n=3$ 时,10 个数的序列 $\{10,3,2,1,6,5,4,9,8,7\}$ 中,以每个数为首项的最长递增子数列的长度分别是:$1,3,3,3,2,2,2,1,1,1$;最长递减子序列的长度分别是:$4,3,2,1,3,2,1,3,2,1$。显然存在递减子序列 $\{10,3,2,1\}$,长度为 $n+1=4$。

注 同例 7.3 一样,如果在例 7.6 中把 "n^2+1 项" 改成 "n^2 项",则结论不一定成立。请读者举出反例。

应用 设 n^2+1 个人肩并肩随机地排成一条直线,则总能从中选出 $n+1$ 个人向前迈出一步,使得从左到右他们的身高是递增(或递减)的。

7.1.3 鸽笼原理的广义形式

引例 7.3 将黑、白、灰三种颜色的鸽子随机放入一个笼子。为了保证无论如何放入,笼内或者有至少 8 只黑鸽或者有至少 6 只白鸽或者有至少 9 只灰鸽,请问放入笼子中的鸽子数至少是多少?

答案是 $(8-1)+(6-1)+(9-1)+1=21$。

定理 7.3 (鸽笼原理的广义形式)设 $t_1,t_2,\cdots,t_n$ 是 $n(n\geqslant 2)$ 个非负整数,$q_1,q_2,\cdots,q_n$ 是正整数,如果

$$t_1+t_2+\cdots+t_n\geqslant q_1+q_2+\cdots+q_n-n+1, \tag{7.3}$$

则必存在正整数 $k(1\leqslant k\leqslant n)$,使得 $t_k\geqslant q_k$。

证明 若不然,$t_i\leqslant q_i-1(i=1,2,\cdots,n)$,此时,

$$t_1+t_2+\cdots+t_n\leqslant(q_1-1)+(q_2-1)+\cdots+(q_n-1)$$
$$=q_1+q_2+\cdots+q_n-n,$$

这与 (7.3) 式矛盾,所以必有正整数 $k(1\leqslant k\leqslant n)$,使得 $t_k\geqslant q_k$。

特别地,当 $n=2$ 时,由 $t_1+t_2\geqslant q_1+q_2-1$ 可知,要么 $t_1\geqslant q_1$ 成立,要么 $t_2\geqslant q_2$ 成立。

事实上,当 $q_1=q_2=\cdots=q_n=m$ 时,定理 7.3 即为鸽笼原理的如下形式。

推论 7.1 设 $t_1, t_2, \cdots, t_n$ 是 n ($n \geq 2$) 个非负整数，m 是正整数，若 $t_1 + t_2 + \cdots + t_n \geq (m-1)n + 1$，则必存在整数 k ($1 \leq k \leq n$)，使得 $t_k \geq m$。

例 7.7【顶点编号】随意地给正十边形的 10 个顶点编上号码 $1, 2, \cdots, 10$，求证：必有一个顶点，该顶点及与之相邻的两个顶点的号码之和不小于 17。

证明 以 $v_1, v_2, \cdots, v_{10}$ 表示正十边形的 10 个顶点，以 t_i ($i = 1, 2, \cdots, 10$) 表示顶点 v_i 及与 v_i 相邻的两个顶点的号码之和，则

$$t_1 + t_2 + \cdots + t_{10} = (1 + 2 + \cdots + 10) \times 3 = 165 > (17 - 1) \times 10 + 1。$$

由推论 7.1 知，必有正整数 k ($1 \leq k \leq 10$)，使得 $t_k \geq 17$，即表示必有顶点 v_k，该顶点及与之相邻的两个顶点的号码之和不小于 17。

当然，鸽笼原理的广义形式可用集合形式表示如下。

定理 7.4 设 A 是有限集，$q_1, q_2, \cdots, q_n$ 都是正整数，如果 $A_i \subseteq A$ ($i = 1, 2, \cdots, n$)，$A = \bigcup_{i=1}^{n} A_i$，且 $|A| \geq q_1 + q_2 + \cdots + q_n - n + 1$，则必存在整数 k ($1 \leq k \leq n$)，使得 $|A_k| \geq q_k$。

推论 7.2 设 A 是有限集，如果 $A_i \subseteq A$ ($i = 1, 2, \cdots, n$)，$A = \bigcup_{i=1}^{n} A_i$，且 $|A| \geq (m-1)n + 1$，则必存在整数 k ($1 \leq k \leq n$)，使得 $|A_k| \geq m$。

运用鸽笼原理可以解决许多涉及存在性的组合问题，运用时构造合适的"鸽子"和"鸽笼"是关键。

例 7.8【2007 年全国高中数学联赛试题】已知 A 与 B 是集合 $\{1, 2, 3, \cdots, 100\}$ 的两个子集，满足：A 与 B 的元素个数相同，且 $A \cap B$ 为空集，若 $n \in A$ 时总有 $2n + 2 \in B$，则集合 $A \cup B$ 的元素最多有多少个？

解 因为对任意 $n \in A$ 有 $2n + 2 \in B \subseteq \{1, 2, \cdots, 100\}$，所以 $2n + 2 \leq 100$，$n \leq 49$，即 A 是 $\{1, 2, \cdots, 49\}$ 的子集。

根据 $\{1, 2, \cdots, 49\}$ 中奇偶数和数对 $\{n, 2n+2\}$ 的不同，将 $\{1, 2, \cdots, 49\}$ 划分为 33 个两两不交的子集：

$\{1, 4\}, \{3, 8\}, \{5, 12\}, \{7, 16\}, \cdots, \{23, 48\}$，共 12 个；

$\{25\}, \{27\}, \{29\}, \cdots, \{49\}$，共 13 个；

$\{2, 6\}, \{10, 22\}, \{14, 30\}, \{18, 38\}$，共 4 个；

$\{26\}, \{34\}, \{42\}, \{46\}$，共 4 个。

若 $|A| \geq 34$，则由鸽笼原理知上述 33 个集合中至少有一个 2 元集合中的两个数都属于 A，即存在 $n \in A$ 且 $2n + 2 \in A$，这与已知条件矛盾，故 $|A| \leq 33$。所以 $|A \cup B| = |A| + |B| = 2|A| \leq 66$。

特别地，若取 $A = \{1, 3, 5, 7, \cdots, 23, 25, 27, 29, \cdots, 49, 2, 10, 14, 18, 26, 34, 42, 46\}$，$B = \{2n + 2 \mid n \in A\}$，则 A、B 满足题设条件且 $|A \cup B| = 66$。

例 7.9【第 29 届 IMO 预选题】有 49 个学生解 3 个问题，每题得分是 0 到 7 之间的

整数。求证:存在两个学生甲和乙,对每个问题,甲的得分不少于乙。

证明 若有两个学生的第1、2题的得分相同,则比较他们第3题得分。设某学生(记为甲)第3题的得分不低于另一名学生(记为乙),于是对每一个问题,甲的得分不低于乙,结论成立。

下设任意两名学生在第1、2题的得分至少有一题不相同。我们用平面内的整点数对(i,j)表示学生在前两题的得分,其中i,j分别表示该学生在第1、2题的得分$(0 \leqslant i, j \leqslant 7)$,于是49个学生对应的得分数对互不相同。

将所有可能数对分为六类:

$M_1 = \{(i,j) \mid i,j \text{为整数}, 0 \leqslant i \leqslant 7, j = 0 \text{ 或 } i = 7, 1 \leqslant j \leqslant 7\}$;

$M_2 = \{(i,j) \mid i,j \text{为整数}, 0 \leqslant i \leqslant 6, j = 1 \text{ 或 } i = 6, 2 \leqslant j \leqslant 7\}$;

$M_3 = \{(i,j) \mid i,j \text{为整数}, 0 \leqslant i \leqslant 5, j = 2 \text{ 或 } i = 5, 3 \leqslant j \leqslant 7\}$;

$M_4 = \{(i,j) \mid i,j \text{为整数}, 0 \leqslant i \leqslant 4, j = 3 \text{ 或 } i = 4, 4 \leqslant j \leqslant 7\}$;

$M_5 = \{(i,j) \mid i,j \text{为整数}, i = 2, 3 \text{ 且 } 4 \leqslant j \leqslant 7\}$;

$M_6 = \{(i,j) \mid i,j \text{为整数}, i = 0, 1 \text{ 且 } 4 \leqslant j \leqslant 7\}$。

因为49个不同的得分数对属于上述6个集合,故由鸽笼原理知至少有$\left[\dfrac{49-1}{6}\right]+1 = 9$个数对属于同一个集合,记这个集合为$M$,因为$|M_5| = |M_6| = 8$,故$M$必为前4个集合中的一个。这9个数对对应的9个学生的第3题得分只有$0,1,2,\cdots,7$这8种可能,再由鸽笼原理知其中必有两个学生的第3题得分相同,同时,由M_1, M_2, M_3, M_4的构造知,这两个学生中必有一个学生(记为甲),其第1、2题的得分都不低于另一个学生(记为乙),故对每一个问题甲的得分都不低于乙,结论得证。

注 鸽笼原理可以推广到无限形式,即如果把无数只鸽子放进有限个鸽笼里面,则至少有一个鸽笼里面装有无数只鸽子。同理,对于无限集也有类似的论断。

练 习 7.1

1. 证明:参加一会议的人中至少有两人认识的参加者的人数相等。(注:认识 = 互相认识)

2. 一个口袋装有10个黑球和8个白球。问:一次至少取出多少个球才能保证取出的球中至少有一个黑球和一个白球?一次至少取出多少个球才能保证取出的球至少有一对白球?

3. 边长为1的正方形内任取9点,试证存在3个不同的点,由此构成的三角形面积不超过$\dfrac{1}{8}$。

4. 随意地把一个3×9棋盘的每个方格涂成红色或蓝色。求证:必有两列方格,他们的涂色方案是一样的。

5. 试证明对$m+1$行$m\left[\dfrac{m+1}{2}\right]+1$列的格子用$m$种颜色着色,每格一色,其中必存在一个矩形，其四个角的格子同色。

6. 试证明：若 $n \geqslant 3$ 是奇整数，则集合 $\{2^2-1, 2^3-1, \cdots, 2^{n-1}-1, 2^n-1\}$ 中至少存在一个数能被 n 整除。

7. 一名研究员要在 50 天的周期内每天至少做一个试验，而总试验次数不超过 75。(1) 证明在这 50 天内，存在正好做 24 个试验的连续日子；(2) 如果将 24 个试验改成 30 个试验，这一结论仍然正确吗？

8. 请列出一个含 16 个整数的序列，要求既没有含 5 个项的递增子序列也没有含 5 个项的递减子序列。

9. 假设在一个派对上有 10 个人，他们的年龄范围从 0 到 100。证明存在两个不同的，但不必不相交的子集，这两个子集里人的年龄总数正好相同。

10. 苹果、梨子、香蕉和橘子四种水果装入一篮子。为了保证无论怎样装入水果，篮子内至少有 3 个苹果或至少有 4 个梨子或至少有 5 个香蕉或至少有 6 个橘子，则放入篮子中的水果的最少个数是多少？

11. 给正 36 边形的 36 个顶点任意地编上号码 $1, 2, \cdots, 36$，求证：必有一个顶点，该顶点及与之相邻的两个顶点的号码之和不小于 56。

7.2 Ramsey 定理

对于一些较复杂的存在性组合问题，鸽笼原理可能无能为力。1928 年，英国数学家、哲学家兼经济学家拉姆齐(Ramsey, 1903—1930)在伦敦数学会宣读了一篇题为《论形式逻辑中的一个问题》的论文，文中证明的一个组合数学定理后来称为 Ramsey 定理。Ramsey 定理可以视为鸽笼原理的推广。

美国数学家和哲学家罗塔(Rota, 1932—1999)在 1978 年这样写道："如果要求在组合数学中举出一个而且仅仅一个精美的定理，那么大多数组合数学家会提名 Ramsey 定理。"

1930 年前后各国数学家独立地发现了好几个形式各异但却与 Ramsey 定理有某种内在共性的数学定理。这种共性可以概述为"任何一个足够强大的结构中必定包含有一个给定大小的规则子结构"，这些定理构成了现在称为 Ramsey 理论的组合学分支的基础。

在这一节中我们将介绍这些经典定理及目前的发展现状。

7.2.1 集会问题与完全图的着色

首先介绍一个与 Ramsey 定理紧密相关的广为流传的趣味数学问题。

引例 7.4 【六人集会论断】在至少有六人参加的集会上，与会者中或者有三个人互相认识，或者有三个人彼此都不相识。

因为六人集会中成员间的是否相识共有 $2^{\binom{6}{2}} = 2^{15} = 32768$ 种可能性，想通过完全枚举来证明结论显然是不明智的。

对于这种研究元素之间相互关系的组合问题,用图论中的有关概念来表示能帮助我们形象地理解问题。用平面上的若干顶点表示不同的人,每两点之间都用线段相连,认识或不认识可分别用两种不同的颜色对边进行染色。例如用红色代表线段的两端点是认识的,蓝色代表不认识。结果你会发现对含六个顶点的图无论你怎么样去染色,在图中都会找到一个三角形,它的三边有相同颜色,即这个三角形的三条边要么全是红色,要么全是蓝色,即总会找到一个单色三角形。

证明 在平面上用六个点 A, B, C, D, E, F 分别表示与会的六个人。现考察从点 A 出发的五条边,由鸽笼原理的一般形式知其中必有三条边同色,不妨设为三条红边 AB, AC, AD(蓝边情形类似)。考虑三角形 BCD,如果它有一条红边,不妨设为 BC,则 ABC 是红边三角形;反之,如果三角形 BCD 没有红边,则它本身是蓝边三角形,证毕。

注 这个证明过程可以用判断树的形式形象地表示出来,如图 7.1,图中 $d_r(A)$ 表示与顶点 A 关联的红色边的条数,$d_b(A)$ 表示与顶点 A 关联的蓝色边的条数。

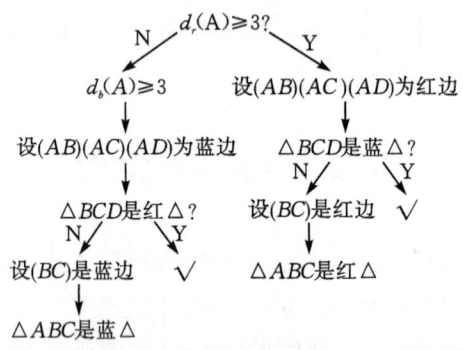

图 7.1 判断树

在图论中,有 n 个顶点且每两个顶点间都有边相连的图称为 n 点完全图,记为 K_n。则"六人集会论断"可表述为:"若对完全图 K_6 进行红蓝 2-边染色,即把每一条边任意地染成红色(表示相识)或蓝色(表示不相识),则 K_6 中或者含有红色的 K_3,或者含有蓝色的 K_3。"

显然,如果把 K_6 换成 K_n,当 $n > 6$ 时上述结论仍然成立。但如果把 K_6 换成 K_5,则结论不能成立,如图 7.2 所示 K_5 的 2-边染色中(红、蓝边分别用实、虚边表示),既无红色 K_3,也无蓝色 K_3。

由此可见,为保证 K_n 中或者含有红色 K_3 或者含有蓝色 K_3,最小的取值是 $n = 6$。

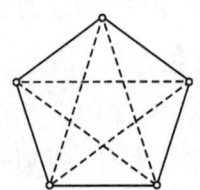

图 7.2 完全图 K_5 的一种 2-边染色

注 上面这个集会论断比 Ramsey 定理晚问世 30 年,但它却是 Ramsey 定理的一个最简单的非平凡特例,而且上述推理的证明思想可以用来得到更一般的结论。

进一步,我们自然会思考:如果把这里的红色 K_3 和蓝色 K_3 换成其他图,结果如何?比如换成红色 K_3 和蓝色 K_4,或者红色 K_4 和蓝色 K_4,等等,最小 n 的取值又是多少?是否一定存在?

7.2.2 Ramsey 定理的简单形式和(经典)Ramsey 数

将上面问题一般化:对给定的整数 $p,q(p \geqslant 2,q \geqslant 2)$,当 n 多大时才能保证把 K_n 的每一边任意染成红色或蓝色后,在 K_n 中或者含有红色 K_p,或者含有蓝色 K_q。显然,如果 K_{n_0} 具有这种性质,则对任一 $n > n_0$,K_n 也一定具有该性质。但问题首先在于是否一定存在这样的 n_0?如果有,那么这种数 n_0 的最小值将由 p,q 所确定,我们将它记作 $R(p,q)$。

从"六人集会论断"的证明可知 $R(3,3) = 6$。又从定义易知 $R(p,2) = p,R(2,q) = q$,而且对任意的 $p,q \geqslant 2$,都有 $R(p,q) = R(q,p)$。

简单形式的 Ramsey 定理断言数 $R(p,q)$ 一定存在,故称 $R(p,q)$ 为(经典)Ramsey 数。

定理 7.5 【Ramsey 定理的简单形式】对任意给定的整数 $p,q \geqslant 2$,数 $R(p,q)$ 一定存在,且当 $p,q \geqslant 3$ 时,以下递推不等式成立:

$$R(p,q) \leqslant R(p-1,q) + R(p,q-1)。 \tag{7.4}$$

证明 我们已经知道 $R(2,q) = q,R(p,2) = p$,所以只要证明当 $p,q \geqslant 3$ 时 $R(p,q)$ 存在且式(7.4) 成立。现对 $p+q$ 用数学归纳法证明之。

当 $p+q = 6$ 时 $p = q = 3$,因 $R(3,3) = 6,R(2,3) + R(3,2) = 6$,故式(7.4) 成立。

假设当 $p+q \leqslant m-1$ 时 $R(p,q)$ 存在且式(7.4) 成立。现证,当 $p+q = m$ 时 $R(p,q)$ 存在且式(7.4) 成立。这等价于证明下述命题:

"若 $n = R(p-1,q) + R(p,q-1)$,则把 K_n 的每一边任意染成红色或蓝色后,在 K_n 中或者含有红色 K_p,或者含有蓝色 K_q。"

任取 K_n 的一顶点 x,则 x 在 K_n 中共连出 $n-1 = R(p-1,q) + R(p,q-1) - 1$ 条边。由鸽笼原理知下述两种情形之一(或其相反情形)必定出现:

情形(1) 这 $n-1$ 条边中至少有 $R(p-1,q)$ 条红边;

情形(2) 这 $n-1$ 条边中至少有 $R(p,q-1)$ 条蓝边。

如果出现情形(1),考察通过这 $n_1 = R(p-1,q)$ 条红边与 x 相邻的 n_1 个点所构成的完全图 K_{n_1}。此时 $(p-1)+q = m-1$,根据归纳假设,这个 K_{n_1} 中或者有蓝色 K_q,这时已证得命题;或者 K_{n_1} 中有红色 K_{p-1},加上顶点 x 以及与 x 相连的 $p-1$ 条红边后即出现一个红色 K_p,命题得证。类似的,如果出现情形(2),考察通过 $n_2 = R(p,q-1)$ 条蓝边与 x 相连的 n_2 个点所构成的完全图 K_{n_2}。此时 $p+(q-1) = m-1$,根据归纳假设,这个 K_{n_2} 中或者有红色 K_p,命题得证;或者有蓝色 K_{q-1},加上顶点 x 以及与 x 相连的 $q-1$ 条蓝边后即出现一个蓝色 K_q,命题得证。

数 $R(p,q)$ 的存在性是本节开始所概述的性质"任何一个足够大的结构中必定包含有一个给定大小的规则子结构"的一种具体体现。这里"任何一个结构"是边任意染成红色或蓝色的 K_n；"给定大小的规则子结构"则是红色 K_p 或蓝色 K_q；"足够大"体现为存在数 $R(p,q)$，只要 $n \geqslant R(p,q)$，大结构 K_n 中必包含有规则子结构。

定理 7.5 是一个典型的"存在性"结论，其证明思路和六人集会问题的证明思路一脉相承，它肯定了 Ramsey 数的存在性，并给出其上界，但定理并未提供求数 $R(p,q)$ 的方法。事实上，到目前为止还没有发现什么有效的途径来深入了解函数 $R(p,q)$ 的性质，而确定 $R(p,q)$ 的值域，成为举世公认的数学难题。

目前，已知的 Ramsey 数非常少，表 7.1 显示了部分研究成果。迄今为止人们只知道当 $p,q \geqslant 3$ 时数 $R(p,q)$ 的 9 个精确值，其中，$R(3,8) = 28$ 和 $R(4,5) = 25$ 分别是在 1992 年和 1995 年借助大量计算机运算改进已知的上下界后求得。对于人们最希望确定的值 $R(5,5)$，经过很多人的不懈努力还只能得到其下界 43 和上界 49。

表 7.1 关于 Ramsey 数的部分已有结果

p\q	2	3	4	5	6	7	8	9	10
2	2	3	4	5	6	7	8	9	10
3	3	6	9	14	18	23	28	36	40—43
4	4	9	18	25	36—41	49—61	58—84	73—115	92—149
5	5	14	25	43—49	58—87	80—143	101—216	126—316	146—442
6	6	18	36—41	58—87	102—165	113—298	132—495	169—780	179—1171
7	7	23	49—61	80—143	113—298	205—540	217—1031	241—1713	289—2826
8	8	28	58—84	101—216	132—495	217—1031	282—1870	317—3583	331—6090
9	9	36	73—115	126—316	169—780	241—1713	317—3583	565—6588	581—12677
10	10	40—43	92—149	146—442	179—1171	289—2826	331—6090	581—12677	798—23556

下面给出几个比较容易求得的 Ramsey 数的完整证明。

定理 7.6 $R(3,4) = 9, R(3,5) = 14, R(4,4) = 18$。

证明 先证 $R(3,4) \leqslant 9$。这等价于证明对 K_9 进行红蓝 2-染色后，K_9 中或者含有红色 K_3，或者含有蓝色 K_4。首先证明从每一顶点出发的红边数不可能同时都是 3。如若不然，红边的总数 $= \frac{1}{2}(9 \times 3)$，但右边不是整数，导致矛盾，故至少有一点出发的红边数多于 3 或少于 3。无论哪一种情况下，结合该点的邻点之间的染色情况，均可发现 K_9 中或者含有红色 K_3，或者含有蓝色 K_4，所以 $R(3,4) \leqslant 9$。

再由式(7.4)得 $R(3,5) \leqslant R(2,5) + R(3,4) \leqslant 14, R(4,4) \leqslant R(3,4) + R(4,3) \leqslant 18$。

下面为了证明 $R(3,4) \geqslant 8$，我们只要构造出一个顶点数为 8 的图，它的某种 2-边染

色既不含有红色 K_3，又不含有蓝色 K_4 即可。如图 7.3(a)，8 点图 $G(3,4)$ 中的边表示所有红边，未画出的边表示所有蓝边，可以看到 $G(3,4)$ 中不含 K_3，也没有 4 个彼此不相邻的点。

同样图 7.3(b) 和 (c) 分别给出了能说明 $R(3,5)>13$ 和 $R(4,4)>17$ 的图 $G(3,5)$ 和 $G(4,4)$，从而定理得证。

从以上证明中可以看到，为了证明 $R(4,4)>17$，我们需要构造出具有 17 个顶点的图，使其中既没有 K_4，又没有 4 个彼此无边相连的点。这种图不容易构造出来。可以想象，为了证明 $R(5,5)>42$ 就要构造 42 个顶点的图，使其中既没有 K_5，又没有 5 个彼此无边相连的点，这种图当然更加复杂。随着 p 的增大，通过这种构造的方法来得到 $R(p,p)$ 的下界也越来越难，所得的下界也更难以逼近真正的值。匈牙利著名数学家保罗·爱多士（Paul Erdös，1913—1996）在 1947 年发现了一种得到 $R(p,p)$ 下界的崭新的有效方法，它完全不用任何构造。我们用下面的定理来介绍这种非构造性方法。

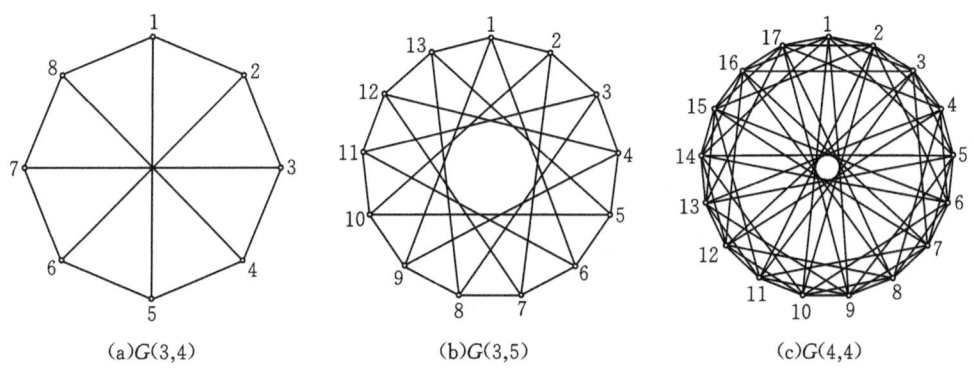

(a) $G(3,4)$ (b) $G(3,5)$ (c) $G(4,4)$

图 7.3　定理 7.6 证明中的图例

定理 7.7　当 $p \geqslant 3$ 时有 $R(p,p) > 2^{\frac{p}{2}}$。

证明　考察对 K_n 的边的所有红、蓝染色，易知它们共有 $2^{\binom{n}{2}}$ 种，其中使 K_n 含有各边同色的 K_p 的染色方法数不超过

$$\begin{bmatrix} n \\ p \end{bmatrix} \cdot 2 \cdot 2^{\binom{n}{2}-\binom{p}{2}}。$$

上式中因子"$\begin{bmatrix} n \\ p \end{bmatrix}$"表示 K_n 中各边同色的 K_p 的个数，因子"2"表示这种 K_p 可以全是红边或全是蓝边，而当某个 K_p 的各边染成同色后，K_n 中其余 $\binom{n}{2} - \begin{bmatrix} p \\ 2 \end{bmatrix}$ 条边可任意染色，所以有最右边那个因子。这三个因子的积表示使 K_n 中含有同色 K_p 的染色种数的一个上界，因为大量的这种染色在用三个因子的积计数时被重复了。所以，如果数 n 使得

$$\begin{bmatrix} n \\ p \end{bmatrix} \cdot 2 \cdot 2^{\binom{n}{2}-\binom{p}{2}} < 2^{\binom{n}{2}}，即 \begin{bmatrix} n \\ p \end{bmatrix} < 2^{\binom{p}{2}-1} \tag{7.5}$$

成立,则在总共 $2^{\binom{n}{2}}$ 种染色方法中必存在一种染色方法,使得 K_n 中没有各边同色的 K_p,根据 $R(p,p)$ 的定义即得 $R(p,p) > n$。

很容易证明当 $n = 2^{\frac{p}{2}}$ 时(7.5)式成立:因为 $p \geqslant 4$ 时,有

$$\binom{n}{p} = \frac{n(n-1)\cdots(n-p+1)}{p!} < \frac{n^p}{2^{p-1}} = 2^{\frac{p^2}{2}-p+1} = 2^{\frac{1}{2}p(p-1)-1} \cdot 2^{\frac{-p}{2}+2} \leqslant 2^{\binom{p}{2}-1}。$$

这里 $p \geqslant 4$ 或 $p = 3$ 时定理显然成立,所以由上述说明即得 $R(p,p) > 2^{\frac{p}{2}}$。

值得指出的是,从定理 7.7 所得的 $\lim\limits_{p \to \infty} R(p,p)^{\frac{1}{p}} \geqslant \sqrt{2}$ 是 $p \to \infty$ 时 $R(p,p)^{\frac{1}{p}}$ 的目前最好的下界,因为用具体构造的方法目前尚不能得到 $R(p,p)$ 关于 p 的指数型下界。爱多士这种非构造性证明方法目前已经发展成为组合数学中一种强有力的方法——概率方法。

Ramsey 定理说明了即使是随机元素也存在规律,而确定 Ramsey 数却是一件异常困难的工作。爱多士曾以一个故事来描述寻找 Ramsey 数的难度:"想象有队外星人军队在地球降落,要求取得 $R(5,5)$ 的值,否则便会毁灭地球。在这个情况下,我们应该集中所有计算机和数学家尝试去找这个数值。若它们要求的是 $R(6,6)$ 的值,我们便只有尝试毁灭这队外星人了。"

例 7.10 【第 24 届俄罗斯数学奥林匹克试题】已知某议会共有 30 位议员,其中每两个或者是朋友,或者是政敌,每位议员恰有 6 个政敌。每 3 个人组成一个 3 人委员会,如果一个委员会里 3 个人两两都是朋友或者两两都是政敌,则称之为好委员会。求所有好委员会的个数。

解 用 30 个点代表 30 个议员,若两位议员是朋友,则对应两点连红色边,若两位议员是政敌,则连蓝色边,从而形成一个红蓝二边染色的完全图 K_{30}。显然,好委员会的个数就是同色三角形的个数,而每个非同色三角形内必有 2 个异色角(从一点出发的两条不同色边组成的角)。由题意,完全图 K_{30} 中每点出发恰有 6 条蓝色边,其余 23 条红色边可组成以该点为顶点的 $23 \times 6 = 138$ 个异色角,则 30 个点共有 $138 \times 30 = 4140$ 个异色角,从而非同色三角形有 $\frac{1}{2} \times 4140 = 2070$ 个。所以同色三角形(即好委员会)的总数为 $C_{30}^3 - 2070 = 1990$ 个。

7.2.3 Ramsey 定理的集合形式

离散对象间的二元关系用图表示显得非常直观形象,但却不方便推广,如果用集合形式来描述,则理论可以得到进一步推广。

一个图的边可以看成是这个图的点集的 2 元子集,如果我们以 $T_r(S)$ 表示集合 S 的全部 r 元子集所成之集(其中 r 是正整数),则 Ramsey 定理的有关结论可以写成如下集合形式。

定理 7.8【六人集会论断的集合形式】设 S 是 n 元集,则当 $n \geqslant 6$ 时,对 $T_2(S)$ 的任一个 2-分划:$T_2(S) = \alpha \bigcup \beta (\alpha \subseteq T_2(S), \beta \subseteq T_2(S), \alpha \bigcap \beta = \varnothing)$,必存在 S 的一个 3 元

子集,其一切 2 元子集均属于 α 或者均属于 β。

证明 用平面上的 n 个点表示 S 的 n 个元。设 $A \in T_2(S)$,如果 $A \in \alpha$,则用红色线段连接 A 中的 2 个元所对应的 2 个点;如果 $A \in \beta$,则用蓝色线段连接 A 中的 2 个元所对应的 2 个点,这样得到一个红蓝 2- 着色 K_n。由 $n \geqslant 6$ 可知该 2- 着色 K_n 中必有一个单色三角形,以 B 表示该单色三角形的 3 个顶点对应的 S 的 3 个元所成之集,则 B 是 S 的一个 3 元子集。如果上述单色三角形是红色三角形,则 B 的一切 2 元子集均属于 α;如果上述单色三角形是蓝色三角形,则 B 的一切 2 元子集均属于 β。

将定理 7.8 的"3 元子集"推广到"p 元子集或 q 元子集",则得到 Ramsey 定理的集合形式。

定理 7.9 【Ramsey 定理的集合形式】对任意给定的正整数 p,q $(p \geqslant 2, q \geqslant 2)$,总存在一个只依赖于 p,q 的最小正整数 $R(p,q)$。当有限集 S 的个数 $N \geqslant R(p,q)$ 时,对 $T_2(S)$ 的任一个 2- 分划 $T_2(S) = \alpha \bigcup \beta$,必存在 S 的一个 p 元子集,其一切 2 元子集均属于 α,或者存在 S 的一个 q 元子集,其一切 2 元子集均属于 β。

将上面定理中元素间的二元关系(即 2 元子集)推广到 r 元子集,对定理 7.9 作更为抽象的描述,可以得到如下 Ramsey 定理的一般形式。

定理 7.10 【Ramsey 定理的一般形式】对任意给定的 3 个正整数 p,q,r $(p \geqslant r, q \geqslant r)$,总存在一个只依赖于 p,q,r 的最小正整数 $R(p,q;r)$。当有限集 S 的个数 $N \geqslant R(p,q;r)$ 时,对 $T_r(S)$ 的任一个 2- 分划 $T_r(S) = \alpha \bigcup \beta$,必存在 S 的一个 p 元子集,其一切 r 元子集均属于 α,或者存在 S 的一个 q 元子集,其一切 r 元子集均属于 β。

对于定理 7.10 的证明,通常利用双重数学归纳法,即对 r 进行第一次归纳假设之后,再对 q 作第二次归纳假设。此处证明过程省略。有兴趣的读者可以参阅文献[4]。

同样地,如果将红蓝二色推广到更多种颜色,则定理 7.10 可推广得到如下更为广义的结果。

定理 7.11 【Ramsey 定理的广义形式】对任意给定的 $t+1$ 个正整数 $q_1, q_2, \cdots, q_t, r$ $(q_i \geqslant r, i = 1, 2, \cdots, t)$,总存在一个只依赖于 $q_1, q_2, \cdots, q_t, r$ 的最小正整数 $R(q_1, q_2, \cdots, q_t; r)$。当有限集 S 的个数 $N \geqslant R(q_1, q_2, \cdots, q_t; r)$ 时,S 具有如下性质(称为 $Q(q_1, q_2, \cdots, q_t; r)$ 性质):对 $T_r(S)$ 的任一个 t- 分划 $T_r(S) = \alpha_1 \bigcup \alpha_2 \bigcup \cdots \bigcup \alpha_t (\alpha_i \subseteq T_r(S), i = 1, 2, \cdots, t$ 且 $\alpha_i \bigcap \alpha_j = \varnothing, 1 \leqslant i < j \leqslant t)$,必存在某个自然数 $k (1 \leqslant k \leqslant t)$,$S$ 有一个 q_k 元子集,其一切 r 元子集均属于 α_k。

定理中的 $R(q_1, q_2, \cdots, q_t; r)$ 称为**广义 Ramsey 数**。

当 $r=1$ 时,定理 7.11 正是鸽笼原理的广义形式。

当 $r=2, t=2$ 时,$R(q_1, q_2; 2)$ 正是前面的 Ramsey 数 $R(q_1, q_2)$,我们对它们所知甚少。可以预料,当 $r > 2$ 或 $t > 2$ 时,数 $R(q_1, q_2, \cdots, q_t; r)$ 更难以捉摸。事实也的确如此。

当 $r=2, t>2$ 时,至今求得的精确值只有一个,即 $R(3,3,3;2) = 17$。

当 $r>2$ 时,首当其冲的是 $R(4,4;3)$。直到 1991 年才见到报道,说是借助计算机终于

确定了 $R(4,4;3) = 13$。在此之前已证得 $13 \leqslant R(4,4;3) \leqslant 15$。

7.2.4　Ramsey 定理的应用

下面介绍几个关于离散结构的著名定理,它们分别属于数论和几何范畴,但均可以用 Ramsey 定理证明出来,可以说是 Ramsey 定理的精彩应用。

应用 1　Schur 定理

这个定理被认为是 Ramsey 理论中最早问世的著名定理,它是德国数学家舒尔(Schur,1875—1941)在 1916 年研究有限域上的费马定理时发现的。现在用 Ramsey 定理可以轻松地加以证明。

定理 7.12　【Schur 定理】设 t 是任意给定的自然数,则必存在自然数 N,当 $n \geqslant N$ 时,对集合 $S = \{1,2,\cdots,n\}$ 的任一个 t-分划:$S = \alpha_1 \cup \alpha_2 \cup \cdots \cup \alpha_t$,必存在某个自然数 $k(1 \leqslant k \leqslant t)$,使得 α_k 中含有三个自然数 x,y,z 满足 $x + y = z$。

证明　取 $N = R(\underbrace{3,3,\cdots,3}_{t\uparrow 3};2)$。当 $n \geqslant N$ 时,给以 $1,2,\cdots,n$ 为顶点的完全图 K_n 作如下 t-染色:对 K_n 的任意两个顶点 $a,b(1 \leqslant a < b \leqslant n)$,如果 $b - a \in \alpha_i(1 \leqslant i \leqslant t)$,则将连接 a,b 的边涂上第 i 种颜色。由 Ramsey 定理的广义形式知必存在一个单色三角形,不妨设这个单色三角形的颜色是第 $k(1 \leqslant k \leqslant t)$ 种颜色,且设它的 3 个顶点分别为 a,b,c。不妨设 $a < b < c$,则有 $b - a \in \alpha_k, c - b \in \alpha_k, c - a \in \alpha_k$。

令 $x = b - a, y = c - b, z = c - a$,则有 $x + y = z$。得证。

通常把定理 7.12 中的数 N 的最小可能值记成 $s_t + 1$,称 s_t 为 **Schur 数**。和 Ramsey 数一样,人们对 Schur 数所知很少。迄今已完全确定的 s_t 只有 4 个:$s_1 = 1, s_2 = 4, s_3 = 13$ 和 $s_4 = 44$,其中 $s_4 = 44$ 还是在 1965 年借助计算机最终确定的。

应用 2　一个几何定理

虽然 Ramsey 早在 1928 年就证明了现在以他命名的定理,并在 1930 年他不幸去世的那一年发表了他的论文,但这个定理并未引起注意。它的广为传播在很大程度上始于爱多士等人在 1935 年发表的一篇题为《几何中的一个组合问题》的论文。他们的论文中证明了这样一个几何定理:

定理 7.13　【Erdös 和 Sjekeres 定理】设 $m(m \geqslant 3)$ 是任意给定的自然数,则必存在自然数 N,当 $n \geqslant N$ 时,平面上无 3 点共线的任意 n 个点中,必有 m 个点可以成为一个凸 m 边形的顶点。

具有上述性质的数 N 的最小值记为 $ES(m)$。

他们的研究起始于一个简单而又有趣的几何命题:

引理 7.1　平面上无 3 点共线的任意 5 个点中,必有 4 个点可以构成凸四边形。

证明　以这 5 个点为顶点作完全图,设其边界构成一个凸 $q(3 \leqslant q \leqslant 5)$ 边形。如果 $q = 4$ 或 $q = 5$,则结论已成立。如果 $q = 3$,则其余 2 个点在这个三角形的内部,过这 2 个点作一直线,则三角形的 3 个顶点中必有 2 个点在此直线的同侧,于是这 2 个顶点和 2 个内部点可构成凸四边形。

用定理 7.13 的记号,这正是 $m=4$ 的情形,而且这里的数 5 显然不能再小了,所以引理 7.1 的结论正是 $ES(4)=5$。另外,关于凸边形还有以下性质成立。

引理 7.2 设平面上有 $m(m\geqslant 4)$ 个点,这 m 个点中无 3 点共线且每 4 个点都构成凸四边形,则这 m 个点可构成凸边形。

证明 以这 m 个点为顶点作完全图,则其边界是一个凸边形。设该凸边形为 $A_1A_2\cdots A_q(3\leqslant q\leqslant m)$。如果 $q<m$,则所给的 m 个点中必有一个点,设此点为 A,在该凸 q 边形的内部,从而在某个以 A_1 为顶点的三角形内部,不妨设为 $\triangle A_1A_iA_j(2\leqslant i<j\leqslant q)$。显然 A_1,A_i,A_j,A 这 4 个点不能构成凸四边形,与假设矛盾,故 $q=m$。得证。

在以上两个引理的基础上,我们取 $N=R(m,5;4)$,给出定理 7.13 的证明。设 $n\geqslant N$,以 S 表示平面上无 3 点共线的 n 个点所成之集。令

$\alpha=\{x\mid x\in T_4(S)$ 且 x 中的 4 个点可构成凸四边形$\}$,

$\beta=\{x\mid x\in T_4(S)$ 且 x 中的 4 个点不能构成凸四边形$\}$,

则 $T_4(S)=\alpha\bigcup\beta(\alpha\bigcap\beta=\varnothing)$,即 $\alpha\bigcup\beta$ 是 $T_4(S)$ 的一个 2- 分划。因为 $n\geqslant R(m,5;4)$,所以 S 中有 m 个点,这 m 个点中的任意 4 个点可构成凸四边形,或者 S 中有 5 个点,这 5 个点中的任意 4 个点不能构成凸四边形。由引理 7.1 知后一种情况不可能发生;而对前一种情况,由引理 7.2 知这 m 个点可构成凸 m 边形。

定理 7.13 又一次体现了"任何一个足够强大的结构中必定包含有一个给定大小的规则子结构"的思想。当然爱多士等人当年根本不知道 Ramsey 定理,所以他们实际上重新发现了这个定理。

和 Ramsey 数以及 Schur 数一样,要确定数 $ES(m)$ 也极其困难。除了 $ES(3)=3$ 和 $ES(4)=5$ 外,还不难证明 $ES(5)=9$。但还不知道 $m>5$ 时的任一 $ES(m)$ 值,不过爱多士等人当年曾得到 $ES(m)$ 的界

$$2^{m-2}+1\leqslant ES(m)\leqslant \binom{2m-4}{m-2}+1。$$

他们猜想其中的下界就是精确值。

在存在性方面还有一个与上述定理紧密相关的未解决难题:对 $m\geqslant 5$,是否存在正整数 N,使在平面上无三点共线的任意 $n\geqslant N$ 个点中,一定有 m 个点是凸 m 边形的顶点而且其余 $n-m$ 个点都在此凸 m 边形的外部?

目前,即使对 $m=5$,这种数 N 的存在性尚未得到肯定或否定的回答。

练 习 7.2

1. 根据 Ramsey 定理给出 Ramsey 数 $R(6,6)$ 的一个上界。
2. 设一个 10 人小组中,每两个人或者是朋友或者是敌人。

(1) 证明:如果这个小组中的某个人至少有 4 个朋友,那么或者有 3 个互为朋友的人,

或者有 4 个互为敌人的人；

(2) 类似地，如果在这个小组中某个人至少有 6 个敌人，那么或者有 3 个互为朋友的人，或者有 4 个互为敌人的人；

(3) 根据(1)和(2)证明，在这个小组中必存在或者有 3 个互为朋友的人，或者有 4 个互为敌人的人；

(4) 关于 Ramsey 数，(3) 的结论说明了什么？

3. 对完全图 K_{17} 的所有边用红、蓝、黄三种颜色染色，求证：必存在单色三角形。

4. 证明定理 7.10 中的 Ramsey 数 $R(p,q;r)$ 满足以下结论：

(1) $R(p,q;1) = p+q-1$；　　(2) $R(p,r;r) = p$ 且 $R(r,q;r) = q$。

5. 用数学归纳法(对 $p+q$ 作归纳)，证明关于 Ramsey 数的一个上界的结论：

$$R(p,q) \leqslant \binom{p+q-2}{p-1}.$$

总练习题

1. n 元排列中选取 k 个元作组合,求满足下列各要求的不同方法数:
(1) 可重复;(2) 不可重复;(3) 相隔至少为 1;(4) 相隔至少为 r。

2. 把 n 件相同的物件分给 k 个人,求满足下列要求的不同方法数:
(1) 不作要求;(2) 每人至少一件;(3) 每人至少 r 件。

3. 把 n 件不同的物件分给 k 个人,求满足下列要求的不同方法数:
(1) 不作要求;(2) 每人至少一件。

4. 求从集合 $\{1,2,3,4,5,6,7,8\}$ 中选取元素,使满足以下各要求的不同方法数:
(1) 8 位数;(2) 6 位数;(3) 各数字相异的 8 位数;(4) 各数字相异的 6 位数;(5) 数字"2"可重复 2 次、数字"5"可重复 3 次的 7 位数。

5. (1) 求 n 元集合 A 到 m 元集合 B 的映射的个数和单射的个数。
(2) 求 n 元全序集 A 到 m 元全序集 B 上的单调递增映射的个数、严格单调递增映射的个数。

6. 从集合 $S=\{1,2,\cdots,n\}$ 中先取出子集 X,再取出子集 Y,使 X 不是 Y 的子集,且 Y 也不是 X 的子集,问这种有序选取有多少种不同的方法?

7. 从 52 张扑克牌中选出 10 张,其中至少有一个 A 的方案数有多少?正好有一个 A 的方案数是多少?至少有 2 个 A 的方案数有多少?正好有 2 个 A 的方案数又是多少?

8. 设 k 和 n 是正整数,试求下列各情况下的方案数:(1) n 个人分别沿着两圆桌坐下,一张 k 个人,另一张 $n-k$ 个人;(2) kn 位来宾围着 k 张圆桌而坐。

9. 一本书中的 5 页上总共有 6 个印刷错误,问每页至少有一个印刷错误的概率是多少?

10. 长度为 10 的 DNA 序列中各碱基 A,G,C 和 T 都至少有 1 个的序列有多少个?

11. 一年级有 100 名学生参加中文、英语和数学的考试,其中 92 人通过中文考试,75 人通过英语考试,65 人通过数学考试;其中 65 人通过中、英文考试,54 人通过中文和数学考试,45 人通过英语和数学考试,试估计通过 3 门学科考试的学生数的范围。

12. 求 $tartar$ 的全排列中不存在两个相同字符相邻的排列数。

13. 求 1 到 10000 之间的非完全平方、非完全立方、非完全四次方数的个数。

14. 准备参加工作面试的 10 名不同求职者的档案上的名字不幸弄混了,一位新接待员把他们的名字随机地放置在档案上,有多少种方法可以使正好有 3 名求职者的档案得到正确的名字?

15. 求 8 个字母 A,B,C,D,E,F,G,H 的全排列中只有 4 个不在原来位置的排列数。

16. 数 $1,2,\cdots,9$ 的全排列中偶数在原来的位置上,其余各数都不在原来位置上的数目有多少?

17. 设 $\phi(n)$ 表示小于 n 且与 n 互素的整数个数。试证: 当 $(m,n)=1$, 即 m,n 互素时, $\phi(mn)=\phi(m)\phi(n)$; 举反例说明若 $(m,n)\neq 1$, 即 m,n 不互素时, 等式不成立。

18. (1) 设 n 个男人与 n 个女人沿一圆桌坐下, 问两个女人之间坐一个男人的方案数;
(2) 如果有 m 个女人 n 个男人, 且 $m<n$, 沿一圆桌坐下, 求任何两个女人都不相邻的方案数。

19. (1) 在 n 对夫妻的线排列中, 求其中夫妻都不相邻的排列数; (2) 如果 n 对夫妻围圆桌而坐, 夫妻均不相邻, 有多少种可能的坐法?

20. 用容斥原理求满足条件 $x_1+x_2+x_3=20, 3\leqslant x_1\leqslant 9, 0\leqslant x_2\leqslant 8, 7\leqslant x_3\leqslant 17$ 的整数解数目。

21. 用生成函数求不定方程 $x_1+x_2+x_3=14$ 满足条件 $x_1\leqslant 7, x_2\leqslant 7, x_3\leqslant 7$ 的非负整数解的个数。

22. 求不定方程 $x_1+x_2+x_3+x_4+x_5=20$ 满足 $x_1\geqslant 3, x_2\geqslant 2, x_3\geqslant 4, x_4\geqslant 6, x_5\geqslant 0$ 的整数解的个数。

23. 今把 18 个足球分给甲、乙、丙 3 个班, 要求甲班和乙班均至少分得 3 个, 至多分得 10 个, 丙班至少分得 2 个, 求不同的分配方法数。

24. 某学者每周上班 6 天, 工作 42 个小时, 每天工作的小时数是整数, 且每天工作时间不少于 6 个小时也不多于 8 个小时。现需要制作一周的工作时间表, 问有多少种不同的制作方法?

25. 假设 $A(x)$ 是序列 $\{a_n\}$ 的常生成函数, 而序列 $\{b_n\}$ 定义如下:
$$b_n=\begin{cases}0, & \text{如果 } n<k;\\ a_{n-k}, & \text{如果 } n\geqslant k。\end{cases}$$
利用 $A(x)$ 确定序列 $\{b_n\}$ 的常生成函数。

26. 求由 a,b,c,d 组成长度为 n 的排列中 a 和 b 出现的次数为偶数的排列数目。

27. 求由 a,b,c,d,e 组成长度为 n 的排列中 a 和 b 出现的次数同为偶数或同为奇数的排列数目。

28. 确定用红色、白色和蓝色对 1 行 n 列棋盘的方格涂色的方法数 h_n, 其中红方格的个数是偶数并且至少有一个蓝方格。

29. 用红、白、蓝 3 种颜色给 $1\times n$ 棋盘着色, 要求红色方格数是偶数, 设着色方案数为 h_n, 试建立递推关系并求解。

30. 在单打羽毛球比赛中, $2n$ 个队员被配对成 n 场比赛。如果用 g_n 表示配对的不同方法数, 试确定序列 $\{g_n\}$ 满足的递推关系。

31. 已知 $\{a_n\}$ 的常生成函数为 $\dfrac{1}{1-x+x^2}$, 求序列 $\{a_n\}$ 的递推关系。

32. 求解下列递推关系:
(1) $a_n+6a_{n-1}=4\cdot(-6)^n$;
(2) $a_n-7a_{n-1}+12a_{n-2}=5\cdot 2^n-4\cdot 3^n$;

(3) $a_n = \dfrac{a_{n-1}^7}{a_{n-2}^{12}}, a_0 = 1, a_1 = 2$。

33. 试证明 Fibonacci 数列满足关系式：$F_n = 8F_{n-5} + 5F_{n-6}$，并利用它证明 F_n 能被 8 整除的充分条件是 n 可被 6 整除。

34. 圆桌周围有 $2n$ 个人，求他们两两握手，但没有交叉的方案数。

35. 根据第二类 Stirling 数的递推关系及已知公式，求 $S_2(6,m)$。

36. 证明两类 Stirling 数满足关系式：$\sum_{k=m}^{n} S_1(n,k) S_2(k,m) = \delta_{nm} = \begin{cases} 0, & n \neq m; \\ 1, & n = m. \end{cases}$

37. 证明：n 的最小分量为 1 的 k 分拆的个数等于 $n-1$ 的 $k-1$ 分拆数。

38. 把 n 颗水果糖分给甲、乙、丙三人，每人至少分得一颗糖，要求甲、乙所分得的糖一样多，丙所得糖数不少于甲、乙。问有多少种分糖果的方法？

39. 有 6 个人 $a_1, a_2, a_3, a_4, a_5, a_6$ 申请 6 份工作 $b_1, b_2, b_3, b_4, b_5, b_6$，其中 a_1 适合做 b_3，b_4, b_5, b_6；a_2 适合做 b_1, b_4, b_5, b_6；a_3 不能做 b_3；a_4 可以做任何工作；a_5 适合做 b_1, b_2, b_3, b_4；a_6 不能做 b_6。现将安排每个人承担一份工作，问满足这些条件的工作分配方法有几种？

40. 设 $g(n,k)$ 表示把 n 件相异物分给 k 个人，使得每人至少分得两件物件的不同方法数。
(1) 求证：$g(n,2) = 2^n - 2n - 2 \, (n \geq 4)$；
(2) 求证：$g(n+1,k) = nk \cdot g(n-1,k-1) + k \cdot g(n,k) \, (n \geq 2k \geq 4)$；
(3) 求 $g(2n+1,n)(n \geq 3)$ 的计数公式。

41. 试用组合分析方法证明：$(mn)!$ 能被 $(m!)^n$ 整除。

42. 在单位圆的圆周上任取 $n+1$ 个点，试证明至少存在两点，其间的距离不超过 $2\sin\dfrac{\pi}{n}$。

43. 二维平面中 (x,y) 点的坐标 x 和 y 都是整数的点称为格点。试证：平面上任取 5 个格点，其中至少存在两点，它们的中点也是格点。

44. 任给 5 个整数，试证：其中必存在 3 个数的和被 3 除尽。

45. 试证明：从 $A = \{1, 2, 3, \cdots, 9, 10\}$ 中任取 6 个数，其中至少存在两个数的和为 11。

46. 一批运动员参加集训 100 天，规定每日至少训练一次，最多不超过两次，而且连续 10 天的训练次数总和不得超过 16 次，证明必然存在某一段时间训练的总数等于 39 次。

47. 在圆内（包括圆周）有 8 个点，则其中必有两个点，它们之间的距离小于圆的半径。

48. 求证：在任意给出的 101 个彼此相异的正整数中，必可选出 11 个相异的正整数，它们的和能被 11 整除。

49. 对完全图 K_6 的所有边用红、蓝两种颜色染色，求证：必存在两个单色三角形。

50. 对完全图 K_{17} 的所有边用红、蓝、黄三种颜色染色，求证：至少存在两个单色三角形。

课程论文推荐选题

查阅教材以外的文献资料,按要求写成论文。

1. 阐述铺砖问题在实际生活中的应用。
2. 介绍背包问题的多种模型及算法。
3. 介绍中国邮递员问题的求解算法。
4. 介绍并比较求解最短路径问题的几种经典算法。
5. 对四色问题的历史、应用和研究现状作一个综述。
6. 阐述棋盘完美覆盖问题的研究现状。
7. 介绍几种偶数阶幻方的构造方法。
8. 列举拉丁方设计的应用实例。
9. 阐述旅行商问题的历史、应用和主要算法。
10. 举例说明如何理解和描述算法的复杂度。
11. 列出六个不同的 NP 完全问题。
12. 设计一个算法生成一个 n 元集的所有全排列。
13. 设计一个算法生成一个 n 元集的所有允许元素重复的 r- 排列。
14. 设计一个算法生成一个 n 元集的所有允许元素重复的 r- 组合。
15. 本书列出了许多组合恒等式,查阅资料,列出其他一些重要的组合恒等式以及他们的证明方法,特别是组合证明。
16. 描述筛法在组合数学或数论中的应用。
17. 比较用常生成函数或指数型生成函数求解计数问题的思想方法和步骤。
18. 讨论 Hanoi 塔问题的多种变化模型,包括柱子个数圆盘移动的限制、圆盘允许有同样大小等,并讨论他们的求解方法。
19. 举例说明多元递推关系的建立和求解。
20. 阐述 Fibonacci 数列的更多性质,并介绍关于斐波那契本人的信息。
21. 描述 Fibonacci 数在生物、物理等其他领域中大量不同的应用。
22. 介绍 Fibonacci 数列与矩阵的关系。
23. 介绍比利时数学家卡塔兰(Catalan)的生平及他在组合、数论等方面的贡献。
24. 尽可能多地介绍出现 Catalan 数的不同计数问题。
25. 讨论不同类型的二叉树在给定限制条件下的计数问题及求解方法。
26. 阐述中国清代数学家明安图关于 Catalan 数的有关工作和贡献。
27. 介绍关于两类 Stirling 数的其他研究内容和研究现状。
28. 介绍关于苏格兰数学家斯特林(Stirling)的生平及他在数学上的贡献。
29. 查阅资料,列出关于卢卡斯数(Lucas 数)的有关概念、性质及与其他重要数列的关系。

30. 阐述使用棋盘多项式求解计数问题的应用范围及步骤。
31. 设计一个算法生成正整数 n 的所有分拆。
32. 描述关于整数的分拆还有哪些研究内容。
33. 详细介绍关于整数的完备分拆的有关研究内容。
34. 描述狄利克雷和其他数学家对鸽笼原理的早期研究和应用。
35. 阐述英国数学家拉姆齐(Ramsey)的生平及他对数学、哲学、经济学的重要贡献。
36. 描述匈牙利数学家爱多士(Erdös)的生平及他在组合数学、数论等方面的重要贡献。

参考文献

[1] 沈灏. 组合设计理论[M]. 2版. 上海：上海交通大学出版社，2008.
[2] 胡运权，郭耀煌. 运筹学教程[M]. 5版. 北京：清华大学出版社，2018.
[3] 卜月华，王维凡，吕新忠. 图论及其应用[M]. 2版. 南京：东南大学出版社，2015.
[4] 李乔. 组合学讲义[M]. 2版. 北京：高等教育出版社，2008.
[5] 曹汝成. 组合数学[M]. 2版. 广州：华南理工大学出版社，2012.
[6] 卢开澄，卢华明. 组合数学[M]. 5版. 北京：清华大学出版社，2016.
[7] 许胤龙，孙淑玲. 组合数学引论[M]. 合肥：中国科学技术大学出版社，2010.
[8] 姜建国，张文博，周文宏，等. 组合数学——学习指导及习题精解[M]. 西安：西安电子科技大学出版社，2014.
[9] FISCHER M E. Statistical Mechanics of Dimers on a Plane Lattice[J]. Physical Review，1961，124(6)：1664-1672.
[10] BRUALDI R A. 组合数学：第4版[M]. 冯舜玺，罗平，裴伟东，译. 2版. 北京：机械工业出版社，2005.
[11] 康庆德. 格盘上的覆盖问题[J]. 自然杂志，1992，15(5)：377-381.
[12] 万瑾琳，杨澜. 幻方探秘[M]. 武汉：中国地质大学出版社，2010.
[13] 马凤昌. 斯特林公式的一种简易证法及其高精度误差估计公式[J]. 大学数学，2003(3)：102-105.